アメリカ演劇とその伝統

伊藤　章

英宝社

はしがき

かつてリチャード・チェース（Richard Chase）は『アメリカ小説とその伝統（*The American Novel and Its Tradition*）』（一九五七）の中で、そもそもの始まりからアメリカ小説最大の特徴は、現実をありのままに描こうとするリアリズムではなく、より自由で想像力豊かなロマンス性にある、すなわちロマンスこそアメリカ小説の伝統であるという趣旨のことを述べた。では、アメリカ演劇の場合、伝統と呼ぶべきものがあるだろうか。あるとすれば、それはどういうものであろう。著者が本書において主張しようとするのは、アメリカ演劇は十八世紀末の建国直後の初期の時代から南北戦争後の中期の時代を経て現代に至るまで、「アメリカの現実をリアルに映す」というリアリスティックな姿勢こそ、アメリカ演劇の伝統であるというものである。ここで言うリアリスティックな演劇とは、現実の生活の中に見出されるリアルな（日常的な、身近な）主題を扱い、観客にとってリアルな（自分自身のこととして一体感を覚えることのできる、あるいは、いかにも周囲にいそうな）人物を登場させて、リアルな（平明な）言葉を話させ、舞台上でリアルな（現実にも起こりそうな）出来事を展開させる傾向のある演劇という意味である。時代によって、そのリアリティに濃淡があるのは当然である。初期や中期の頃は、アメリカの現実をリアルに映すと言っても、あくまでもロマン主義とメロドラマの枠内で、リアルな味付けを加えるといった程度の生ぬるいものであった。それが十九世紀の後半からリアリズム文学運動が起こり、二〇世紀初頭に進むにつれ、現実描写はより徹底していき、ユージーン・オニール（Eugene O'Neill 1888-1953）の『地平の彼方（*Beyond the Horizon*）』（一九二〇）あたりで一応の頂点に達する。それ以降はモダニズムの影響を受けて、リアリズムから離脱するように見えるが、根っこにはリアリズム的な要素が厳然としてある。そういうことを論証したい。

三部構成の第一部においては、ロイヤル・タイラー（Royall Tyler 1757-1826）の『コントラスト（*The Contrast*）』（一七八七）からアナ・コーラ・モウアット（Anna Cora Mowatt 1819-70）の『ファッション――ニューヨークの生活（*Fashion; or, Life in New York*）』（一八四五）を経て、バートリー・キャンベル（Bartley Campbell 1843-88）の『おれの相棒（*My Partner*）』（一八七九）まで、およそ百年に及ぶ、初期と中期のアメリカ演劇の代表的な芝居を十四本取り上げ、最初の頃はロマン主義の影響を受けているし、その後はメロドラマに傾斜していくところはあるけれど、それでも、その時々の「アメリカの今」を映し出そうとする姿勢は顕然としていることを示す。すなわち、これらの作品は主題においても、登場人物においても、彼らの言語においても、プロットの展開においても、当時の観客にとって十分にリアルなものであったということだ。第二部では、アメリカ現代劇を切り拓いたユージーン・オニールの作品を例に、モダニズムの影響を受けながらも、オニールの作品の根底にはリアリズムがあることを指摘する。第三部では、オニール以外の、エルマー・ライス（Elmer Rice 1892-1967）やクリフォード・オデッツ（Clifford Odets 1906-63）、ソーントン・ワイルダー（Thornton Wilder 1897-1975）、テネシー・ウィリアムズ（Tennessee Williams 1911-83）、アーサー・ミラー（Arthur Miller 1915-2005）、エドワード・オールビー（Edward Albee 1928-2016）、サム・シェパード（Sam Shepard 1943-2017）までの劇作家においても、その革新的、大胆な実験にもかかわらず、リアリズムの枠組からそれほど大きくはみ出していないことを明らかにする。

そこで当然、アメリカ演劇はモダニスティックな芝居でも、なぜリアリズムから抜け出ることができないのか、観客が今もリアリスティックな演劇を求めるのはなぜなのか、問わねばならない。この問いに答えるために、巻頭に「アメリカ演劇とその伝統――アメリカ文化と現実至上主義」という序論を置き、まずは次の四つの理由から説明する。第一に、オニール以降ようやく始まったアメリカ現代劇が、その発端において写実主義的な舞台慣習の中にしっかり根を下ろしてしまったという演劇史的な要因。第二に、中産階級からなるアメリカ人の観客はもともと、身近な主題を扱い、自分のような、あるいは周囲にいそうな人物が登場し、現実にも起こりそうな出来事が展開する傾向の演劇を好むという要因。第三に、小説や詩とは異なる演劇というジャンルが持つ固有の要因。第四に、採算ラインを越える観客を集めるために、誰にでも理解できる伝統的（リアリスティック）な演劇を上演しなければならないという商業主義的な要因、この四つである。続いて、アメリカ演劇とリアリズムとの密接な結び付きをより大きな文脈から解き明かそうとする。アメリカの観客がリアリスティックな演劇を好むのは、アメリカ文化には目の前の現実を重視する態度、現実への強い関心、素朴なまでの現実崇拝（現実に対する無邪気なまでの驚嘆）の念があるからではないのか。アメリカの社会と文化では、どんどん新しいことが試みられ、新しい現実が生起するから、人びとも変化の激しい現実に強い関心を示す。だから、演劇においては、その時々の現実をそのまま舞台に載せても、それだけで観客の興味を十分に引き付けることができる。現にアメリカ演劇は、アメリカに土着の演劇が成立して以来、社会の動向に敏感に反応してきた。だから、アメリカ演劇は現時点でもっともリアルな問題をリアリスティックな姿勢で取り上げて観客の期待に応えてきたのではないのか。そのように考えてみたが、さて説得力はあるだろうか。

寄り道もせず、息抜きもなく、一貫した論をひたすら展開するだけでは、研究書としても読者を退屈させるだろうから、文化史的なアプローチを入れたり、著者の好みを打ち出したり、多少ユニークな論も収めたり、アメリカ演劇研究を志す若い研究者、あるいは演劇に関心のある一般読者向けに啓蒙的な論も入れたりして、魅力的なものにしようとした。たとえば、第一部全四章において、アメリカの初期と中期の演劇が国民国家と国民性の形成にどういう役割を果したのか、演劇とネイション・ビルディングの関係にも注目する。すなわち、演劇は劇場に足を運ぶ、主として白人中産階級からなる市民をひとつの国家と国民に同化させる装置でもあった（逆に言うと、そうではない先住民やアフリカ系、第三世界からの移民を、アメリカ市民になる資格のない非アメリカ人とみなしていく）ということだ。第二部はオニール特集とし、主題とアプローチの異なる三本の論考から構成する。最初に、オニールの作品を例にとり、伝記的資料から得られる伝記的情報が作品研究にどのように役立つのか考察したものを（第五章）、続いて、オニールの遺作『夜への長い旅路（*Long Day's Journey into Night*）』（一九五六）をエドマンドがヒーローであり、苦悩する能力を備えた芸術家の誕生を描いた物語でもあると論じたものを（第六章）、最後に、オニールは実験的な作品においても、リアリズムの根を断ち切ったわけではなく、リアリズムと反リアリズムの間を揺れ動きながら、その融合を目指そうとした作家であることを明らかにしたものを（第七章）収めた。第三部では、オールビーとシェパードによる家族劇を取り上げ、アメリカの家族がどのように描かれているか読み解いたものを皮切りに（第八章）、舞台上の音響効果にもっぱら注目して、オニールとライス、ウィリアムズ、ミラー、四人の劇作家の個性の違いを音響面から聴き取ろうとしたものを間に挟み（第九章）、最後に、オニール以外の劇作家を六人取り上げて、アメリカのモダン・ドラマは詰まるところ、どのような特質を有するのか総括するとともに、それぞれの代表作を鑑賞する上でのポイントを解説したもので閉じることにする（本章は第七章と併せて読めば、手軽なアメリカ現代劇入門となるだろう）。

日本のアメリカ演劇研究書には、アメリカ演劇を初期から現代まで長いスパンで論じたものはないし、研究者の大半がオニール以後の現代劇を専門とするなかで、初期のアメリカ演劇をこれだけ丁寧に論じたものはない。ましてや一八七〇年代のフロンティア劇などに着目したものもない。その点では、日本のアメリカ演劇研究に寄与するところはまああるだろう。アメリカ文学史に関心があるとか、アメリカ文学史を講じたりする方々にとっても、文学としての質は劣るかもしれないが、過去にこういう劇文学が書かれ、当時の観客たちに人気があったということを押さえておくことはアメリカ人の文学趣味の変遷を知る上でも重要なことであろう。

ただ本書には大きな瑕疵がある。その時々のアメリカの今を映し出すリアリスティックな傾向こそアメリカ演劇の特徴だと言いながら、本格的なリアリズム演劇がぽつぽつ現れ始めた十九世紀末から二〇世紀初頭の時代を素通りしているからである。二〇世紀初頭から一九二〇年にオニールがブロードウェイにデビューするまでの時期については、研究の蓄積がほかにあるからいいとしても、ウィリアム・ディーン・ハウエルズ（William Dean Howells 1837-1920）のリアリズム文学論とみずから実践した劇作も、ハウエルズの影響を受けて、リアリズム演劇に乗り出した劇作家たち、たとえば、スティール・マッケイ（Steele MacKaye 1842-94）やエドワード・ハリガン（Edward Harrigan 1844-1911）、デンマン・トンプソン（Denman Thompson 1833-1911）、ジェームズ・ハーン（James A. Herne 1839-1901）などの作品も扱っていないからである。そこまで力が及ばなかったからではあるが、リアリズム的要素は濃いけれども、メロドラマ的な要素も残っている彼らの作品のどこがどうリアリスティックで、どこにまだメロドラマの残滓が見られるのか、そんなことを論じても面白そうには思えないし、それに代わる新しい切り口がついに見つからなかったからでもある。ただ、これら素朴なリアリストたちを扱っていないからと言って、本書の論点は揺らぐものではない。アメリカの劇作家は、写実を重視するリアリズムという文学用語など聞いたこともなかった十八世紀末の草創期から、リアルな人物を登場させ、彼らにリアルな言葉を語らせて、現実にも起こりそうな出来事を舞台で展開させ、現時点でもっとも切実な主題を取り上げてきたし、その時々の観客にとっては、登場人物も、彼らの話す言語も、プロットの展開も、テーマも十分にリアルなものであったのだから。

目次

アメリカ演劇とその伝統

序　アメリカ演劇とその伝統

——アメリカ文化と現実至上主義

アメリカの代表的な現代劇、たとえばテネシー・ウィリアムズの『欲望という名の電車（*A Streetcar Named Desire*）』（一九四七）やアーサー・ミラーの『セールスマンの死（*Death of a Salesman*）』（一九四九）、エドワード・オールビーの『ヴァージニア・ウルフなんかこわくない（*Who's Afraid of Virginia Woolf?*）』（一九六二）というような、リアリズムから抜け出ているように見えるモダニスティックな芝居でも、よく読んでみると、十九世紀的リアリズムからそれほど離れているわけではない。ユージーン・オニール以来開始された、アメリカ現代劇における旺盛な実験にもかかわらず、リアリズムへのこの執着はなぜなのだろう。ここにアメリカ演劇のみならず、アメリカ文化全般にも通じる特性を浮き彫りにする手掛かりが隠れているようだ。序章では、アメリカ演劇はなぜ現代においてもリアリズムが主流なのか、その答えを模索しつつ、アメリカ文化の現実至上主義的な側面に迫ってみよう。ここで現実至上主義と言うのは、目の前の現実を何よりも重視する態度、現実への強い関心、素朴なまでの現実崇拝（現実に対する無邪気なまでの驚嘆の念）という意味である。

ジョン・ガスナー（John Gassner）が『初期のアメリカ演劇傑作選（*Best Plays of the Early*

American Theatre)』の序文で述べているように、アメリカ演劇というのは、そもそもの始まりから「問題回避と感傷性」に大きな特徴があったし、「第一次世界大戦後の芝居においても、知性の軟弱さがアメリカ演劇から消えたことは実際のところ一度もない。……劇はハートに訴えるように作られていても、頭に訴えるようには作られていない」のである（xii-xiii）。確かにアメリカ演劇はいつも、知的であるよりは情緒的であったし、今でもそうだ。しかも、様式上のもっとも顕著な特徴は、リアリズムが主流であったし、現代においてもリアリズムに支配されているということである(1)。ここでリアリズムと言うのは、現実の生活の中に見出されるリアルな（日常的な、身近な）主題を扱い、観客にとってリアルな（自分自身のこととして一体感を覚えることができる、あるいは、いかにも周囲にいそうだと思える）人物を登場させて、リアルな（平明な）言葉を話させ、舞台上でリアルな（現実にも起こりそうな）出来事を展開させる傾向の演劇という意味である（さらに詳しくは、第七章第一節と第十章第一節参照）。

一　リアリズムと反リアリズムの衝突・対話・妥協としてのモダン・ドラマ

モダン・ドラマというのは、娯楽本位の商業主義演劇、すなわち現実離れしたロマンチックなメロドラマ演劇、あるいは不自然なウェル・メイド劇への反抗を契機として始まるというのは、アメリカでもヨーロッパの場合でも同じだ。そしてこの反抗がリアリズムと反リアリズムに向かうのも同じだ。ただ、ヨーロッパの場合だと、リアリズムの演劇とそれを深化させたナチュラリズムの演劇がある程度基盤を作った後に、そのアンチ・テーゼとして反ナチュラリズムの運動（たとえばダダイズムから表現主義、叙事演劇への流れ、シュールレアリスムから不条理演劇への流れなど）が起こるが、アメリカではそうならなかった。

アメリカの場合、モダン・ドラマの出発点は、オニールの『カーディフ指して東へ（*Bound East for Cardiff*）』がケープコッドのプロヴィンスタウンで上演された一九一六年、もしくはインパクトの大きさを考えて、『地平の彼方』がブロードウェイで上演された一九二〇年である。モダン・ドラマの中でもより前衛的なモダニズム演劇も、同じ作者による『皇帝ジョーンズ（*The Emperor Jones*）』が上演された同年に始まる。このように、アメリカのモダン・ドラマにおいては、リアリズムの演劇も反リアリズムの演劇もほぼ同時期に試みられるのである。しかも、同じ作家がリアリズムにも反リアリズムにも手を染める。そのためか、アメリカ演劇ではリアリズム演劇は全面的に否定されたことはない。

表現主義や象徴主義は、袋小路に陥ったリアリズム演劇に反旗を翻したものであったが、リアリズム演劇がそれ以降、完全に姿を消すことにはならなかった。エリック・ベントリー（Eric Bentley）も『思索する劇作家（*The Playwright as Thinker*）』の第一章「近代演劇の二つの伝統」で詳述しているように（一―二二）、モダン・ドラマはリアリズム劇と反リアリズム劇の衝突、あるいは対話、あるいは妥協の歴史であると言えよう。一方にリアリズムの劇作家、他方に反リアリズムの劇作家という対立があるのではなく、この対立が個々の作家の内部に問題意識として絶えず働いているのである。そのいい例がユージーン・オニールであった。彼は反リアリズム演劇にも再三手を染めるが、根っこの部分においては、決してリアリズムと手を切ることはなかった（第七章参照）。

これがオニールに限らず、アメリカのモダン・ドラマの最大の特徴である。旺盛な実験にもかかわらず、アメリカ演劇はリアリズムを断ち切ったことはない。オニールが初期の海洋一幕劇で先鞭を付けたリアリズム演劇は、二〇年代のシドニー・ハワード（Sidney Howard 1891-1939）やジョージ・ケリー（George Kelly 1887-1974）、エルマー・ライス、三〇年代のリリアン・ヘルマン（Lillian Hellman 1905-84）とクリフォード・オデッツ、四〇年代後半から五〇年代にかけてのウィリアムズとミラー、ウィリアム・インジ（William Inge 1913-73）へと受け継がれ、オニールの遺作『夜への長い旅路』（一九五六）で頂点に達する。実験性と前衛性の濃い反リアリズムの演劇にしても、実験国家アメリカらしく、さまざまな試みがなされるが、そうしたモダニズム演劇にしても、リアリズムと完全に袂を分かつものではない（第九・十章参照）。これはなぜなのだろう。

アメリカ演劇とリアリズムとの密接な関係を考えるに当たって、考え方の筋道としては、第一に演劇史的な理由、第二に演劇というジャンルに特有の理由、第三にアメリカ人観客の性格に起因する理由、第四に商業的な理由が考慮されなければならないだろう。すなわち、オニール以降ようやく始まった演劇史的にも重要な（シリアスな）アメリカ演劇が、その発端において写実主義的な舞台慣習の中にしっかりと根を下ろしてしまったという要因。中産階級からなるアメリカ人の観客は、身近な主題を扱い、自分のような、あるいは周囲にいそうな人物が登場し、現実にも起こりそうな出来事が展開する傾向の演劇を好むという要因。小説とも詩とも異なる、演劇というジャンルが持つ固有の要因。劇場としては、採算ラインを越える観客を集めるために、ごく少数の模範的な観客を想定した実験的な演劇ではなく、誰にでも理解できる伝統的な演劇を上演しなければならないという商業主義的な要因。この四つである。

二　民主的な国家の演劇と商業主義

アメリカの代表的な現代劇は、リアリズムから脱却しているように見えても、十九世紀的なリアリズムからそれほど離脱したわけではないし、思想的には観客が好むブルジョワ的な中道路線を歩み、内容的にはお決まりの感傷性を免れていない。リアリズムというのは、本来は映画に任せて、二〇世紀のアメリカ演劇はリアリズムの様式に代わるものを発展させることを期待されたが、そうはならなかった。これは、創造的な芸術家がどんなに独創的な実験を試みても、一定の数の観客が集まらなければ成立しない、演劇というものの限界かもしれない。そこでは創造的な芸術家と中産階級的な観客の間にいつも目に見えない裂け目がある。

ほかの文学ジャンルとくらべても、演劇というのは詩や小説と違って、厳しい制限を課せられており、しかもすぐに商業主義にからめ捕られてしまう不自由なジャンルなのである。もっとも新しい文学ジャンルである小説では長さに制限がないから、いくらでも詳細に、しかも形式に囚われずに書き込んでいくことができるが、長い伝統を持つ演劇の場合は、上演を前提とする限り、せいぜい二、三時間の上演時間に収まるものでなければならない。その上、演劇は舞台と俳優によって、すべてが表現されなければならない。しかも、商業主義は芸術家をゆっくりと熟成させるという悠長なことは許さない。演劇はまた、約束事と制約の多さの故に、新しい感受性の表現において、他の文学ジャンルに遅れを取る傾向がある。

アレクシス・ド・トクヴィル（Alexis de Tocqueville 1805-59）は『アメリカの民主政治（*Democracy in America*）』第二巻において、アメリカ流の民主主義がアメリカで生まれる芸術にどのような影響を与えるか考察した。なかでも第一編第十九章「民主的国民の演劇についての若干の考察」は、アメリカ人観客の趣味を分析したものとして今でも教えられるところが多い（八四―八九）。まず彼は、演劇そのものが「文学の中でも、もっとも民主的な部分を形成」していて、演劇ほどに「大衆の手に届く文学的娯楽はほかにはない」と論を始め、次に大衆が主人として君臨している劇場では、どのような出し物が歓迎されるか考察する。彼によれば、「民主的な国民は博識をあまり尊重せず、ローマやアテネで起こったようなことにはほとんど関心を示さない。彼らが舞台で聞きたいものは、彼ら自身のことについてであり、彼らが要求するものは、現在の描写である。……彼らが舞台で見たいものは、彼らが日常的に接するような状況、多様な見解の入り混じったものである」という。続けて、そこでは「演劇はより印象的に、より世俗的に、そしてより真に迫ったものになる」と結んでいる。このようにトクヴィルの分析は、アメリカ演劇はなぜリアリズムを好むのかについて、的確な説明になっている。同時に彼は、民主的な国家の劇作家というのは、「現時点のちょっと変わったことやある人物の特異な性格をこと細かに再現しようとすることによって、人類の一般的特性を描写することを忘れてしまう」と、リアリティに拘泥するあまり普遍性をないがしろにしてしまう危険性を指摘している。

　この事情はヨーロッパにおいても同様であった。新興ブルジョワジーはリアリズムを好むのである。高階秀爾の『徹底討議　十九世紀の文学・芸術』によれば、市民社会が発達した時代にテクニークとしてのリアリズムが発達するという。その理由として、市民社会において、もっとも受け入れられやすいのは、事物を本物そっくりに描く芸術であり、現実を素朴に再現するタイプのリアリズムであるからだという（三二二—三二三）。

　アメリカ演劇研究の泰斗であったモントローズ・モーゼズ（Montrose J. Moses）は、『アメリカの劇作家（*The American Dramtist*）』の中でアメリカ人観客の心理構造を分析し、「アメリカ人観客はいつも伝統的な美徳が勝利を収めることを望んできた」こと、「微妙な心よりは度量の大きな心、回りくどい思考よりは直接的な行動、ヴェールに包まれた意味よりははっきりした答えが、いつもアメリカ人の観客に共感を呼び起こしてきた」ことを指摘している（一〇）。確かに、誰もが理解できる健全な教訓と時事性を備え、メロドラマ的でスペクタクル的な要素が適度に盛り込まれたリアリズム演劇を好むアメリカ人観客の趣味は、そう簡単に変わるものではない。これは、現代のブロードウェイ演劇にも当てはまる特徴なのだ。

　アメリカ演劇を支える観客は、前衛演劇は別として、圧倒的に中産階級だから、目新しい実験——といってもあくまでも、トクヴィルの言う「たえず目先の変わったもの、人の意表に出るもの、目まぐるしく変わる仕掛け」（八七）——は好きだが、過剰な実験は歓迎しない。その点、普通の人びとが舞台で笑ったり、泣いたり、恋したり、失恋したりするリアリズム演劇は、中産階級が主体の観客にとって、自分たちの関心事が舞台で取り上げられているという実感が湧き、主人公たちの運命にすぐさま共感できる芝居だから歓迎される。アラン・ダウナー（Alan Downer）が『最近のアメリカ演劇（*Recent American Drama*）』の中で述べているように、そもそもアメリカ演劇の一大テーマとして「平凡な庶民の運命」というテーマがあるという（一八）。「アメリカ演劇は今なお、最初の頃と同様、主題と姿勢において中産階級的であり、意図においてリアリスティックである」（一九）。これはすなわち、普通の人びとの日常生活における諸問題を扱ったリアリズム演劇こそが、中産階級の国、アメリカ合衆国にもっともふさわしい演劇形式ということになる。そのような理由で、アメリカではリアリズム演劇が根強く支持されるのであろう。

ショー・ビジネスとも言われるように、芝居を上演するのは莫大な資本を要する、しかも経済的なリスクの大きい（その反面、当たると儲けも大きい）事業だ。プロデューサーは、劇作家だけではなく、演出家や俳優、道具方、衣装方、さらには広告業者など多くの人たち、もしくは法人と契約を結んで給料や契約料等を支払わなければならない。それにまた、芝居を上演する劇場は照明や音響、舞台など最新の設備を有する大きな建物である。そうした劇場を所有したり、借りたりするのは大きな経済的負担がかかることだから、いきおいプロデューサーは冒険を避ける。書き手も危険な主張や難しい問題は避けようとする。たとえ文学的に優れた脚本であっても、ビジネスへの配慮によって、よりわかりやすい娯楽本位のものに手直しを要求されたりする。その結果、ブロードウェイで上演される芝居は長期興行が狙えるような、表面上はリアリスティックだが、通俗的なメロドラマが主流となる。ブロードウェイではこういうプロデューサー・システム（別名ロングラン方式）によって芝居が上演されてきた。こういう状況に変化が起こるのは第二次世界大戦後に、オフ・ブロードウェイの運動が盛んになってからのことだ。戦後しばらくの間、オフ・ブロードウェイは活況を呈し、ブロードウェイでは試みられないような実験的で前衛的な作品が上演されたが、それでもいま振り返ると、投下する資本の規模と芝居小屋がより小さいだけで、作品の質はそう変わらない、ブロードウェイの小型版にしかすぎなかったことがわかる。

三　アメリカ文化と現実至上主義、あるいは現実にナイーヴに驚嘆すること

アメリカ演劇とリアリズムの関係をアメリカ文化というもっと大きな文脈で考えてみるとどうなるだろう。アメリカ演劇がどんなに実験的なものであっても、根底にはリアリズムの様式があるということは、現実の生の経験や日常的なもの、卑近なものを大事にしようという現実主義的な態度がアメリカ文化にはあるということだ。アメリカの社会と文化は、非常に変化の激しい、どんどん新しいことが試みられる社会と文化だから、次々と新しい現実が生起する。人びともそれに強い関心を示す。だから、演劇に関しては、その時々の現実をそのまま舞台に載せても、それだけで観客の興味を十分に引き付けることができる。その結果、山崎正和もかつてアメリカ文学会の特別講演で述べたように、アメリカ演劇にはドキュメンタリー的な性格が濃厚になる。

アメリカに土着の演劇が独立戦争後に成立して以来、そうであった。アメリカ演劇は感度の良いアンテナのように、社会の動向に敏感に反応してきた。たとえば、独立直後、アメリカとイギリス

を対比させてアメリカに軍配を上げたり、独立戦争における植民地軍の英雄的な戦いとその勝利を謳い上げたりするような愛国劇が生まれる（第一章参照）。西部への大規模な人口移動が始まり、先住民が抵抗もむなしくその数を減らしていくようになると、先住民とその文化をロマンチックに美化するようなインディアン劇が生まれる（第二章参照）。禁酒運動が盛り上がると、禁酒を奨励する劇が生まれるし、都市が成熟するにつれ、そこに住む新興成金の生態を風刺する劇が生まれるし、奴隷制問題が沸騰すると、黒人奴隷をヒーローやヒロインにした劇が生まれる（第三章参照）。南北戦争後、都市部にヨーロッパ各国から移民が押し寄せるようになると、人種や民族のステレオタイプを風刺する喜劇が生まれたりする（たとえば、エドワード・ハリガンの『マリガン守備隊舞踏会（*The Mulligan Guard Ball*）』〔一八七九〕）。あるいは、西部開拓の本格化とともに、西部の辺境を舞台とし、開拓民を主人公とする芝居が流行する（第四章参照）。十九世紀の後半から二〇世紀初頭は、大企業や資本家がなりふり構わず金儲けに走った時代だから、そうした企業家の倫理を問い掛ける社会劇が現れる（たとえば、ブロンソン・ハワード〔Bronson Howard 1842-1908〕の『ヘンリエッタ（*The Henrietta*）』〔一八八七〕やクライド・フィッチ〔Clyde Fitch 1865-1909〕の『立身出世主義者たち（*The Climbers*）』〔一九〇一〕）。男性の不貞は許されるのに、女性の不貞は許されない、男性優位社会のダブル・スタンダートをえぐる問題劇も舞台に掛かる（たとえば、ジェームズ・ハーンの『マーガレット・フレミング（*Margaret Fleming*）』〔一八九〇〕）。女性の地位の向上に伴って、離婚が社会問題化し始めると、二〇世紀初頭のアメリカ演劇は離婚をテーマとする（たとえば、ラングドン・ミッチエル〔Langdon Mitchell 1862-1935〕の『ニューヨーク・アイディア（*The New York Idea*）』〔一九〇六〕）。

このように、アメリカ演劇は社会情勢に敏感に反応する。アメリカの現実は常に変動しているから、その時々の現実を舞台に載せるだけで芝居になる。ゲーリー・リチャードソン（Gary A. Richardson）も述べているように、劇場に足を運ぶ庶民にとってアメリカ演劇は、同時代の社会的、政治的、経済的、道徳的な問題を学んだり、変容し続けるアメリカ社会を驚嘆の目で眺めたりする窓となる。劇場は、娯楽と教化の場であるだけではなく、多様化する国民を同化させる場ともなる（二九二─九三）。こうした芝居は、どんな歴史書よりも、その時代特有の雰囲気を伝えてくれるのだが、アメリカの絶えず変容する現実が、少なくともモダン・ドラマが成立する一九二〇年頃までは、アメリカ演劇に深みをついに与えなかったとも言えるだろう。

アメリカ演劇とリアリズムの密接な関係について、アメリカ社会における現実の変容の激しさという観点から説明してきたが、アメリカ人の現実に対する態度、アメリカ人が現実をどのように捉えてきたのかという観点からも敷衍しなければならない。トニー・タナー（Tony Tanner）は『驚異の支配――アメリカ文学におけるナイーヴさとリアリティ（*The Reign of Wonder: Naivety and Reality in American Literature*）』において、「アメリカの作家が、驚異のスタンスで経験に対処し、生存に立ち向かうことを好んできた」ことを跡付けようとしている（一〇）。彼によれば、アメリカ作家には判断よりも驚異、知性ではなく無垢な眼、過去ではなく現在を重視する姿勢があるという。その結果、マーク・トウェイン（Mark Twain 1835-1910）の『トム・ソーヤーの冒険（*The Adventures of Tom Sawyer*）』（一八七六）や『ハックルベリー・フィンの冒険（*The Adventures of*

Huckleberry Finn)』(一八八四)が代表するように、無垢な少年の主人公がナイーヴな驚嘆にあふれた眼差しで、リアリティを捉えて語る(それも俗語や口語を駆使して語る)というパターンの小説が非常に多くなるのだという。シャーウッド・アンダーソン(Sherwood Anderson 1876-1941)の『ワインズバーグ・オハイオ(*Winesburg, Ohio*)』(一九一九)やアーネスト・ヘミングウェイ(Ernest Hemingway 1899-1961)の「ニック・アダムズ物語」(一九二五―三三)、J・D・サリンジャー(J. D. Salinger 1919-2010)の『ライ麦畑でつかまえて(*The Catcher in the Rye*)』(一九五一)なども、タナーは同じ系譜に位置づけている。このように、現実にナイーヴに驚嘆する若者がアメリカ文学に特徴的なヒーローであるということは、アメリカ人には、刻々変化する現実を分析したり、判断したりするのではなく、現実をそのまま受け止めて、ナイーヴに驚嘆する態度がある(少なくともそうした態度をよしとする傾向がある)ということを示唆するものではないだろうか。

文学からアメリカ美術に話題を転じるなら、写実主義はアメリカ美術のお家芸であった。津神久三は『青年期のアメリカ絵画――伝統の中の六人』の中で、アメリカ絵画は「骨の髄までリアリズム」(一〇)であり、「第二次大戦後も一貫して写実の系譜」(一七)が続いているし、「この国の人たちくらい写実主義だけを信じ、写実主義だけを愛する国民はほかにあるまい……。アメリカ人と写実主義はほとんど一卵性双生児くらい切っても切れない縁にある」と述べている[2](一一)。確かに、事物を本物そっくりに、まるで写真のように精密に描き出すというスタイルは、チャールズ・ウィルソン・ピール(Charles Willson Peale 1741-1827)の『階段の二人(*Staircase Group*)』(一七九五)を皮切りに、十九世紀にも流行する。この伝統は、アメリカ中部の町の環境を驚くべき精密巧緻なリアルさで描き出そうとしたグラント・ウッド（Grant Wood 1892-1942）やマジック・リアリズムとも呼ばれる、特異な細密描写によって不思議な心象世界を描こうとしたアンドリュー・ワイエス（Andrew Wyeth 1917-2009）をはじめ、第一次世界大戦前後に、都会の裏側の貧しい労働者やごみごみした街頭風景を好んで描いて人気を博した「ごみ箱派」の旗手ジョン・スローン（John Sloan 1871-1951）、大恐慌時代の社会的現実をリアリスティックな筆致で描いたエドワード・ホッパー（Edward Hopper 1882-1967）など「アメリカン・シーン」の芸術家たち、六〇年代のアンディー・ウォーホル（Andy Warhol 1929-87）やロイ・リクテンスタイン（Roy Lichtenstein 1923-97）などのポップ・アートの画家たち、チャック・クロース（Chuck Close 1940-　）やリチャード・エステス（Richard Estes 1932-　）など七〇年代のハイパー・リアリズムの画家たちにまで連綿と続いている。

キャンベル社のスープ缶を描いた、ウォーホルのあの有名な絵『三十二個のキャンベル社スープ缶（*32 Campbell's Soup Cans*）』（一九六二）のように、ポップ・アートの芸術家はごく当たり前のありふれたものを本物そっくりに描こうとする。彼らは、大量生産の規格化された物に囲まれた現代の大衆消費社会のシステムを批判もしないし、持ち上げもしない。ただ即物的に提示する。七〇年代に入って流行したハイパー・リアリズムは、フォト・リアリズムとかシャープ・フォーカス・リアリズムとも呼ばれるように、さらに現実を写真のように、時には写真以上に克明に描こうとする。アメリカの芸術家というのは、これほどまでに現実を表現することに執着するのである。

この異常なまでの現実への関心の強さは、一体なんなのだろう。それは、アメリカがアメリカであることを実感できる証拠を希求する激しさと同じものなのではないだろうか。アメリカの画家たちが、あるいは作家たちが、さまざまなアメリカン・シーンやアメリカン・イメージを、要するにアメリカをアメリカ的にしているものを克明に描くのは、記録することによって、歴史の浅い国、寄せ集めの移民の国アメリカに生きる、みずからのアイデンティティを確認する行為なのではないだろうか。アメリカ的なものの断片をいくらリアルに記録しても、いかに膨大に集めても、またいかに長々と羅列しても、アメリカ的なものについに辿り着かないかもしれない。それでも、そうせざるを得ないのが、アメリカに生きる者の宿命なのである。

四　「今」をリアルに映し出すアメリカ演劇

こういう事情は演劇の場合も変わらない。アメリカは、ヨーロッパの長い伝統から切り離されて、あるいはヨーロッパ的な絆を意識的に断ち切って、新しい国を作ろうとしてきた。ヨーロッパが過去の歴史の重みに押し潰され、硬直化した制度や伝統の束縛から逃れられない（ように思えた）のに対し、アメリカは歴史が新しく始まる世界、しかも未来における無限の進歩の可能性を秘めた空間として位置づけられた。そのような世界では、過去はほとんど存在せず、いま目の前にある現実の世界しかない。ごく単純に考えても、歴史の浅いアメリカ、伝統の重みを知らないアメリカにおいては、その分だけ「現実」が大きくなるとも言えるだろう。こういう精神風土から、具体的なものと細部へのこだわり、現実に対する無邪気な驚嘆の念、現実への関心の強さが生まれてくるのだ。

こうした強固な現実主義、素朴なまでの現実崇拝が、本来は浮世離れした娯楽であるはずのミュージカルにさえ、現実の生々しい一断面を切り取るという性格を与えたのだろうし、とりわけアメリカにおける映画産業の隆盛に結び付くのだろう。

こうしたアメリカ文化の特性が、社会の動向にもっとも敏感な演劇に映し出されるのは当然である。現代のアメリカ演劇も、現時点でもっともリアルな問題を取り上げ、形式面においてもリアリズムが優勢になる傾向がある。たとえば、しばらく前のブロードウェイで観客を集めた芝居は、ゲイの文化とエイズの問題をテーマにしたトニー・クシュナー（Tony Kushner 1956-　）の『エンジェルス・イン・アメリカ（*Angels in America*）』二部作――第一部『至福千年紀が近づく（*Millennium Approaches*）』（一九九三）と第二部『ペレストロイカ（*Perestroika*）』（一九九四）――であったというのは故なしとしない。エイズが蔓延した八〇年代のニューヨークを舞台に、エイズに倒れた白人青年とユダヤ人の同性の愛人、黒人のゲイの看護士、モルモン教徒の夫婦など人種的、民族的にも宗教的にも多様な人物が登場するこの芝居は、マルチ・カルチュラルなアメリカの現実を背景に、ゲイとエイズという当時のアメリカでもっとも切実でもっともリアルな問題を表現しようとするのである。

同じ時期に、いまワスプ（アングロ・サクソン系白人のプロテスタント）であることの悲しみ、あるいはワスプの黄昏とでも言うべきテーマを扱った芝居がブロードウェイで二本上演された。アーサー・ミラーの『最後のヤンキー（*The Last Yankee*）』（一九九三）であり、A・R・ガーニー（A. R. Gurney 1930-　）の『晩年（*Later Life*）』（一九九三）である。前者は社会の変化にもみくちゃにされ、鬱病になって入院している中年と老年のふたりの白人の妻と、彼女たちを見舞いにきた夫たちの話である。中年の夫の方は、アメリカ独立戦争時の英雄であり、建国の父祖のひとりであるアレグザンダー・ハミルトン（Alexander Hamilton 1755-1804）の末裔でありながら、家族を養う甲斐性のない大工である。二〇年間鬱病で苦しんできた妻は、「ユダヤ系やイタリア系、アイルランド系なんかだと……団結して、助け合うけど、ヤンキー系アメリカ人がそうするのって聞いたことある？　一度もない」（三二）とワスプであることをつい嘆いてしまう。後者の主人公はボストン出身の中年男性。ハーヴァード大学のビジネス・スクールを修了後、大手銀行に就職し、結婚してふたりの子供にも恵まれた豊かなワスプの典型であるが、今は離婚し、アメリカ社会がますます自分と相容れなくなっているという思いを募らせている。この二本の芝居も、ますます多人種化、多民族化、マルチ・カルチュラル化を強めていくアメリカ社会で、元気のよいマイノリティに押されて、自信を喪失し始めているワスプの姿、マイノリティをうっかり批判することもできないまま鬱憤を募らせていくワスプの「今」をリアルに映し出しているのである。

注

（1）アメリカ演劇とアリズムの関係については、ガスナーやメアリー・マッカーシー（Mary McCarthy）、ブレンダ・マーフィー（Brenda Murphy）、ウィリアム・デマステス（William W. Demastes）、デーヴィッド・グレーヴァー（David Graver）、など参照。

（2）アメリカ美術と写実主義については、津神のもの以外に、「アメリカを育てたリアリズム絵画」という特集を組んだ『芸術新潮』やゲリー・スーター（Gerry Souter）など参照。

引用・参考文献

Bentley, Eric. *The Playwright as Thinker: A Study of Drama in Modern Times.* 1946. New York: Harcourt, 1967.

Demastes, William W., ed. *Realism and the American Dramatic Tradition.* Tuscaloosa: U of Alabama P, 1996.

Downer, Alan. *Recent American Drama.* U of Minnesota Pamphlets on American Writers 7. Minneapolis: U of Minnesota P, 1961.

Gassner, John. *Best Plays of the Early American Theatre.* New York: Crown, 1967.

——. "Realism in Modern American Theatre." *American Theatre*. Ed. John Russell Brown and Bernard Harris. London: Arnold, 1967. 11-27.

Graver, David. "The History, Geography, and Heterogeneity of American Dramatic Realism." *American Literary History* 11.4 (1999): 710-20.

McCarthy, Mary. "The American Realist Playwrights." Mary McCarthy's *Theatre Chronicles 1937-1962.* New York: Noonday, 1963. 209-29.

Miller, Arthur. *The Last Yankee.* New York: Penguin, 1994.

Moses, Montrose J. *The American Dramatist.* 1925. New York: Blom, 1946.

Murphy, Brenda. *American Realism and American Drama, 1880-1940.* Cambridge: Cambridge UP, 1987.

Richardson, Gary A. "Plays and Playwrights: 1800-1865." *Beginning to 1870*. Eds. Don B. Wilmeth and Christopher Bigsby. Cambridge: Cambridge UP, 1998. 250-302.

Souter, Gerry. *American Realism*. New York: Parkstone, 2009.

Tanner, Tony. *The Reign of Wonder: Naivety and Reality in American Literature*. London: Cambridge UP, 1965.

Tocqueville, Alexis de. *Democracy in America*. Part II. Trans. Phillips Bradley. 1840. New York: Vintage, 1945.

『芸術新潮』「特集　アメリカを育てたリアリズム絵画」一九九二年三月号。

高階秀爾『徹底討議　十九世紀の文学・芸術』青土社、一九八四年。

津神久三『青年期のアメリカ絵画――伝統の中の六人』中公新書、一九九一年。

山崎正和「アメリカ演劇と私」アメリカ文学会第十七回全国大会特別講演、奈良女子大学、一九七八年十月十五日。

第一部　初期と中期のアメリカ演劇

植民地には定住後約一世紀の間、目立った演劇活動はなかった。芝居小屋や役者は、信心深い民衆から不信と嫌悪の目で見られていた。現在の楽しみのために金を浪費するより、未来のために貯蓄することが奨励されるピューリタニズムの風土にあっては、娯楽は罪の意識を生み出す。とりわけ演劇は、怠惰と悪徳を助長すると考えられた。[1] さまざまな宗派からこぞって敵視されただけではない。植民地政府も演劇活動を禁止するために種々の法令を制定する。たとえば、一七〇六年にニューヨーク総督の補佐機関は、演劇の興行を禁止する法案を承認した。一七五〇年になっても、演劇は「不道徳と不信心、宗教の軽視」（Meserve 一一八）につながるとして、マサチューセッツ植民地議会はこれを禁じた。[2]

それに対し各劇団は、上演するのは劇ではなく「教訓的対話」であるとか「道徳講義」であるとか言って、当局の追及をかわそうとする。役者は前口上で、演劇は牧師の説教と同じくらい有益な道徳上の真実を教えてくれるなどと大真面目で宣言した。劇場主たちも、たとえば『オセロ（*Othello*）』であれば、「嫉妬と他の悪しき情熱がもたらす有害な影響を描き、幸福は美徳の追求によってのみ生じ得ることを証明する、五部からなる一連の道徳的対話」（Wilson 八二）というような解題を添えて、演劇と道徳教育が結び付くことを強調した[3]。

都市が成長し、余暇のある富裕階層が増えるにつれ、演劇禁止令は解かれ、人びとは各地で演劇を楽しむようになる[4]。といってもほとんどの場合、劇団はイギリスからの旅回りの劇団であり、出し物もイギリスからの輸入物であった。独立戦争が終わる頃までは、アメリカ人によって書かれ、アメリカ的な題材をテーマとするアメリカ演劇は存在しなかった。独立革命直後から、アメリカ国民はナショナリズムに駆り立てられるように、演劇活動にも従事し始める。独立宣言から約十年後の一七八七年に、ロイヤル・タイラーによる『コントラスト』という最初の本格的なアメリカ演劇が上演される。十八世紀の末頃までには、ウィリアム・ダンラップ（William Dunlap 1766-1839）という傑出した演劇人の登場もあって、「アメリカ演劇」と呼ぶに足る国民演劇が確立する。ダンラップは一七九六年、「オールド・アメリカン・カンパニー」の経営陣に加わり、自分の作品を上演する権利を獲得し、これ以降長期にわたって演劇に身を捧げ、後に「アメリカ演劇の父」と呼ばれるようになる。

一　ロイヤル・タイラーの『コントラスト』

この芝居は、独立直後のアメリカ人の趣味や道徳観、価値観、ナショナリズムを反映した風習喜劇として優れているだけではない[5]。イギリスから独立を勝ち取ったばかりの、新生アメリカの鼓動が力強く脈打っているという点でも、ジョナサンという底抜けに楽天的なヤンキー・キャラクターを創り出したという点でも重要である。その意味で、アメリカ人の手になる、アメリカ的主題に基づいたアメリカ産の演劇の嚆矢と言えよう。タイトルが示すとおり、「対照」が劇の基本構造になっている。一本気なマンリー大佐とイギリスかぶれのディンプルの対照、マンリー大佐の従者をしている「ナチュラルな」ジョナサンとディンプルの召使いをしている「気取った」ジェサミーの対照、謹厳実直なマンリー大佐と軽佻浮薄な妹、シャーロットの対照、「センチメンタルな」マリアと「ファッショナブルな」ふたりの友人、シャーロットとレティアの対照など、さまざまな対照が最終的に収斂していくのは、若く健康なアメリカと堕落したイギリスの対照である。(6)

チェスターフィールド卿（Fourth Earl of Chesterfield 1694-1773）の心酔者で、大のイギリス贔屓の「伊達男（beau）」ディンプルは、父親同士が決めたマリアという婚約者がいるのに、ほかのふたりの女性に求愛しようとする。莫大な財産を持っているレティアと結婚し、美貌の持ち主で陽気なシャーロットを愛人に収めようというのである。そこにマンリー大佐なる、独立戦争の勇者で、アメリカ魂の持ち主が現れ、ディンプルの悪巧みを暴き、ついにはマリアという清純な恋人を獲得する。ディンプルにのぼせていた娘たちも、外国の風俗をまねることの浅はかさを知り、あらためて自国の美風と価値を見直す。要するに、イギリスに対するアメリカの勝利が劇の主要テーマなのである。劇の構造にイギリスとアメリカの対照が組み込まれ、「誠実、美徳、名誉」（三九）を土台とする、民主的なアメリカ文化の方が貴族制のイギリスより優れていることが証明され、観客の愛国心が発揚される仕掛けになっている。

タイラーはディンプルを、イギリス社会と文化のすべてを体現する象徴的な人物に仕立て上げる。

彼が放蕩とおしゃれに余念がない伊達男になったのは、イギリスに洋行して、その文化に感化されてからのことである。レティアが言うには、それまでは健全な青年だったのに、洋行によって「午前中をおしゃれに費やし、チェスターフィールド卿の『息子への書簡集（*Letters to His Son on the Art of Becoming a Man of the World and a Gentleman*）』（一七七四）を少しだけ読み、それから気取って歩きだすと、出会う女性をことごとく誘惑しようとする、軽佻浮薄で、青白い顔の、洗練された伊達男」（一二）に変身してしまったという。イギリスの空気に触れたがために、イギリスの腐敗と悪徳を帯びてしまったというわけである。婚約者のマリアは、彼の本性をとっくに見抜いてしまっているのだが、父親同士が決めた相手なので断れない。ところが、シャーロットとレティアには、当のディンプルが洗練された人物に映り、熱を上げている。そこにマンリー大佐が、先の独立戦争で負傷した退役軍人のための充実した年金制度を政府に要請すべく、ニューヨーク市にやって来る。[7] こうしてマンリー大佐というアメリカ的理念を体現する人物と、ディンプルという（あくまでも想像上の）イギリス的理念を体現する人物とが衝突することになる。

ふたりが初めて会ったとき、ディンプルは「趣味の洗練された人物」（三一）として、若い女性をたぶらかす秘訣をマンリーに得意げに伝授しようとする。それを聞いたマンリーは義憤を覚え、結婚を振りかざして無垢な娘を騙すような男はけちな盗人にも劣ると言う。ディンプルは、この男の高潔さに気おされる。第二の出会いでは、マンリーの愛国心とディンプルの祖国への蔑視の念が衝突する。ディンプルは、アメリカの都会はヨーロッパの都会とくらべてつまらないと言う。するとマンリーは、だからこそ外国など見たくないのだと述べる。なぜなら、祖国を軽蔑させるようなことを知っても、なんの意味もないからだ、とマンリーは新興国のアメリカにとって「高貴な愛国心」（三二）が何よりも重要なのだと言う。続けて「わが国に他国と同じ過ちがあるとしても、アメリカ合衆国は〔先の独立革命において〕美徳を示し、偉大なことを成し遂げたことをわたしは誇らしく思っている」（三二）と、その凛々たる愛国的心情を表明する。ディンプルとマンリーのやり取りを聞いていたマリアは、マンリーの「高貴な心情」に心を動かされ、彼を慕うようになる。

ニューヨーク市に初めてやって来て、そこに住む上流階級の人びとの「ファッショナブルな」風俗を目の当たりにしたマンリーは、栄耀栄華が祖国を滅ぼしてしまうのではないか、と古代ギリシャの例を思い浮かべながら憂慮する。

> ギリシャの都市国家が斧や鋸以外の道具を知らなかったとき、ギリシャ人は偉大で、自由で幸福な国民であった。……それは壮観な眺めを呈したことだろう。幾つもの独立した都市国家が同じ言語、心情、行動様式、共通の関心と見解によって連合していたのだから……。だが、外国からの金とさらに有害なだけの贅沢品が、国民の間に広まっていったとき、彼らから大切な美徳を奪い取ってしまった。……ああ、アメリカよ。おお、我が祖国よ、この今、国の平安に寄与することだけを学んでほしい。（二八）

アラン・ホーライン（Allan G. Halline）は『コントラスト』の序文で、この劇のナショナリズムはフェデラリスト的だと述べているが、必ずしもそうではなかろう（五）。確かにマンリーのナショナリズムには、連邦主義者たちの強力なユニオンを求める政治哲学が反映されているかに見える。

だが、アメリカは外国の影響を避けて孤立すべきと考えるマンリー大佐の心情は、都市への疑惑、自然に密着した簡素な生活を理想とする考え方とも相まって、ヨーロッパを模範として商工業の発展を重視し、アメリカを西欧の一部と位置づけるハミルトン的な国際主義の立場よりも、ジェファソン（Thomas Jefferson 1743-1826）的な農本的共和主義、すなわちアメリカはヨーロッパから空間的にも時間的にも孤立し、その豊かな空間を利用して農業国として発展していくべきであるという立場に近い。

マンリーとディンプルの対照は、独立心と模倣癖という対照でもある。マンリーはおのれの信念に忠実に行動するが、ディンプルは「世慣れた人物」になるべく、日常の細かな作法に至るまでチェスターフィールド卿の教えに従う。この対照は、ふたりの召使、ジョナサンとジェサミーによってさらに強調される。ジョナサンは自分だけが自分の主だと思っている。他方、ジェサミーは主人の気取った言葉遣いからおしゃれの仕方まで、ことごとく主人を模倣する。ジョナサンがジェサミーと初めて会ったとき、彼から大佐の「召使（servant）」と間違われたのに腹を立て、「召使」ではなく「従者（waiter）」だと胸を張って訂正を求める――「おれは正真正銘、自由の息子だ……誰もおれの主人にさせない。おれの親父は大佐と同じくらい立派な農場を持っている」（二一〇）。この自信に満ちた、身分の差を否定するジョナサンの言葉には、万人は生まれながらにして平等であるという独立革命の原理が映し出されている。さらには、独立自営の農民であることが、自信の裏付けになっているようだ。彼が体現するのは、大地に根を下ろして生きる素朴な農民のコモンセンスである。他方、ジェサミーは主人に倣って、素朴なものを野卑なものと見なしている。

アメリカはヨーロッパを模倣するのではなく、独自の道を自主的に歩むべきだという作者の心情をここに読み取るべきだ。アメリカは名目上独立したとは言え、依然として都市の上流階級の間には、イギリスの君主制に共鳴する親英派が多数いた。こうした都市の富豪たちが喫緊の課題である国造りを忘れて、ロンドンやパリの風俗をまねようとする風潮を風刺するために、タイラーは『コントラスト』を書いたのである。流行に遅れまいと腐心する愚かさ、他人のゴシップに花を咲かせる軽薄さ、恋愛ごっこにうつつを抜かす浮薄さ、要するに都会の「ファッショナブルな」人びとを揶揄すること、それが作者の狙いであった。マンリーという「洗練されておらず、外遊したこともないアメリカ人」が、ディンプルという「ヨーロッパの洗練を身に付けた紳士」（三八）に勝利を収めるのは、徳性と気高い愛国心によってである。劇は、マンリー大佐が次のように述べて幕となる。「わたしが学んだこと。それは、たとえヨーロッパの洗練を身に付けていなくても、誠実と美徳、名誉が、正直なアメリカ人に優雅で美しい同胞の女性を与えてくれるということです。しかるば、観客の皆々様の喝采も頂戴したいものです」（三九）。このように観客の愛国心を掻き立てて幕が下りるのであるが、「すべての愛国者よ、歓喜せよ。今夜上演されるのは、我らが真に我らのものと呼べる作品である」（八）という劇の前口上からしてそうであった。

アメリカで大切なのは、誠実さと愛国心であるという信念をさらに強化するのは、ヤンキーのジョナサンである。彼の陽気な楽天性と無邪気なまでの自信、生きのよいニューイングランド訛りの英語、盲目的とも言えるほどの愛国心は、無限のエネルギーを秘めた若いアメリカの生命力そのものでもある。演劇における喜劇的な要素というのは、社会と個人が自己保存の悩みから解放されたときに初めて誕生するものだが、『コントラスト』という風習喜劇がこの時代に生まれたということは、もうこの頃には、アメリカ社会にある程度富が蓄積し、明確な風俗や慣習を持つ社会が生まれていたことを示すものであろう。新しい社会が求めていたもの、それはその下に人びとが結集し、経験を共有できるものである。それがヤンキー・キャラクターという、同時代のアメリカ人の理想化された自画像に結実するのである。

ヤンキーのジョナサンは絶大な支持を受け、以後一連のヤンキー劇が作り出されることになる。なぜこれほど人気を博したのであろう。独立したばかりの新生アメリカが何よりも必要としたもの、それは楽観主義――努力しさえすれば何事も可能であるという楽天的な雰囲気――であった。ヤンキー劇は新しい国民の間に自由で楽天的な雰囲気を醸し出し、未知の障害に満ちている世界に生きる勇気と活力を与える。正直だが抜け目なく、感傷的だが独立心旺盛で、その上、心は純朴で、どこかルソー的なプリミティヴィズム（原始性、野性）を備えたヤンキーに、観客は自己の似姿を見出し、盛大な拍手を送ったに違いない。ヤンキー劇は、まだひとつに統合されていない国民の間に共通の笑いを引き起こすことによって、連帯の絆を生み出し、統合を促進させもしたであろう。新国民は、舞台で大活躍するヤンキーに自己の姿を重ね合わせ、アメリカに生きるおのれを肯定される。このように、独立革命は新しい政治制度を確立しただけではなく、新しいヒーロー像も生み出したのである。

『コントラスト』は、ヨーロッパを模倣するのではなく、自国の美風を認識して独立独歩の道を進みなさいと観客に訴える点で、道徳的、教訓的色彩が濃い。演劇が怠惰と悪徳を助長するといまだ考えられていた時代、演劇は善男善女の信奉する道徳律に抵触してはならず、健全な教訓を含んでいなければならなかった。教訓的であるというのは、時代の要請である。現にボストンで上演されたときには、「道徳的講義」（Brown 五八）として宣伝されたという。ともあれ、アメリカ人の手によって書かれ、アメリカ的主題を扱い、アメリカ人が自分たちのものと誇れる演劇が、一七八七年四月十六日、ニューヨークのジョン・ストリート劇場において上演されたのである。独立宣言が発布されてから十余年、この劇が初演された年には憲法制定に至るわけであるから、この劇は当時高揚しつつあった文化的独立運動の一翼を担っている。(8) ホーラインは『コントラスト』をいみじくも「精神的独立宣言」（五）と呼んでいる。

『コントラスト』の公演によって、国産の演劇に対する軽蔑の入り混じった観客の態度が、少しずつ変化し始める。ヨーロッパの文化的優位性がそう簡単に揺らぐものではないにしても、アメリカ人でも立派な芝居を書き、かつ上演できることを『コントラスト』は証明した。一七九〇年に出版されたとき、表紙には「作、合衆国市民」（Taubman 四七）と誇らしげに印刷され、その筆頭にワシントン大統領の名前を載せた予約者一覧を添えて出版された。一七九三年にチャールストンで上演されたとき、「アメリカの自由の息子」という副題を付けられ、作者は「合衆国市民、タイラー大佐」とプログラムに明記された（Moody 二九）。少し前であれば、アメリカ人が作者だというだけで観客の入りが心配されたことを思えば、観客の態度の変化がわかるというものである。一七八七年から一七九六年まで二〇回という興行成績も、当時としては精彩を放っていた。(9)

二　ウィリアム・ダンラップの『アンドレ』

タイラーの『コントラスト』の成功に勇気づけられて、ウィリアム・ダンラップは劇作家となり、共和国の文化的独立を後押しするためにその才能を捧げることになる。一七九八年、独立戦争のエピソードをもとに『アンドレ（*André*）』という、愛国的心情があふれる詩劇をニューヨーク市パーク劇場で上演する。[10]スパイとして捕えられたアンドレというイギリス軍将校が、助命嘆願とイギリス軍からの圧力にもかかわらず、アメリカの威信と名誉を守るために処刑されるというのが筋である。しかし劇の大半は、人間の自由と平等、幸福の追求、生命の尊厳というアメリカ革命の根本原理を賛美し、アメリカの道徳的勝利をとうとうと謳い上げることに割かれている。『アンドレ』にあふれている愛国的心情も時代の要請であった。新興国のアメリカがひとつの国としてまとまるために、国民的アイデンティティを速やかに確立することが求められていた。

劇にはアメリカ合衆国の誕生を祝福し、その限りない発展を確信する愛国的な見解が満ちている。作者のロマンチックで愛国的な心情の代弁者であるマクドナルドは、祖国に寄せる熱烈な愛国心を次のように表明する。

わたしがこの国を愛するのは、人間のためだ。
両親は、ありがたいことに、大海原を渡り、
自然の麗しい世界にわたしを生んでくれた。

成長し、繁栄する余地が豊富な世界で、わたしは繁栄した。

わたしの心は何物にも束縛されず、自由に広がる気がする。

（中略）尊敬する両親の祖国、スコットランドで生まれていれば、
わたしは恐怖に怯えて縮んでしまったことだろう。

だが、この新世界で目にするのは、人間のための安らぎの場所。

ヨーロッパがいくら吹き荒れようが、我らは足をしっかり踏み締めさえすればよい。（五六）

「成長」「繁栄」「解放」「自由」「拡大」など、肯定的なイメージが、アメリカと結び付いている。しかも、これらプラスのイメージは、原初の大自然を有する新世界の広大な空間によって初めて誘発されるのである。アメリカの大地は人を再生させる力があるのだ。他方、ヨーロッパは「恐怖」「縮小」「怒号」など、マイナスのイメージで捉えられている。

ヨーロッパ、ことにイギリスに否定的なイメージが付与されている例は随所に見られる。その結果、イギリスはアメリカを軛のように拘束する傲慢な圧政者であり、その動機は打算と欲でしかない、というイギリス観が鮮明になる。ワシントン将軍の次の台詞にも、イギリスを、害毒を流すだけの好戦的な抑圧者として捉える一方で、アメリカを文明の守護者として捉える見方が読み取れる。

我らに戦争を仕掛けてきたのが彼らだとしても、
我らは戦の掟を順守して正々堂々と戦わなければならない。
（中略）洪水のような病弊を押しとどめなければ、

恐ろしい戦争が、病に苦しむ世界を次々と襲い、
文明生活のすべての痕跡を洗い流してしまうであろう。（六二）

正義はアメリカにあり、道義的にもアメリカの方が優れているのだから、必ずやアメリカはイギリスに勝利するであろうという信念が、アメリカ側の将校たちに共有されている――「正義は我らにある。正義に勝るものがあろうか」（五四）。もしアンドレを処刑するなら、アメリカ人捕虜のブランド大佐を処刑するであろうと、イギリス軍から圧力をかけられているとき、大佐からの伝言が将軍のもとに届く。「自分の命は祖国のために捧げるつもりだから、将軍にはご自分の義務を敢行なさいますように」という趣旨の短信に、側近のマクドナルドも、これこそ「美徳の勝利」だと感動し、「アメリカの栄光ある勝利」を確信するのである（六五）。

アメリカの道徳的優位性の源は、どうもアメリカの大地にあるようだ。アンドレがアメリカ軍に捕らえられそうになったとき、アメリカ兵を買収しようとする。だが、アメリカの大地を守るために武器を取ったアメリカ農民は、イギリス軍の傭兵とは違って、買収に応じようとはしなかった、というエピソードをメルヴィルが披露するシーンがある。アメリカ農民が戦場で勇敢なのも、どうやら彼らがいつも大地と接触しているためらしい――「鋤を置くやいなや、英雄のように戦う若者たちを見よ」（五五）。アメリカ農民がいかに気高い愛国心に燃え立っているか、胸を打たれた将軍は、この崇高な愛国心の故に、アメリカは征服されるはずがないと断言する――「自由があるところに、愛国心があふれる。……おお我が祖国よ、汝を救うのは愛国心だけ。愛国心がこの〔ヨー

ロッパの〕西の海岸から消えない限り、地上のいかなる勢力も汝を滅ぼすことはない」（五五）。独立後のアメリカがどう発展すべきかをめぐって、スアードとマクドナルドとでは意見が対立する。スアードは孤立主義を唱えるのに対し、マクドナルドは国際主義の立場に近い。スアードは、アメリカが圧制と腐敗に満ちたヨーロッパの旧体制から遠く離れて、新しい社会体制を構築すべきだと考えている。だからこそ、大西洋のど真ん中に「越えられない障壁」ができて、空間的にも時間的にも、アメリカがヨーロッパとの「交流を断ち切る」ことを願う（五九）。それに対しマクドナルドは、アメリカはヨーロッパと袂を分かつのではなく、ヨーロッパの「すばらしい科学」を導入して、「無知に呪われた素朴さ」から「知識に祝福された素朴さ」へと移行しなければならないと述べる（六〇）。続けて英知を、闇を照らす光にたとえたり、混沌を秩序に誘う「至高の愛」にたとえたりすることによって、啓蒙思想の持ち主であることを明かす。

このように啓蒙思想が濃厚な『アンドレ』には、国家が混沌に陥ってはいけないように、個人も情念に駆られて混乱してはいけないというテーマも見られる。ブランド大佐の息子は、スパイとして俘虜の身になっているアンドレに世話になったことがあり、彼の人柄が高潔なことも知っているので、彼の助命嘆願に東奔西走する。しかし思うようにならず、次第に自暴自棄の態度を取るようになると、それを見かねたマクドナルドは、「抑えられない感情という衝動」（六七）に翻弄されることの愚を諭す。人が頼りにすべきは「啓発された判断力」であって、理性こそどんな激情の嵐においても「篝火」となって、人を安全な港へと導いてくれるのだと言う（七一）。この点で、『コントラスト』とくらべると『アンドレ』のナショナリズムは啓蒙思想に裏打ちされている分だけ、穏やかである。だから、劇全体としてはイギリスを、啓蒙思想の理念を蹂躙する専制的な抑圧者として描いてはいるものの、個人としてのアンドレは同情的な視点から描かれているのである。作者のダンラップ自身が啓蒙思想の洗礼を受けていたことは、彼の演劇観にも見て取ることができる――「演劇はそれ自体、人間の進歩のための強力なエンジンである。ただ、演劇を文明と美徳の純粋な源泉とするためには、啓蒙された社会の導きの手が必要になる」（三）。

劇は、後世のアメリカ人、「コロンビアの子供たち」（七四）が、この歴史的事件の重要性を学び、ヨーロッパの悪しき影響を回避することを願うマクドナルドの台詞で幕になる。続けて、地上から抑圧者が消えて、その代わりにひとりで立ち、みずからを頼み、みずからの力で前進する、歴史から解放されたまったく新しい種、いわば新しいアダムが立ち現れることを予言する。スパイのアンドレを処刑する行為は、ヨーロッパから離脱し、アメリカがヨーロッパと異なる道を歩みだすことを表明する行為でもあった。革命後、この種の愛国的な歴史劇が何十と書かれた。アメリカの栄光に彩られた過去、とりわけ独立戦争のエピソードを上演することは、新しい国民の間に歴史意識や国民意識を植え付ける重要な役割を果たす。演劇は大衆に自国の誇らしい歴史を教え、ひいては大衆をひとつの国民に統合させる手段となる。トマス・グラント（Thomas M. Grant）が述べているように、アメリカの歴史劇はこうしてアメリカの特別な使命を祝う「記念式典的伝統」を確立していくのである。

ではなぜ革命以後、歴史劇が多数生まれたのであろう。それは、アメリカ国民にナショナリズムが満ちあふれていたからだと考えるのではなく、そもそもナショナリズムが不足していたからだと考えるべきである。新興国のアメリカはもともと、ナショナリズムが形成されるには歴史意識の希薄なところであった。革命は、ナショナリズムの急激な高揚によって起こるというのが普通の場合であろう。民族の伝統を誇りにし、同一性を主張しようとするとき、民族は初めて独立を目指す。ところが、アメリカは逆の方向を取ったのである。ナショナリズムがいまだ形をなさない状態のまま独立を志向し、たまたま独立を勝ち取った。独立はしたものの、四〇〇万人弱の住民はバラバラで、ともすれば諸州の利害が対立して分裂する可能性すらあった。従って、アメリカにとってナショナリズムの急速な形成が喫緊の課題となる。だからこそ革命が終わるとすぐに、国民文化を形成するための知的活動が広範囲に展開したのである。偉大なアメリカに捧げられた歴史書や詩、絵画が次々と生み出されたり、一七九四年のマサチューセッツ歴史協会を嚆矢として、各地に歴史協会設立の運動が盛んになったりしたのも、アメリカ国民がその歴史を振り返り、誇りにできるものを探し求めていたことを物語るものではないだろうか[11]。共通の伝統を確立し、ナショナリズムを醸成する必要性が急務だったからこそ、アメリカを賛美するための知的活動が、速やかに広まったのである。演劇の分野でも、観客の愛国心を発揚するために、アメリカの誇るべき過去のさまざまな場面が舞台に掛けられる。

ダンラップが演劇活動に乗り出したのも、共和国の文化的独立のため、新国民の啓蒙のために貢献しなければならない、と使命感に燃えていたからだ。彼にとって演劇とはまず何よりも、「歴史や哲学、愛国心、道徳の真実を教え」（一二二）、「ヒロイズムと愛国的な自己犠牲の精神を喚起するもの」（一三二）、「人間の進歩のための強力なエンジン」（三）でなければならなかった。理想的にはアメリカ演劇が、政府から財政的援助を受け、演劇に精通した聡明な専門家たちによって導かれ、アメリカの美徳と民主主義を推進するための「公衆の機関」（一三一）ともなることを彼は願っていた[12]。

三　ダンラップの『コロンビアの栄光』

『アンドレ』は緊密な構成を備えた荘重な詩劇であったが、劇場は不入りであった。アメリカを誕生させた独立革命のエピソードを舞台に載せるためには、簡素でありながら、威厳と節度のある新古典主義的な作風がふさわしいとダンラップは判断したのであろうが、当時の観客には少々高尚すぎた。そこで彼は、教養のない人でも楽しめるように、見世物的な場面も愛国的な歌もふんだんに取り入れた大衆演劇に『アンドレ』を仕立て直すことにした。それがジェファソン政権下の一八〇三年に初演された『コロンビアの栄光――独立自営の農民兵（*The Glory of Columbia: Her Yeomanry!*）』である[13]。この芝居は以後五〇年間にわたって、七月四日の独立記念日に主として上演され、アメリカの独立を祝う式典の重要な一部となる（Richards 一九三）。

プロットの面から見れば、『アンドレ』では劇が始まる前にアンドレは捕虜になっていたが、『コロンビアの栄光』では農民兵がアンドレを捕える場面がクライマックスになっている。登場人物の面から見れば、『アンドレ』ではワシントンをはじめとする上級将校たちが舞台を占めていたが、『コロンビアの栄光』では独立自営農民兵たちが主役の座を奪う。喜劇的効果を高めるために、オボッグ（O'Bogg）なる滑稽なアイリッシュ・キャラクターも新たに取り入れられる。こうした登場人物の平民化という現象は、観客が富裕層から一般市民にも拡大していったことに応えるためであった。と同時に、コモン・マンの権利を重視する当時の政治意識の反映でもあるだろう。劇場に足を運んだ観客は、大掛かりな戦闘場面に胸を躍らせ、勇壮な愛国歌に奮い立ち、偉大なアメリカの栄光に酔いしれたに違いない。

劇は、アーノルド将軍に仕えていた、農民兵のウィリアムズがこれ以上仕えるつもりはないと告げる場面から始まる。それでは敵軍に寝返るつもりかと尋ねられると、彼は次のように答える。

わたしが敵軍に加わるはずないでしょう。わたしの名前はデーヴィッド・ウィリアムズではないですか。わたしはジャージー出身のアメリカ人ではないですか。……この土地を侵略者に一インチでも譲り渡すような男、ましてや同胞を裏切るような男は、上着の下にしまって置きたくないような〔卑劣極まる〕心の持ち主に違いありません。（九五）

その愛国心と純朴さ、熱血漢ぶりにおいて、ウィリアムズは『コントラスト』のジョナサンを彷彿させるヤンキー・キャラクターである。「このこぶしは、銃を取るか、鋤を取るために作られている」（九五）と断言するように、祖国を守るために鋤の代わりに銃を取る、誇り高き農民なのである。

ウィリアムズたち農民兵がイギリスのスパイ、アンドレを捕らえる場面が狙うのは、彼らアメリカ農民兵とイギリス将校アンドレの対比である。この対比によって、アメリカ農民の愛国心、自尊心、高潔さ、正義感、純朴な表面に隠れた利発さなどが浮き彫りにされ、逆にアンドレの人間的価値が下がる仕組みになっている。彼らは変装したアンドレに出会ったとき、堂々と名乗る。

我々は反逆者でもイギリス人でもなく、自由民です。自営農民として、先祖から受け継いだ財産と権利を守るために武器を取りました。……お前さんがイギリス人であるなら、我々は紛れもなくお前さんの公然たる敵です。おれの名前はジョン・ポールディング、こっちはアイザック・ヴァン・ヴェール。大した者ではありませんが、ちっとも怖れずに名乗れます。(九八)

それを聞いたアンドレは、この農民兵たちの「真っ正直さ」(九八)に圧倒され、心が挫けそうになる。それでもあれこれ言って逃れようとするアンドレの往生際の悪さに、後からやって来たウィリズムが業を煮やし、「お前さんはまったく純朴じゃないな」(九八)と言う。アメリカで「純朴(simple)」であるというのは大きな美徳なのである。「純朴さ」や「平明さ」「自然であること」が肯定的に捉えられている例は今までもたくさん見てきたが、どうもアメリカ人は「気取った」「不自然な」ヨーロッパ人とは違って、自分たちを自然で純朴な人種だと考えたがる傾向があるようだ。しかも、この特質はアメリカの豊かな大地との接触によっておのずと涵養される徳性だ、と無意識のうちに考えているらしい。

アンドレは彼らを買収しようとするが、農民兵たちは、家庭とアメリカを守るためにはいかなる買収にも応じるつもりはないと言い切る――「我々は貧しいかもしれない。しかし、我々の間には父とか母、兄弟姉妹、恋人、妻に子供、友人もいるし、何より名誉ってものがある。こういうものはつまらないものかもしれない。でも、どんなに積まれたって、売り渡したりできるはずがないじゃないですか」（九九）。平明な言葉使いの中に、ヤンキーの心意気が表明されている。アンドレは内心、彼らの正直さに気おされているのだが、最後の手段として、見逃してくれればイギリス軍の将校に取り立ててやるとまで言う。だが、またもきっぱり拒否され、観念したアンドレは、アメリカ農民の美徳を称えるのである――「皆さんのおかげで、アメリカ農民を尊敬できるようになった。美徳を保証するのは、立派な業績でも高い地位でもなく、子供の時からの習慣であり、ほどほどの望みであることを皆さんは身をもって証明してくれた。皆さんはわたしを捕らえただけではなく、わたしの心まで奪ってしまった」（九九）。

『コロンビアの栄光』に見られる赤裸々なまでの農民賛美は、一八〇〇年の大統領選挙において、ジェファソンが勝利を収めたことと決して無縁ではない。ジェファソンが後にこの政権交代を「一八〇〇年の革命」と回想するように、これを契機に全国の農民層を支持基盤とする共和派＝民主党政権が誕生し、政策もフェデラリストの商工業を重視する政策から、農業利益を擁護する政策に転換した点で、確かに革命的であった。以後、十九世紀の中葉すぎまで、農業利益を代表する政権が続く。この間、アメリカはヨーロッパ列強の影響を意識的に遮断して、西へ西へと拡大膨張し、一大農業国を築いていく。その過程で民衆の政治参加の機会も開かれ、デモクラシーがアメリカ大陸の隅々にまで浸透していく。

『コロンビアの栄光』は、デモクラシーが民衆に浸透し始める時代、コモン・マンが誇りと自信を持ち始める時代を先取りしている。劇中で歌われる愛国歌の中にも、ヤンキーを称える歌がある。ヤンキーの美徳として列挙されるのは、抜け目のない機敏さ、進取の精神、歓待心、自立心、頑健さ、心温かさ、愛国心であり、当時のアメリカ人が身に付けたいと願った徳性である。『コロンビアの栄光』が、アメリカの独立自営農民に賛辞を贈る意図を持っていたことは、「独立自営の農民兵」というサブタイトルが何よりも雄弁に物語っている。この芝居そのものが、農民は国の宝であり、農村は美徳のあふれている土地であり、アメリカン・デモクラシーの大いなる源泉であるという「独立自営農民の神話」の形成に寄与している。(14) ヤンキーたちの底抜けの明るさと未来に対する楽天性は、独立自営農民であることに加え、アメリカ人特有の選民思想と使命感にも由来する。ウィリアムズによれば、イギリス軍はすべて「駆り集められた」兵士、もしくは金目当ての傭兵かならなるのに対し、アメリカ兵はすべて「選ばれた」兵であり、「世界の模範として、後世の子孫への祝福として、自由民の帝国を建設する」使命を帯びているという(一〇八)。劇は例によって教訓的な調子で終わる。戦争が終結し、独立を勝ち取った後、ワシントン総司令官が「この栄光ある戦闘において、コロンビアの息子たちを駆り立てたあの精神が、清らかに保たれるよう願うばかりです。そうすれば、長きにわたって、この国は自由で幸福であり続けるでしょう」(一一四)と述べて幕が下りる。

このように、ヨーロッパに対するアメリカの道徳的優位性を信じて疑わない無邪気な信念というものも、『コントラスト』から『アンドレ』『コロンビアの栄光』へと初期のアメリカ演劇に一貫して流れている。わたしたちは、これらの作品に、ナショナリズムが高揚する様子を見ることができる。[15] アメリカは着実に発展し、やがては世界の模範ともなるであろうという希望に満ちたアメリカ像、そこに住むアメリカ人は、洗練されてはいないかもしれないが、純朴で気高く、自由を尊び、祖国を愛する独立独行の人びとであるというアメリカ人像も浮かび上がってくる。これらアメリカ演劇黎明期の作品は、当時のアメリカ人の自信にあふれた楽天的な表向きの姿を、自惚鏡のように美化され、理想化された姿で映し出してくれる。さらには、アメリカ人がアメリカに生きることをどのように考えていたか、その未来をどのように捉えていたか、どんな歴史文書よりも生き生きと伝えてくれる。と同時に、『コントラスト』におけるマンリー大佐とジョナサン、『コロンビアの栄光』におけるウィリアムズとポールディングなど、舞台で人気のあったヤンキー・キャラクター（すべてアングロ・サクソン系のプロテスタント）が当時の観客にとって、アメリカの理想的な人間像はどういうものか考えたり、アメリカ人になる資格のある者は誰か判断したりするのに大きな影響を与えたであろう。法制的には、『コントラスト』の上演から三年後の一七九〇年三月に外国人帰化法が制定され、アメリカに移民として入国したすべての自由な〔年季奉公人ではない〕白人は、二年間の在住期間の後に帰化を申請できることになるし、それ以外の黒人や先住民は、アメリカ人になる資格のない人びとと見なされることになる。[16]

注

(1) アメリカのピューリタンがこれほど演劇を憎悪したのは、演劇が持つとされる「不道徳性」のためばかりではない。ガーフ・ウィルソン（Garff B. Wilson）によれば、ピューリタンにとって演劇とはひとつの象徴、それも否定すべき旧世界の遺物を連想させる象徴であったから、その旧世界の悪しき象徴が新大陸において復活するのを彼らは何よりも怖れたという（一八）。

(2) その他、ペンシルヴァニアの下院は、一七五九年に演劇を禁ずる法律を制定したし、ニューハンプシャーの下院は一七六二年、芝居は「若者の道徳を大いなる危険にさらす」として演劇の公演を禁止した（Bigsby & Wilmeth 五）。

(3) この解題を考え出したのは、イギリス人のデーヴィッド・ダグラス（David Douglass 1720?-86）率いる一座が一七六一年に、演劇の上演に反対しているロードアイランドのニューポートで『オセロ』を上演しようとしたときである（Wilson 八二）。演劇に道徳的効用を求めるのは、当時の風潮であった。デーヴィッド・グリムステッド（David Grimsted）によれば、たとえば『リア王』の真価は、どんな倫理学や神学の無味乾燥な書物よりも孝養の美徳を雄弁に教えてくれる点にあるとジェファソンは論じたというし、ジョン・アダムズ（John Adams 1735-1826）ももっぱら道徳の教師としてシェイクスピアを読んだという（一一四―一一五）。

(4) すべての植民地に演劇禁止令が敷かれたわけではない。王党派がイギリスの伝統を持ち込んだ南部のヴァージニアやメリーランドでは、比較的早くから演劇を楽しんでいた。

(5) テクストはホーライン編のものを使用し、括弧内に頁数を記す。

(6) 「センチメンタリスト」のマリアの愛読書は、サミュエル・リチャードソン（Samuel Richardson

1689-1761）の『クラリッサ・ハーロウ（*Clarissa Harlowe*）』と『サー・チャールズ・グランディソン（*Sir Charles Grandison*）』、ローレンス・スターン（Laurence Sterne 1713-68）の『センチメンタル・ジャーニー（*A Sentimental Journey through France and Italy*）』などイギリスの感傷小説である。娘がしばしばセンチメンタルな物思いに耽るのは、こうした「忌まわしい本」を読むからだと父親は嘆く。このエピソードは、当時の文学趣味を教えてくれる。革命後、小説を読む習慣が中産階級の女性の間に広まったが、信仰心のあつい保守的な世代は、小説が彼女たちを堕落させるのではないかと案じた。そこで、小説に対する偏見を取り除くべく、演劇が「道徳的講義」に姿を変えたように、小説にも「真実に基づく教訓的物語」として道徳的効用があることが強調されるようになる（アメリカ人の文学趣味の変遷については、ジェームズ・ハート〔James D. Hart〕を参照）。たとえば、ボストンのある本屋は、リチャードソンの小説が読者に「美徳と宗教の原理」を植え付けてくれると宣伝した。『コントラスト』自体に感傷小説の影響が見られることに注目すべきである。まず、ヒーローのマンリーとヒロインのマリアがセンチメンタリストとして描かれている。また、頑固な親、誘惑される娘、放蕩者の恋人、不義の婚約者に苦しむ娘などの登場人物は、感傷小説の典型的なキャラクターである。十八世紀のアメリカ演劇におけるセンチメンタリズムの問題については、ハーバート・ブラウン（Herbert R. Brown）の論文が詳しい。

（7）ニューヨーク市は一七八五年から一七九〇年まで、アメリカ最初の首都であった。

（8）当時の文化的独立の気運について、スピラーは次のように述べている。「ノア・ウェブスター〔Noah Webster 1758-1843〕は、アメリカの状況や制度をはっきりと表現するのに適切なアメリカの文法と辞典を作ることに挑戦し、ジュディダイア・モース〔Jedidiah Morse 1761-1826〕は、彼のアメリカ地理を編纂し、ジェファソンの『ヴァージニア覚書き（*Notes on the State of Virginia*）』と『フェデラリスト（*The Federalist*）』論文は、アメリカ政治の二つの基本的哲学を定義づけた。同時に、フレノー〔Philip Freneau

1752-1832〕、トランブル〔John Trumbull 1750-1831〕、そしてバーロウ〔Philip Barlow 1754-1812〕は、彼らの最も特徴的な詩を出版した。ホプキンソン〔Francis Hopkinson 1737-91〕、デニー〔Joseph Dennie 1768-1812〕、そしてブラウン〔Charles Brockden Brown 1771-1810〕は、アディソン〔Joseph Addison 1672-1719〕風随筆のアメリカ版を生み出したし、トマス・ウィグネル〔Thomas Wignell 1753-1803〕は、ニューヨークのジョン・ストリート劇場で、ロイヤル・タイラーの『コントラスト』を演出した。小説を除いて——それはイギリスにおいても遅れてやってきたものであるが——合衆国は、一七九〇年までに、自らの〈優雅な〉文学の始まりを持ったと言えるであろう」（九七—九八）。画家たちも、アメリカの独立と新しい秩序を支援し、賛美する仕事に加わる。ジョン・トランブル（John Trumbull 1756-1843）は、アメリカの過去を主題とする歴史画を描く最初の画家となる。一七八六年から一七九四年までの間に、独立戦争の歴史に残る戦いを十二枚にものぼる一連の大作に描き上げた。エイブラハム・デイヴィッドソンによれば、「当時、ヨーロッパで描かれたウェストとコプリーの歴史画と較べると、彼〔トランブル〕の絵全体を占めているのはひとりの主役の人物ではなくて、むしろ戦いの全体的な雰囲気であることに気がつく。そうした群像の描き方には新しい国家意識の芽生えがうかがわれよう」（二九）という。トランブルと同時代のふたりの画家、ギルバート・スチュアート（Gilbert Stuart 1755-1828）とチャールズ・ウィルソン・ピールもまた、革命時代の英雄たちの肖像を描いた。これらの作品は、石版刷で大量に複製され、公共の建物や大小の私邸をも飾るようになり、大勢の民衆が、革命とその指導者を賛美した絵画を見た。こうした知的、芸術的活動によって、革命と共和国の原理は、多数の民衆のよく知るところとなり、それが人間の歴史においていかに称賛すべきものであるか、人びとは自国の歴史に大きな誇りを抱くようになる。

（9）ヘザー・ネイサンズ（Heather S. Nathans）によれば、公演回数が少ないからといって、人気がなかったことにはならないという。アメリカ演劇の黎明期において、観客の数は限られていたので、興行主としては常連客のために芝居をたえず入れ替えなければならなかったからである（二〇二）。

（10）テクストはホーライン編を使用。

（11）歴史協会設立の動きをはじめとする、アメリカの歴史を検討しようとする当時の歴史家たちのさまざまな試みに関しては、ダニエル・ブアスティン（Daniel J. Boorstin）のものが詳しい。特に第七部第四十一章「国家的過去の探求」（三六二―七三）参照。

（12）ダンラップの初期の演劇論については、フレッド・モラマルコ（Fred Moramarco）の論文参照。

（13）テクストはムーディ（Richard Moody）編のものを使用。S・E・ウィルマー（S. E. Wilmer）によれば、ダンラップが『アンドレ』を書き直すことにしたのは、フェデラリズムが退潮するなか、民主的共和制を掲げるジェファソンが大統領に選出されたことも大きいという（七六）。

（14）『コロンビアの栄光』に謳われた農民賛美は二十数年後、アメリカ最初のミュージカル作品、サミュエル・ウッドワース（Samuel Woodworth 1784-1842）の『森のバラ――アメリカの農民たち（*The Forest Rose; or, American Farmers*）』（一八二五）にも軽妙で洗練された形で表明されることになる。夜明けとともに田園の一日の始まりを告げる牧歌的な序曲からフィナーレの合唱まで、軽やかな調子を保ちながら、「大地を治める君主」としての満ち足りたアメリカ農民と、都会の喧騒を知らない平和な田園を礼賛することに終始している。このミュージカルは「我々は我々を養う豊かな大地を治める君主であり、アメリカの農民ほど羨むべき者はこの世にはいない」（Moody 一七三）と、アメリカ農民のますますの繁栄を祈ってフィナーレを迎える。

（15）ナショナリズムは初期のアメリカ演劇の大きな特徴であるが、その性格は時の経過とともに微妙に変化していく。たとえば、一八一二年戦争は、娘が男装して兵士に志願するという愉快な愛国的歴史劇を生んだ。モーディカイ・ノア（Mordecai M. Noah 1785-1851）作『兵士に志願する娘――チペワの平原（*She*

Would be a Soldier; or, The Plains of Chippewa)』（一八一九）である。この芝居は『コントラスト』や『アンドレ』『コロンビアの栄光』とくらべると、その愛国的心情とナショナリズムは、盲信的ではなく、温和なものになっている。ノアはこの劇で、美徳は慈悲の心に支えられて初めて美徳となり、勝利は美徳に裏打ちされて初めて真の勝利となることを伝えようとした。劇は、敵のイギリス人に対して寛容であれと命ずる将軍の言葉で終わる――「チペワの平原を忘れないようにしよう。全世界の人びとに対するように、自由民の明朗闊達な態度でイギリス人を遇しよう。戦時には敵でも、平時には友人なのだから」（Moody 一四二）。こういうナショナリズムの変容は、アメリカが急速に国力を伸ばすにつれて、アメリカ国民も成熟に向かい、実力に見合った自信を付けてきたことを物語るものであろう。この劇にしても、ウッドワースの『森のバラ』にしても、これら二本の作品が持つ軽やかで晴朗な雰囲気は、第二の独立戦争とも呼ばれる一八一二年戦争後の、いわゆる「好感情の時代（the Era of Good Feelings）」の産物である。

（16）法改正によって、帰化に必要なアメリカ在住年数は、一七九五年に五年間、一七九八年には十四年間と厳しくなり、一八〇二年の改正で五年に戻される。アメリカ生まれの自由な黒人は、州によっては市民権を取ることもできたが、黒人にアメリカ国籍が一括して付与されるのは、南北戦争後の一八六八年である。同年、保留地の外で暮らす（きちんと納税している）先住民にも国籍が認められるが、すべての先住民に市民権が付与されるのは、一九二四年のインディアン市民権法によってである。

引用・参考文献

Bigsby, Christopher, and Don B. Wilmeth. Introduction. *Beginning to 1870*. Eds. Don B. Wilmeth and Christopher Bigsby. Cambridge: Cambridge UP, 1998. Vol. 1 of *The Cambridge History of American Theatre*. 1-19.

Boorstin, Daniel J. *The Americans: The National Experience*. New York: Vintage, 1965.
Brown, Herbert R. "Sensibility in Eighteenth Century American Drama." *American Literature* 57 (1932): 47-60.
Dunlap, William. *History of the American Theatre and Anecdotes of the Principal Actors*. 1797. New York: Franklin, 1963.
Grant, Thomas M. "American History in Drama: The Commemorative Tradition and Some Recent Revisions." *Modern Drama* 19.4 (1976): 327-39.
Grimsted, David. *Melodrama Unveiled: American Theater and Culture 1800-1850*. Chicago: U of Chicago P, 1968.
Halline, Allan Gates, ed. *American Plays*. New York: American Book, 1935.
Hart, James D. *The Popular Book: A History of American Literary Taste*. 1950. Berkeley: U of California P, 1963.
Meserve, Walter J. *An Emerging Entertainment: The Drama of the American People to 1828*. Bloomington: Indiana UP, 1977.
Moody, Richard, ed. *Drama from the American Theatre 1762-1909*. 1966. Boston: Houghton, 1969.
Moramarco, Fred. "The Early Drama Criticism of William Dunlap." *American Literature* 40 (1968): 9-14.
Nathans, Heather S. *Early American Theatre from the Revolution to Thomas Jefferson: Into the Hands of the People*. Cambridge: Cambridge UP, 2003.
Richards, Jeffrey H. *Drama, Theatre, and Identity in the American New Republic*. Cambridge: Cambridge UP, 2005.
Taubman, Howard. *The Making of the American Theatre*. New York: Coward, 1965.
Wilmer, S. E. *Theatre, Society and the Nation: Staging American Identities*. Cambridge: Cambridge UP, 2002.
Wilson, Garff B. *Three Hundred Years of American Drama and Theatre*. Englewood Cliffs: Prentice, 1973.
スピラー、ロバート・E『アメリカ文学研究法――第三の次元』佐々木肇訳、文理・大学事業部、一九七五年。
デイヴィッドソン、エイブラハム・A『アメリカ美術の歴史』桑原住雄・桑原未知世訳、パルコ出版局、一九七六年。

第二章　初期のアメリカ演劇（二）——ダンラップの『ナイアガラ旅行』とストーンの『メタモーラ』、カスティスの『ポカホンタス』

一　ダンラップの『ナイアガラ旅行』

『コントラスト』と『アンドレ』『コロンビアの栄光』に色濃く見られた愛国的心情と教訓性、アメリカの進歩に対する楽観的な信念は、独立直後の時期だけの特徴ではなく、その後何世代にも及ぶアメリカ演劇の特徴でもある。ウィリアム・ダンラップの最後の劇『ナイアガラ旅行——アメリカの旅行者（*A Trip to Niagara; or, Travellers in America*）』（一八二八）にも、若い共和国の楽天主義とロマンティシズムが顕然としている。[1] 軽やかで晴朗なこの作品も、しばしば第二の独立戦争と呼ばれる一八一二年の対英戦争を契機として、アメリカが急速に国力を伸ばしていく時代、それに伴いアメリカ国民も実力に見合った自信を付けていく時代から切り離して読み解くことはできない。アメリカは領土においても、一八〇三年にジェファソン大統領の下でフランスから広大なルイジアナ地方を購入したり、一八一九年にフロリダをスペインから獲得したり、急速に膨張を続け、その結果、一八二一年までには最初の十三州から二十六州に倍増している。この時期のアメリカは一八二三年のモンロー主義に表明されるように、ヨーロッパへの依存を脱して、独自の社会体制を築き、それをアメリカ大陸に拡大しようという大事業に着手し始める。

『ナイアガラ旅行』は旧世界と新世界をくらべることによって、新世界に軍配を上げるという、初期のアメリカ演劇に繰り返し現れる国際比較のテーマを扱う。ウェントワースというイギリス紳士とその妹のアミーリアがアメリカを訪れる。兄の方はアメリカに上陸早々、見るもの聞くもの、アメリカのものすべてに嫌悪感を覚える。そしてことあるごとに新国家と新国民をけなす。他方、妹の方は新大陸の雄大な自然美と新国家の繁栄、住民の率直さと活気に心を打たれる。しかし、旅も終わりに近づく頃、アメリカ嫌いの兄もアメリカ人の人情とアメリカの風景の崇高さに感銘を受けて、今までの偏見と狭量さ、横柄さを反省し、アメリカとアメリカ人を賛美するようになる。

当時、イギリスあるいはヨーロッパからの旅行者によるアメリカ旅行記が流行しており、なかにはアメリカを野蛮国と見なし、アメリカの社会と文化を誹謗中傷するものがあった。[2] イギリスだけでも、一七八五年から一八三五年までの五〇年間に八〇冊ほどの北アメリカ旅行記が出版されている。イギリスでは政治的変革の嵐が吹き荒れようとしていたから、イギリス人によるアメリカ旅行記の多くは、イギリスの保守的な中産階級にとって、アメリカの民主主義はなんとしても避けるべきものである、という信念を確認するものであった。[3]『ナイアガラ旅行』のウェントワースの立場もそれに近い。彼はアメリカ人を、礼儀をわきまえない「野蛮人」であるとか、「檻から抜け出したばかりの平民どもの群れ」などと軽蔑し、アメリカ人の「共和制的な無礼さ」に憤慨する（一八〇〇）。ここで彼が王権派的な立場から、共和制国家のアメリカを否定すべきものと考えていることは言うまでもない。『ナイアガラ旅行』は「ジャーナリストたちや書評家たちの間違い」（一八〇〇）と「出版社の色眼鏡」（一八一一）を正し、他者に対する寛容を説くと同時に、アメリカとは何か、あらためて考えようというのが作者の意図であった。従って、劇のメイン・アクションも「アメリカとアメリカ人に対する偏見をウェントワースから取り除くこと」、あるいはアメリカのすべてに「難癖を付けたがる彼の性癖を治すこと」である（一八〇）。

ウェントワースは最初、アメリカに来たことを大いに悔やんでいる。こんな歴史の浅い、若い国に来るよりは、ローマの遺跡でも見に行くべきだったと後悔している。

アメリカなど見に来なければよかった。友人の忠告に耳を傾けるべきだった。神の創造された世界の果てなんかに来るべきではなかった。ローマにでも行き、遺跡を眺めては、偉大なるものに思いを馳せるべきであった。だが、ここではすべてのものが新しい。蔦に覆われた塔もなければ、朽ちたモニュメントもない。旅人がわざわざ海を渡るだけのものはない。みんな新しい。安物のボタンのようにキラキラしているだけだ。（一七九）

女中のナンシーもアメリカにないものを列挙し、イギリスに早く帰りたいと言う――「ここには王女も王子もいない。公爵も公爵夫人も貴族も貴婦人もいない。この国で六頭立ての馬車すら一台も見ていません」（一七九）。しかし、アミーリアはアメリカの繁栄する社会と幸福な住民を擁護する。

確かに真新しい。若く、強くて、美しい。だからこそ旧世界の旅人にとって見る価値が大いにあるのです。わたしだったら蛮族の城塞の廃墟や、横暴で罪深い専制君主たちの墓を見るよりも、繁栄する町と楽しそうな住民を見たいし、どこであれ、衰弱よりも健やかさを見たいものです。ここに見る社会は、草創期の活力がみなぎっています。過去の英知と経験に支えられ、守られています。もしアメリカがヨーロッパの過ちを戒めとするなら、アメリカはまもなく全世界の誇りとなるでしょう。（一七九）

この台詞には、アメリカの「清新さ」「若さ」「力強さ」「活力」「美」「繁栄」「幸福」などの肯定的なイメージが、ヨーロッパの「廃墟」「野蛮」「専制」「罪」「老衰」「死」などの否定的イメージと対比させられ、アメリカがヨーロッパの轍を踏まなければ、アメリカはやがて「全世界の誇り」となることが予言されている。

このようにアメリカは着実に発展し、やがては世界の模範ともなるであろうというアメリカ像、アメリカの進歩に対する無邪気なまでの信念は、ヨーロッパを拒否する姿勢と同様に、初期のアメリカ演劇に一貫して流れている。『コントラスト』のマンリー大佐は、アメリカが「芸術と科学を奨励し、被抑圧者を庇護し、専制君主を懲らしめ、自由の安全な避難所」（Halline 二八）となることを願った。『コロンビアの栄光』の農民兵は「世界の模範として、後世の子孫への祝福として、自由民の帝国」（Moody, *Dramas* 一〇八）を建設しなければならないという使命感を持っていた。

アミーリアにとって、アメリカの風景は「あまねく繁栄していることの証拠」となり、アメリカの食卓は「あふれるばかりの豊かさ」を証明する（一七八）。彼女には、アメリカは「栄光ある未来」を約束された「市民的、宗教的自由」の国と映る（一七九）。他方、アメリカに熱を上げる妹に我慢がならない兄は「お前は完全な民主主義者だ。ペチコートを着た急進派で、英国女性ではない」（一七九）と非難する。そこで、彼女は兄のアメリカ嫌いを治すべく、数カ月前からアメリカに来て、すっかりアメリカ贔屓になった従兄弟のジョン・ブルと組んで策を巡らす。ところが彼のアメリカ嫌悪症は悪化するばかりである。たとえば、ナイアガラ瀑布への旅の途中、キャッツキル山脈を見たアミーリアは、その勇壮な自然美に「なんと崇高か。なんと力強く、なんと絵画的か」（一九一）と感嘆の声を上げるが、兄はなんの感動も表わさない。

家にいて、眺めるのならいい。それに新しい農場やら新しい町には飽きた。旅人の楽しみは、古都や寺院の遺跡、すなわち時の抗えない力を証明するものを眺めることだ。詩人も言っているが、倒れた列柱、消し去られた碑文、バベルの塔の煉瓦、エジプトのミイラを我に与えよ。（一九一）

それを聞いたアミーリアは、旧大陸の歴史の堆積に対して、新大陸に息づく健康な若さを擁護する。

周囲の幸福な情景にあふれている、現在の喜びを我に与えよ。アメリカをこしらえたのは、慈悲深い創造主の御手です。お兄様、わたしなら、老齢の灰色の顔と鉛色の目よりも、青春のバラ色の唇と輝く瞳をずっと見ていたい。（一九一）。

ここで注目したいのは、アメリカの風景は「慈悲深い創造主」が特にアメリカのために造ったのだと彼女が信じていることだ。

ウェントワースがアメリカを否定的に捉えるのは、「偏見の膜」（一九七）をとおして見ているからだ。アメリカで不愉快な思いばかりしているのは、旧大陸の階級意識を持ち出して、尊大に振舞っているからだ。アメリカをあるがままに見、アメリカ人を同じ人間として扱うならば、アメリカの良さがわかるだろうとアミーリアもジョン・ブルも考えている。そしてそのとおり、旅も終わる頃、妹と従兄弟の荒療治のおかげで、彼はアメリカに来て良かったとしみじみ思う――「偏見の膜が目から取り除かれると、人がすべての風土の同胞の中に見るのは兄弟である。この幸福の国に来て、よそ者のわたしは暖かくもてなされた。心の奥底から感謝の気持ちが湧き上がる。そうです、妹よ、わたしは大いに満足している」（一九七）。ウェントワースという名前にふさわしく、まさにアメリカは出向く価値があった（went+worth）のである。

演劇の教訓性は時代の要請であるから、寛容と礼儀を説くのも作者は忘れない。「どこに行っても、あらゆる人に礼節をもって接しなさい。そうすれば礼節と親切さで接してもらえる」（一九六）というのが劇のメッセージである。この教訓を忘れなければ「ジョン・ブル〔イギリス人の代名詞〕は、世界のほかの場所と同じように、アメリカでも敬意を払われ、大事にされるでしょう」（一九六）とジョン・ブルは劇のモラルを要約する。依怙地なウェントワースをこのように説得するのはアメリカ人ではなく、同国人であることに注意したい。この点で、第一章の注十五で言及したモーディカイ・ノアの『兵士に志願する娘』（一八一九）を思い起こす。ノアはこの劇で、美徳は慈悲の心に支えられて初めて真の美徳となり、勝利は美徳に裏打ちされて初めて真の勝利となることを伝えようとした。この芝居にしても『ナイアガラ旅行』にしても、その愛国的心情は独立戦争直後の愛国劇とくらべて、盲信的ではなく穏健である。このナショナリズムの変容は、アメリカが急速に国力を伸ばすにつれて、国民も成熟に向かいつつあることを物語るものであろう。

作者は、ジョン・ブル以外にも黒人やアイルランド人、辺境開拓者、フランス人、ヤンキーといった多彩なキャラクターを舞台に登場させ、笑いと息抜きを観客に与えている。たとえば黒人の給仕、ジョブ・ジェリソンは威厳のある、独立独行の自由黒人である。アマチュアの演劇クラブに所属する趣味人でもある。「わたしは自分の主です。……ここには主人なんていません」（一八一一）とか、「わたしは確かに黒人ですよ。〔ムーア人の将軍の〕あの高貴なオセロもそうでした。彼がわたしの御先祖様のひとりでないと、どうして言えるでしょう」（一八六）と述べる、この黒人キャラクターは、高い教育を受け、はっきり物を言う黒人を描く、アメリカ演劇史上初の試みである。ジョブ・ジェリソン像は、奴隷制度に反対するダンラップの信念から生まれた。そのほか、新しいキャラクターとして、レザー・ストッキングという、ジェームズ・フェニモア・クーパー（James Fenimore Cooper 1789-1851）の小説から抜け出してきたような辺境開拓者も登場する。彼は文明の浸食によって失われつつある荒野に挽歌を捧げる以外、大した役割を果たさない端役であるが、クーパーの小説のヒーローをこの喜劇に登場させたのは、アメリカの国民文学に対するクーパーの大きな貢献に賛辞を贈ろうとしたからであろう。彼はダンラップの友人でもあった（Vaughn 五一）。

『ナイアガラ旅行』がさらに重要なのは、舞台技術の面においてである。旅行者を乗せた船がニューヨーク港からキャッツキルの船着き場に着くまでのハドソン川の風景と、エリー運河を利用してのバッファローまでの航路、そしてクライマックスを飾るナイアガラ瀑布の一連の景観とを二万五千フィートに及ぶキャンバスに連続するように描き、シーンが変わると、舞台の一方から他方へ機械で巻き取られ、次々と新しい背景画が舞台に現れる（従って、前景の人物が動いていると いう錯覚を観客に与える）装置をダンラップは考案した。彼はこの仕掛けを「動くパノラマ」という意味でダイオラマ／ジオラマ（diorama）と呼んだ。当時、人気のあったパノラマという見世物と演劇を結び付けることで、演劇にスペクタクル性を与えたのである。アメリカ演劇の特徴のひとつとなるスペクタクル性は、近代技術の進歩とともにますます複雑で大掛かりなものになっていく。

序論でも引用したように、トクヴィルは『アメリカの民主政治』において、「民主的な国民の演劇についての若干の考察」を行ったが、「民主的な時代の文学の特徴」においては、アメリカ人読者がどのような文学を好むのか分析している。彼によれば、アメリカ人読者は「早く読むことができ、理解するのに知的な探求を少しも要しない本」を好むという。とりわけ求めるものは「思いがけないもの、新奇なもの」「強烈で、息もつかせぬ激しい情動」である。作者も「読者を喜ばせようというよりは驚かせること、彼らの趣味に合わせようというよりは、生の感情を掻き立てること」を目的とするという（五八―六二）。アメリカの観客は「精神の喜びではなく、激しい情動を舞台に求める。優れた文学作品を鑑賞しようというのではなく、ひとつの見世物を見ようとする」。その結果、演劇は「絶えず目先の変わった趣向とか、人の意表に出るもの、目まぐるしく変わる仕掛け」を売り物にした「より刺激的で、より通俗的、より真に迫るものとなる」という（八四―八九）。

観客が喜ぶものは、スペクタクル的な場面であるから、プロットや台詞は様式化し、登場人物もステレオタイプ化する。興行の成否は舞台効果に大きく依存しているから、劇作家や演出家は観客を驚かそうと、舞台装置上の工夫を競い合う。観客自体も台詞の微妙なニュアンスを楽しむというより、見世物的な場面を楽しむためにやって来るのだから、演出家や舞台装置家は観客を一驚させるような、新奇な舞台効果を狙う。観客も観劇を忙しい生活の合間の一時の息抜きと考えているのだから、瞬時にして彼らを引き付け、知性の働きをあまり要しない、生々しい情動を舞台に求める。当然、文学的に質の高いアメリカ演劇の発展は阻害されることになる。ダンラップ自身も「パノラマ的な場面は魔法のような幻惑の力を持っているので、すべての階層の観客を魅了する。……というのも、このような場面の面白さを理解するためには、知識も洗練された趣味も必要としないからだ」（Moody 一七五）と述べている。スペクタクルは教養のない人でも、アメリカに来たばかりの英語圏以外の国と地域からの移民でも楽しむことができるから、アメリカ演劇のスペクタクル的傾向は、演劇の大衆化（民主化）にますます拍車を掛けることになる。

『ナイアガラ旅行』においても多数の観客を魅了したのはスペクタクルであった。一八二五年に巨費を投じて完成されたばかりのエリー運河とナイアガラ瀑布の景観をジオラマ仕立てにしたこの芝居は、アメリカの新しい驚異、「内陸の五大湖と大西洋を結ぶ、この愛国的偉業」（一九二）とアメリカが誇る自然の驚異を観客に知らしめ、アメリカに誇りを抱かせる機会を与えた。この点でアメリカ演劇には、観客に世の中の新しい出来事を伝えるという、ジャーナリスティックな側面がある。一八二八年十一月二十八日、ニューヨークのバワリー劇場での初演以来、翌年の一月十四日までほとんど毎晩上演され、ダンラップの全劇作中、もっとも長い上演記録となった（Moody

一七六）。

二　ジョン・オーガスタス・ストーンの『メタモーラ』

ヤンキーと並んで初期のアメリカ演劇で人気のあったキャラクターは、先住民のインディアンである。ロバート・ロジャーズ（Robert Rogers 1731-95）の『ポンティアク――アメリカの蛮族（*Ponteach; or, the Savages of America*）』がアメリカで最初のインディアン劇だとされる。作者の存命中は上演されなかったが、一七六六年ロンドンで出版されている。『コントラスト』のジョナサンが後のヤンキー・キャラクターの特徴のすべてを備えていたように、悲運の酋長ポンティアクは、後のインディアン・キャラクターの文学的慣習となる「高貴な野蛮人」の特徴をすべて備えている原型的インディアン像であった。また、アメリカの自然の崇高さを称える詩的な言語と先住民の異教的な儀式や風俗に対する関心は、その後のインディアン劇のお決まりのパターンとなるものである。ジェームズ・ネルソン・バーカー（James Nelson Barker 1784-1858）は、キャプテン・ジョン・スミス（Captain John Smith 1580-1631）の『ヴァージニア、ニューイングランド、サマー諸島の歴史（*The Generall Historie of Virginia, New-England, and the Summer Isles*）』（一六二四）をもとに、インディアンの王女、ポカホンタス伝説に秘められているロマンチックな要素を素材にして、『インディアンの王女――野蛮人の美女（*The Indian Princess; or, La Belle Sauvage*）』（一八〇八）を上演する。

ポンティアクが高貴な野蛮人の原型だとすれば、ポカホンタスは無垢で汚れを知らない蛮族の乙女の原型となる。この悲運の酋長と褐色の美貌の王女は、その後のインディアン劇の中心的人物となり、一八三〇年頃にはインディアン劇の全盛期を迎える。その代表作が、ジョン・オーガスタス・ストーン（John Augustus Stone 1801-34）の『メタモーラ――ワンパノーアグ族の最後の者（*Metamora; or, the Last of Wampanoags*）』（一八二九）とジョージ・ワシントン・パーク・カスティス（George Washington Parke Custis 1781-1857）の『ポカホンタス――ヴァージニアの植民者（*Pocahontas; or, the Settlers of Virginia*）』（一八三〇）である。インディアン劇の作り手たちは、時代をもっぱら植民地時代の初期に設定し、インディアンを美化する。滅びゆく高貴なインディアンに挽歌を捧げることは、アメリカの血みどろのインディアン征服の歴史を正当化するための行為であった。歴史劇としてのインディアン劇は、アメリカ人の手になる、土着の主題に基づいた国民演劇を生み出そうという、愛国心に触発されたものでもあった。

十九世紀を通じて、七十五作ほど書かれたインディアン劇の中で最大の成功を収めたのは、人気俳優エドウィン・フォレスト（Edwin Forrest 1806-72）が始めた演劇賞の第一回受賞作、ストーンの『メタモーラ』である。[4] この悲劇の酋長はフォレストの当たり役となり、彼が演じる所どこででも劇場は満員になったという。一八二九年十二月十五日、ニューヨークのパーク劇場で初演以来、舞台を沸かせ続けた六〇年余りの間、全国の主要都市で上演され、総計二百回以上の上演記録を誇るヒット作となった（Moody 一九九）。劇は、部族を白人から死守しようとするワンパノーアグ族の酋長メタモーラ（別名キング・フィリップ）の晩年を描く。白人の美少女オセアナの命を救う第一幕から、白人の魔手から守るために妻を自らの手で殺し、自分も白人と勇敢に戦って倒れる最後の幕まで、壮大なアクションと息詰まるサスペンス、格調の高い台詞にあふれている。当時流行していたロマンチック悲劇とインディアン劇の類縁関係は明らかである。

　メタモーラは、大自然の懐に抱かれ、太陽を父、大地を母とする自然の子であった――「赤色人の心は、父祖たちの矢が獲物を追って飛んでいった山の上にある。……大霊は我らの夕べの祈りに耳を傾けてくださるから、大瀑布の怒号の中でも安らかに眠れる」（五九―六〇）。従って、「川に頭を垂れる柳のように従順な」（六五）とか、「不当な扱いを受けたインディアンは、樫の木も根こそぎ洗い流す大滝のように襲いかかるであろう」（七一）と述べるように、彼の台詞には自然の比喩や隠喩が富んでいる。それに合わせるように舞台装置と背景は、ハドソン・リヴァー派の絵画のようにアメリカのピクチャレスクな自然を再現しようとする。

　メタモーラは勇敢で義を重んじ、妻や子に優しく、祖先の霊を大切にし、「大霊」を敬う。白人の不正は許さず、侵略には断固として戦う、決断力と確固たる自己信頼の持ち主でもある。

> ワンパノーアグ族は白人の兄弟を不当に扱わない……しかし、右手に太陽を持ち、黒々とした大嵐にまたがり、永遠に生きる大霊以外に、主を持つことはない。（六〇）

メタモーラは父祖の故郷を決して捨てない。よそ者の鋤に親族の墓を掘り返させはしない。（七〇）。

彼の高貴な人格は白人のオセアナもウォールターも認めている。オセアナは彼を「偉人の最大のモデル」と呼べば、ウォールターは「雄々しい種族の高貴な者」と呼ぶ（五九）――「あの堂々たる振る舞い、あの威厳ある物腰。王者のような風格が彼の額に坐している。大地もその息子を誇らしく思っているようだ」（六〇）。彼がこのように高貴な自然人であり、詩人でも哲学者でもあるのは、生来の資質のようである。自然との親密な関係の中で暮らしてきたので、生まれつき美徳と英知が備わっているのだ。

あなたがたの偉大な書物〔聖書〕によれば、よそ者に良き贈り物をしなさい、心が悲しい人に親切にしなさいとのことですが、ワンパノーアグ族にはこのような助言者は必要ありません。というのも、そのようなことは大霊の御手によって我らの心にすでに書き記されているからです。（六九）

ここで「心」という言葉が彼の性格を解く鍵である。彼には善悪を判断する直観力をもともと授かっているから、心の命ずるままに行動するだけでよい。ウォールターも彼が心で考え、行動する人だと見抜いている。彼が人の心を読めるのも、経験や訓練、理性によるのではなく、英知が生まれつき備わっているからだ――「話すな。目を見れば考えていることが読める」（八四）。彼はまた夢の中で、心の奥底にある無意識的な力が宇宙のより大きな力に結び付くことがあると考えている――「夢の力がわたしに働き掛けてくると、あるべき事物の影が眼前に現れたものだ」（六四）。ロマン主義的なアメリカ人の自己像をメタモーラに見てもよい。彼は何よりも直観で行動する。

彼においては、個人が万物の尺度であり、論理的で分析的な思考より直観による思考がよしとされる。人生の真理を捉えるものは、直接的な情動による知覚、すなわち直観であり、想像力のひらめきである。魂から生まれる英知だけが、彼の指針である。こういう考え方の背後には、人間は本来的に善であるとする強い信念があり、この信念の背後には、アメリカの自然は道徳的な力の源泉であるという考えがある。従って、メタモーラと同じように、白人の若いカップルのウォールターとオセアナが美徳にあふれているのは、ふたりがアメリカという「未開の荒野」（五七）で育てられたからである。要するに、宇宙の神聖な原理は自然をとおして明らかにされ、直観をとおして個人に伝えられるのである。個人に無限性と神聖さを見る人間観は、啓蒙主義思想の人間観――理性を行使することによって、人間は真理を知り、それに基づいて行動する能力を持つという確信――にロマン主義的な人間観を着色したもので、エマソン的な自己信頼の思想を先取りするものである。

メタモーラは、ひとりで立ち、みずからを頼み、みずからの力で行動する十九世紀的な英雄像の典型である。「我らの土地と我らの部族の自由を取るか、それとも墓場に行くかだ」（八九）、あるいは「死を取るか、我が部族の自由を取るかだ」（九〇）と部族の自由のために闘う彼の雄姿に、観客は新世界にひとりで立つ、おのれの雄姿を重ね合わせたに違いない。劇自体が観客の頭に訴えるよりも心に訴えるように作られているのだから、観客の自我はいやが上にも膨らみ、血は熱くたぎったであろう。当時は、民主主義の理念が大衆の間に普及しつつあった時代であり、独立独行の人間に対する尊敬の念が高まった時代であった。一八二八年には、一八一二年戦争の英雄アンドリュー・ジャクソン（Andrew Jackson 1767-1845）が大統領に選出されたばかりであった。エリートではなく大衆出身の大統領ということで、大衆から圧倒的に支持された。あくまでも自己の信ずるところを貫徹しようとする「オールド・ヒッコリー」に、力強く歩むアメリカの姿を重ねたからであろう。アメリカのここかしこに、自信と誇りが、夢と希望が、青年のロマンティシズムがみなぎっていた。

ところで、このジャクソンとメタモーラは似ていないだろうか。[5] 両者とも、独立独行の人であるという点だけではなく、自然は英知の源であるという自然観においても似ている。ジョン・ウォード（John W. Ward）によれば、アンドリュー・ジャクソンに関するほとんどすべての性格描写は、詰まるところ「自然な」とか「土着の」「本能的」「直観の」という形容詞に要約され、彼の性向は、自然によって付与された知力の直観的な性質によるものだという（五三）。ジャクソンもメタモーラと同じく「荒野の子」であった。圧倒的な人気を博したエドウィン・フォレスト自身、愛国的なジャクソン主義者であり、そのヒロイックで力強く堂々たる演技スタイルは、ともに成長しつつある新興国アメリカの力と意志を体現しているようであった。『コントラスト』のマンリー大佐からメタモーラへのアメリカン・ヒーローの変遷は、センチメンタル・ヒーローからロマンチック・ヒーローへの移行を物語る。これ以降、アメリカでは等身大以上の、スーパーマン的ヒーローが大衆から支持されるようになる。フォレスト流の演技は、後継者も続出し、アメリカ男優の型を作っていく。

三　ジョージ・カスティスの『ポカホンタス』

カスティスの『ポカホンタス』は、ヴァージニアの酋長、パウハタンの娘、ポカホンタスがキャプテン・スミスを処刑から救い、最後には彼の部下のロルフと婚約するというプロットを扱う。(6) パウハタンがイギリスの王冠をいただく華やかな戴冠式と式後のインディアンのエキゾチックな舞踏、大掛かりな舞台装置、スペクタキュラーな戦闘場面など見世物的なシーンも多いが、全体としては祝祭的な雰囲気が立ち込め、象徴的なレベルで新世界と旧世界の結婚を祝う劇となっている。アメリカの風景とヨーロッパの風景が対比させられ、アメリカの原始の汚れなき野性の自然が称えられるというように、ロマンチックであると同時に愛国的な調子にもあふれている。一八三〇年一月十六日、フィラデルフィアのウォールナット・ストリート劇場で初演の後、十二回連続上演された。年末にはニューヨークのパーク劇場でも上演されている（Quinn 一八四）。同年に出版されたとき、「三幕からなる国民劇（A National Drama, in Three Acts）」という副題が付された。

インディアン劇流行の時代は、ハドソン・リヴァー派の時代であった。この時代ほど、自然の崇高で絵画的な風景が注目された時代はない。無垢な自然の中で暮らすインディアンという楽園神話を重要なモチーフとするインディアン劇の流行は、ロマン主義に影響された当時の美意識に応えるものであった。アメリカのロマン主義者たちにとって、宗教が色褪せていく今、自然は宗教に取って代わるのである。アメリカの自然崇拝の姿勢はこうして、宗教的、道徳的な調子だけではなく、愛国的な調子も帯びていく。

ロルフが初めて荒野に足を踏み入れたとき、アメリカの崇高な自然に驚嘆し、それとくらべてイギリスの風景がなんと取るに足らないものかと思う。

いつ果てるともしれない、迷路のような森ですっかり迷ってしまった。同行者は獲物を求めるあまり、わたしを置き去りにした。おかげで、この興味深い地域の荒々しくもピクチャレスクな風景の随所に見出される、崇高で美しい大自然を存分に眺めることができる。ここの蛮族の王は、なんと広大で見事な庭園を所有していることか。自然の手によって植えられた、この高貴な森とくらべると、少しだけ樹木が植えられ、人工の手が加わっている、ヨーロッパの庭園はなんとつまらないものか。小さな魚が少しいるだけの、ヨーロッパの河川にしてもそうだ。山々に源を発し、数百マイルも国を横切り、それから威風堂々と海へと流れ下る、ここの雄大な大河とは比較にならない。この対比は動物に関しても当てはまる。ヨーロッパの猟園では、飼いならされた鹿が森番の小屋の周りでのんびり寝そべっているだけだ。だがヴァージニアの森では、野生の鹿がこんもりしたねぐらから飛び出しては、きらきらした目に憤りを込めて狩猟者を見やった後に、この尽きることのない草むらを優雅な足取りで駆けて行く。まことに、この新世界では規模がなんと壮大なことか。（一九三）

アメリカとイギリスの対比は、要するにイギリス（とヨーロッパ）の「人工（art）」とアメリカの「自然（nature）」の対比なのである。この対比は、自然なポカホンタスと人工的なイギリスの宮廷人との対比として変奏される。ロルフはポカホンタスをイギリスに連れて行き、宮廷で紹介したいと言う。すると彼女は「ヴァージニア生まれの娘は、さぞや華やかで荘厳な宮廷では見劣りすることでしょう」と気後れしている。そこで彼は自然が与える本物の美を備えたアメリカ人を持ち上げる――「あなたの価値と威厳は、イギリス宮廷の威儀と壮麗さにかすむことはないでしょう。一方は自然が装飾した本物であるのに対し、他方は人工の物にすぎませんから」（一九六）。

ポカホンタスの兄、ナムータクもイギリスから帰った後、イギリスでの生活とアメリカでの生活をくらべ、イギリス人の「パワーと偉大さ」、イギリス宮廷の「壮麗さ」に強烈な印象を受けはしたが、イギリスにいる間中、「アメリカの未開の森でのさまざまな楽しみとインディアンの野性的で自由な暮らし」に恋い焦がれていたと語る（一九二）。続けて、ルソー的な自然人の考えを表明する。

拘束された文明社会から逃げ出し、邪魔なだけの衣服を脱ぎ捨て、もとの自由な裸の姿に戻りたかった。ヴァージニアの息子に戻り、狩りや舞踏を楽しみたかった。……もとの格好をして、故郷の森の中を歩き回り、子供の頃のお気に入りの場所を探し求めたりすれば、輝かしい朝日が元気づけてくれるだろう。手足には再び力が戻り、しなやかに動くだろう。山の鹿のように俊敏になるだろう。心は鳥の羽のように軽やかになるだろう。イギリス人のナムータクにさよならして、じきにインディアンのナムータクに戻るつもりだ。（一九二）

このような原始崇拝は、成熟した文明への批判を含んでいる。アメリカからイギリスやヨーロッパを見た場合、新大陸とヨーロッパの対比は、自然と人工、無垢と爛熟、自由と拘束という図式的な対立として意識される。『ポカホンタス』に見られるアメリカの自然賛美は、ヨーロッパを拒否する思想と結び付いた愛国的心情の発露にほかならない。

ロデリック・ナッシュ（Roderick Nash）とジョシュア・テーラー（Joshua C. Taylor）も述べているように、新国民にとって安定した強力な政府を樹立し、経済を繁栄させること以上にアメリカ独自の特徴ある文化を創造することが、新国家の成熟の印と考えられた。そこで、アメリカ人は典型的にアメリカ的なものを自然に求める。アメリカの短い歴史、稀薄な伝統、芽を出し始めたばかりの芸術活動には、誇るに足るものはとても見出せなかったが、少なくともただひとつ、アメリカがヨーロッパと違っているものがあった。それは崇高でピクチャレスクなアメリカの大自然である。こうして十九世紀の中葉頃までには、アメリカの自然は宗教的、道徳的な力の源泉としても、愛国心を喚起する源泉としても認識されるようになる。アメリカのナショナリストたちは、アメリカが比類ないのは、その自然のためであると意識し始める。アメリカの大自然は神による恩恵の証拠にほかならないのだから、自然を静観することで、そこに秘められた神の御心を知ることができる。とすれば、原始の自然が失われたヨーロッパにアメリカは勝ることになる。この論理を敷衍すれば、アメリカの荒々しく原始のままの自然が持つ審美的で霊感的な価値のために、アメリカは文芸や芸術の面でもやがてはヨーロッパを凌駕することになる。その結果、原始の自然を持たない（人工的な）ヨーロッパを拒否すべきであるという考えにも短絡的に結び付いてしまうし、アメリカはその大自然の故に、清く正しく発展していくだろうという楽天的な信念にもつながることになる（Nash 六七―八三、Taylor 九七―一一二）。

『ポカホンタス』もアメリカの発展に対する揺るぎない信念を表明して幕が下りる。インディアンとイギリス人の間に和睦が成立し、「ヴァージニアの優しい小鹿」であるポカホンタスと「イギリスのライオン」であるロルフの婚約が取り決められると（一九八）、キャプテン・スミスは「この美徳と名誉の結合に幸多かれ」（二〇七）と述べてふたりを祝福する。ポカホンタスの父も、この結婚がイギリスとアメリカを結ぶ友好の懸け橋となることを願い、アメリカのますますの繁栄を祈って劇は終わる。

この美徳と名誉の結合の果実から、信義と何よりも気高い愛国心を受け継ぐ、類いまれな才能を備えた子孫が絶えることなく生まれますように。最後に一言。未来をずっと先まで見通してみれば、この未開の地域は、偉大で栄光あるアメリカ帝国の古く、名誉ある一部となるでしょう。（二〇八）

四　なぜインディアン劇が流行したのか

一八三〇年代と四〇年代に隆盛を極めたインディアン劇は、なぜこれほど当時の観客に迎え入れられたのであろう。(7) 確かに、ロマン主義と原始主義に対する関心がインディアンを舞台に登場させたのであろうし、アメリカ的な題材を扱う土着の国民文学を社会が渇望していたから、インディアン劇は国民演劇を待望する声に応ずることになったのであろう。(8) しかしそれ以上に、インディアン劇は、日々膨張、発展していく新興国特有のナショナリズムに合致していたと考える方がよい。アメリカ的精神が形成されるのは、十八世紀末にヨーロッパを席巻したロマン主義がアメリカに流入する時期である。アメリカ人がみずからのアイデンティティを探求し始めようとするとき、ロマン主義がなだれ込むのである。普遍主義やコスモポリタニズムを標榜する啓蒙思想とは異なり、特殊性や個性、差異を重視するロマン主義は、ナショナリズムに有利な雰囲気を生み出す。当時の平均的な市民が、想像力や自由、無限への愛を唱え、精神に対する感情の優位を主張するロマン主義なるものを十分に知っていたとは思えない。それでも、彼らは膨張していくアメリカに、そしてそこに生きる自分たちにロマンチックな感情を覚えたのである。前途には大きな機会と約束された発展、神の意志にも似た明白な宿命が広がっていた。人びとは至る所に、自分たちをロマン主義に駆り立てるものを見出したことだろう。

インディアン劇の思想内容が、アメリカ文化全般に通じるものを映し出していたから、観客に受け入れられたと言ってもよい。自然の楽園に暮らす高貴な野蛮人をテーマとするインディアン劇は、すぐれてアメリカ的な理念に支えられている。自然状態の人間は善であり、アメリカ人もインディアンのように野生の大地に密着して生活しているから善である。アメリカの自然は汚れていないから、ヨーロッパの人工的な自然より優れている。自然は精神的、道徳的力の源であるから、自然と接触している限り、アメリカ人には英知にあふれる直観がおのずと湧き上がる。アメリカ人には経験や教育、訓練、論理的な思考は不要であり、伝統的な学問は生得の英知を妨げるものにほかならない。アメリカの豊かな大自然の故に、アメリカ人は人工的な環境に暮らすヨーロッパの人びとよりも道徳的にも優れているし、アメリカはますますの発展を約束されている。従って、アメリカはヨーロッパを拒否すべきである。このような理念が、あまたのインディアン劇から導き出されるのである。

劇作家と観客をインディアン劇に駆り立てたものは、懐古趣味ではなく、アメリカの現在と未来を肯定しようとする熱情であった。現実の先住民が、増大する移民の波と膨張するフロンティアの圧力の下でどんどん退却し、征圧される運命にあったとしても、彼らが白人と妥協し、屈服して生き延びるよりも、勇壮な言葉と身振りで雄々しく敗北してくれることをアメリカ人は望んだ。アメリカ先住民の過去の栄光を美化し、消えゆく民族に挽歌を捧げることによって、アメリカ人は自分たちが犯した罪と先住民の現在の苦境を忘れ去り、西部開拓に全力を傾ける。わたしたちは『ナイアガラ旅行』や『メタモーラ』『ポカホンタス』など、一八二〇年代から三〇年代の代表的なアメリカ演劇に、アメリカの進歩に対する無邪気な楽天主義と確固たる自己信頼、アメリカの若々しいロマン主義が横溢している様子をうかがうことができる。

注

（1）テクストはムーディー編のものを使用し、括弧内に頁数を記す。

（2）第一章の注十四で紹介した、ウッドワースの『森のバラ』に面白いエピソードがある。抜け目ないヤンキーに悪巧みを暴かれてしまった、女たらしのイギリス紳士は、イギリスに帰ってアメリカ旅行記を出版するときには、お前たちのことを残らず書いてやる、と捨て台詞を吐いて立ち去るのである。

（3）ヒュー・オナー（Hugh Honour）によれば、特に有名な旅行記として、H・B・フィアロン（H. B. Fearon）の『アメリカのスケッチ（*Sketches of America*）』（一八一九）やウィリアム・フォウ（William Faux）の『アメリカの忘れがたい日々（*Memorable Days in America*）』（一八二三）、バジル・ホール（Basil Hall）の『アメリカ旅行（*Travels in America*）』（一八三〇）、フランシス・トロロープ（Frances M. Trollope）の『アメリカ人のマナー（*Domestic Manners of the Americans*）』（一八三二）、アイザック・フィドラー（Isaac Fidler）の『合衆国とカナダにおける職業と文学、マナー、移民に関する所見（*Observations on Professions, Literature, Manners and Emigration in the United States and Canada*）』（一八三三）、フレデリック・マリアット（Frederick Marryat）の『アメリカ日記（*A Diary in America*）』（一八三九）などがあるという（一九一―九二）。偏見のもっとも少ないとされるフィアロンでさえ、アメリカの本質を「貧民の国」と決め付けたし、アメリカ社会に「身の毛がよだつ、無頓着さと怠惰」（一九二）を見た。トロロープ夫人は、民主主義によってマナーが無視される風土を嘆いた。彼女の非難を免れるアメリカ人はほとんどいないという――「わたしはアメリカ人が好きになれないし、彼らの信念もマナーも考えも好きになれない」（一九二）。

（4）テクストはコイル＆ダマズマー（William Coyle and Harvey G. Damasmer）編のものを使用。

（5）ただ、実在のメタモーラは、ジャクソンと比較されることをいさぎよしとしなかったであろう。なぜなら、ジャクソンは南東部のクリーク族殲滅作戦やフロリダのセミノール族討伐などで勇名を馳せた（先住民にとっては悪名高い）軍人であったし、大統領になるや、一八三〇年にインディアン強制移住法を成立させ、南東部のすべてのインディアンを西部のインディアン準州（現在のオクラホマ州）の保留地に追い込むことになるからだ。S・E・ウィルマー（S. E. Wilmer）によれば、フォレストが『メタモーラ』を一八三一年にジョージア州のオーガスタで上演したとき、先住民を同情的に描いているとして、観客の反感を食らったという（九）。なぜなら、ジョージア州では、インディアン強制移住法によって地元のチェロキー族を州内から追放しようとしていた時期でもあったからだ。

（6）テクストはクィン（Arthur Hobson Quinn）編のものを使用。

（7）ムーディーによれば、カスティスの『ポカホンタス』以後のインディアン劇として、三〇年代にはナサニエル・ディアリング（Nathaniel Deering 1791-1881）の『カラバセット（*Carabasset*）』（一八三一）、ロバート・バード（Robert Montgomery Bird 1806-54）の『オラルーサ（*Oralloossa*）』（一八三二）、アレグザンダー・マコーム（Alexander Macomb 1782-1841）の『ポンティアク（*Pontiac*）』（一八三五）、ウィリアム・エモンズ（William Emmons 1792-?）の『テカムセ（*Tecumseh*）』（一八三六）、ロバート・デール・オーウェン（Robert Dale Owen 1771-1858）の『ポカホンタス（*Pocahontas*）』（一八三七）などあるが、四〇年代になると上演されたのは、シャーロット・バーンズ（Charlotte M. S. Barnes 1818-63）の『森の王女（*The Forest Princess*）』（一八四八）ぐらいなものであるし、一八五〇年代になると完全に姿を消すという（*America Takes the Stage* 一〇〇―一〇）。その代わりに台頭するのが、フロンティアを舞台とし、開拓民をヒーローとするフロンティア劇である（第四章で詳しく論じる）。ジョン・ブルーアム（John Broughan 1814-80）が『メタモーラ――ポリウォーグ〔オタマジャクシ〕族の最後の者（*Metamora; or, the Last of the Pollywogs*）』（一八四七）と『ポ・カ・ホン・タス（*Po-Ka-Hon-Tas*）』（一八五五）などのバーレスク劇で、フォレスト流の勇壮だが、大げさな演技スタイルをさんざん茶化したこともインディアン劇の衰退に追い打ちをかける。インディアンが舞台に登場するとしても、バーレスク劇に見られるように愚かしく滑稽な人物か、オーガスティン・デーリー（Augustin Daly 1838-99）の『地平線（*Horizon*）』（一八七一）におけるように、野蛮で好戦的な人物におとしめられる。ウィルマーも述べているように、インディアンをこのように非文明化・卑小化することが、インディアン部族との条約を次々と破棄し、彼らから土地を奪い、保留地に追い込んでいく正当性を政府と開拓者たちに与えたとも言えよう（九）。

（8）ジェームズ・ハートによれば、小説の分野でも、一八一二年戦争後の領土拡張の時代に、愛国的な主題を扱い、アメリカを舞台にする歴史小説を求める声が大きくなるという（七九―八〇）。すなわち、アメリカのウォールター・スコット（Walter Scott 1771-1832）を待ち望む声である。これに最初に応じたのはジェームズ・フェニモア・クーパーの、独立戦争を舞台にしたロマンス『スパイ（*The Spy*）』（一八二一）である。一八二〇年代だけを取っても、アメリカ人によって書かれた小説のほぼ三分の一は、アメリカの植民地時代か独立戦争を扱った歴史小説である。この傾向は一八三〇年代も続き、ほぼ二割のものが、アメリカの多様な地域の歴史を背景にしているという。クーパーの「レザー・ストッキング物語」五部作（一八二三―四一）のほかよく読まれたものとして、ジェームズ・ポールディング（James Kirke Paulding 1778-1860）の『オランダ人の炉辺（*The Dutchman's Fireside*）』（一八三一）、J・P・ケネディー（J. P. Kennedy 1778-1870）の『蹄鉄のロビンソン（*Horse-shoe Robinson*）』（一八三五）、ウィリアム・シムズ（William Gilmore Simms 1806-70）の『イェマシー族（*The Yemassee*）』（一八三五）、ロバート・バードの『森のニック（*Nick of the Woods*）』（一八三七）、ダニエル・トンプソン（Daniel Pierce Thompson 1795-1868）の『グリーン・マウンテン・ボーイズ（*The Green Mountain Boys*）』（一八三九）などがある。

引用・参考文献

Coyle, William, and Harvey G. Damasmer. *Six Early American Plays 1798-1890*. Columbus, OH: Merrill, 1968.

Halline, Allan Gates, ed. *American Plays*. New York: American Book, 1935.

Hart, James D. *The Popular Book: A History of America's Literary Taste*. Berkeley: U of California P, 1963.

Honour, Hugh. *The New Golden Land: European Images of America from the Discoveries to the Present Time*. New York: Pantheon, 1975.

Moody, Richard, ed. *Dramas from the American Theatre 1762-1909*. 1966. Boston: Houghton, 1969.

——. *America Takes the Stage: Romanticism in American Drama and Theatre, 1750-1900*. Millwood, NY: Kraus Reprint, 1955.

Nash, Roderick. *Wilderness and the American Mind*. New Haven: Yale UP, 1973.

Quinn, Arthur Hobson. *Representative American Plays*. New York: Century, 1917.

Taylor, Joshua C. *America as Art*. New York: Harper, 1976.

Tocqueville, Alexis de. *Democracy in America*. Part II. Trans. Phillips Bradley. 1840. New York: Vintage, 1945.

Vaughn, Jack A. *Early American Dramatists: From the Beginnings to 1900*. New York: Ungar, 1981.

Ward, John William. *Andrew Jackson: Symbol for an Age*. Oxford: Oxford UP, 1955.

Wilmer, S. E. *Theatre, Society and the Nation: Staging American Identities*. Cambridge: Cambridge UP, 2002.

第三章　初期のアメリカ演劇（三）――スミスの『酔いどれ』とモウアットの『ファッション』、エイケン脚色の『アンクル・トムの小屋』

一　ウィリアム・スミスの『酔いどれ』

アメリカ演劇史上、初めて百回の連続上演記録を樹立した作品は、ウィリアム・スミス（William H. Smith 1806-72）による『酔いどれ――救われた堕落者（*The Drunkard; or, the Fallen Saved*）』（一八四四）である。[1] 当時、飲酒行為は健全な家庭を崩壊させ、ひいては犯罪を誘発するものとして大きな社会問題になっていた。『酔いどれ』は、キリスト教系の団体をはじめ、多数の団体が禁酒運動を推進していた時代に折よく現れ、各地で大人気を博した。今まで劇場に入ったことのない人びとをも大量に動員できたのは、説教と演劇を効果的に結び付けたためである。酒の害を説く「実例付き説教」とか「道徳劇」「道徳講義」と銘打たれたし、全国の禁酒運動推進団体のお墨付きを得たこともあって、観劇の悪徳に身をさらすことなど思いもしなかった、敬虔な中産階級をも引き付けた。文学作品として見れば、稚拙な台詞と陳腐な素材からなるメロドラマではあるが、その時宜を得た話題と健全な教訓、圧倒的な道徳性、平明な寓意性のために、つい最近まで上演され続けた。

『酔いどれ』は、気の弱い男が悪人によって酒の虜にされ、家族や友人たちを苦しめ、自分をも破滅の淵に追いやるが、献身的な妻と禁酒運動家によって救済され、更生するというプロットを扱う。邪悪な弁護士のクリッブズは「生来の復讐心と強欲さ」（三〇七）から、立派で誠実ではあるが酒に弱いエドワード・ミドルトンを食い物にしようと企む。クリッブズの奸計で、エドワードは「悪魔のラム酒」の虜となり、アルコール中毒への道をひた歩み、村を飛び出して、行方をくらます。ニューヨークで偶然エドワードを見掛けたクリッブズは、酒代をたっぷりやるから小切手の偽造に手を貸せと誘う。エドワードが拒否すると、クリッブズ自身が、禁酒運動家でもあり金持ちの商人でもあるレンスローの署名を偽造し、換金に成功する。次にクリッブズは、夫を探しにやってきたメアリーにも誘惑の魔手を伸ばす。これに失敗すると、エドワードの亡父の遺書を偽造して、遺産を乗っ取ろうとする。だが、エドワードの異母兄弟のウィリアムの活躍もあって、クリッブズの悪巧みは失敗する。妻やレンスローなど善意の人びとのおかげで、エドワードは更生する。

要するに善と悪の相克、ある登場人物の言葉を借りれば、「邪悪対節度・貞潔」（二九九）がテーマなのである。クリッブズは、「真っ黒い害虫」とか「サメのような詐欺師」（二八八）、「狡猾なキツネ」「黒い甲虫」（二九〇）「悪魔の化身の蛇」（二九三）などと否定的な動物イメージで形容される、悪の化身である。他方、夫を救うメアリーは、夫も認めているように「道徳的美点と気高い情感」（二八四）を備えた美徳の化身である。ここで注目すべきは、彼女が優しさにあふれているのは、彼女が無垢な大自然の中で育ったからだと夫のエドワードは考えているということである――「荒野で育ったので、彼女はファッショナブルと間違って呼ばれている世界の冷たい慣習を知らない」（二八四）。こういう考え方の背後には、アメリカの自然は道徳的な力の源泉であるという伝統的な理念があることは言うまでもない。
　これまで二〇年間、禁酒運動に身を捧げてきたレンスローも隣人愛の化身である。

わたしは、あなたが陥ったのと同じ底なしの沼から同胞を救済することに、人生を捧げてきた者たちのひとりです。彼らに禁酒を誓ってもらい、もう一度社会に貢献できるようになってもらい、そして自分たち自身にとっても周囲の人たちにとっても恵みとなってもらうのです。（三〇一―〇二）

メアリーにしてもレンスローにしても、この劇の善良な人びとの支えとなっているのは「キリスト教信仰」（二九五）である。メアリーは夫の身を案ずるとき、「おお宗教よ。みじめな者たちを慰めてくれる甘美なものよ。この恐ろしい試練の時にわたしを支え、助けてください」（二九四）と祈る。エドワードも更生して家族と再会したとき、「恵み深い天よ。感謝を受け入れてください」（三〇四）と神に感謝することを忘れない。続けて、恩人のレンスローにこのように述べる。

あなたの気高い行いに対してうわべだけの感謝の念で、あなたの善良さを欺くつもりはありません。あなたの輝かしい功績で彩られた、この栄光ある道を歩み続ける力を神が与えてくださることを祈るばかりです。（三〇四）

このように『酔いどれ』の底流にはキリスト教信仰がとうとうと流れている。この芝居は、サタンの使い、クリッブズの企みに対してキリスト教信仰が最後には勝利を収めるというアレゴリーなのである。この芝居が、劇場に足を運んだことのない厳格なピューリタンたちをも多数引き寄せたのは当然である。

『酔いどれ』の中で展開する「家庭の神聖さ」というテーマが、中産階級の関心事と価値観とに一致していたから、広範な観客を動員できたと言ってもよい。劇は家庭の情景で始まり、家庭の平和な情景で終わる。劇中でも何度か「幸せな家庭」が称えられ、家庭の神聖さが強調される。飲酒が戒められるのは、それが何よりも家庭崩壊につながるからである。劇の最後、「家庭の平和、穏やかな幸福」（二〇七）があふれる家庭の情景（当然、テーブルには聖書が置かれている）を舞台にして、エドワードが「ホーム・スウィート・ホーム」をフルートで演奏し、娘のジュリアが第一番を歌い、リフレインの部分を村人たちの合唱が引き継いだ後に、オーケストラの演奏によってクライマックスへと盛り上がり、エドワードの敬虔な祈りのうちに幕が下りる。

現代の観客あるいは読者がこの芝居を見たり、読んだりすれば、趣味が洗練されていなかった時代の産物として、そのメロドラマ的、寓意的な部分に辟易させられるだろう。確かに、新しく出てきた遺書とか小切手の偽造、アルコール中毒といった旧来のメロドラマのお膳立てを最大限に利用しているし、登場人物にしてもほとんどすべてがカリカチュアである。すべての台詞が陳腐であり、すべての感情が大げさであり、すべての場面が観客から最大限の恐怖と同情と感動の涙を引き出すように作られている。しかし、こうしたわかりやすいメロドラマが当時の観客に大真面目に受け入れられ、歓迎されたのである。観客は登場人物に感情を移入しては、喜怒哀楽を共有し、劇の大団円ではカタルシスを経験したのである。もっとも、観客はメロドラマでない演劇は見たためしがなかった。

このように、『酔いどれ』が大当たりした原因をアメリカ人の宗教性と道徳性、中産階級的な価値観、芝居のメロドラマ性に求めることができるのだが、禁酒運動が国中を席巻していなかったならば、あれほどの成功は収められなかったであろう。禁酒運動を生み出した要因として、一八四〇年代以降、アイルランド人やドイツ人がその飲酒文化とともに大量にアメリカに流れ込むようになったことが指摘されるが、必ずしもそうではない。一八二六年にボストンに禁酒協会が設立されたように、飲酒文化を持つ移民が流入する前から飲酒は社会問題になっていた。この協会は一八三四年までに六千の支部と十万人の会員を持つ全国組織に発展し、その二年後には禁酒運動推進の週刊あるいは月刊の機関紙を十一紙も発行するに至る。

小説家も劇作家もこの新しい社会問題にすぐさま飛びつく。たとえば一八三〇年代に発行されたすべての小説中、十二%以上のものがこのテーマを扱っていたという（Hart 一〇七―一〇）。ルーシアス・サージェント（Lucius Manlius Sargent 1786-1867）の『母の金の指輪（*My Mother's Gold Ring*）』（一八三三）は六年間で十一万三千部売れた。禁酒運動の最盛期に出版されたティモシー・アーサー（Timothy Shay Arthur 1809-85）の『酒場での十日間の夜（*Ten Nights in a Bar-Room*）』（一八五四）に至っては、『アンクル・トムの小屋（*Uncle Tom's Cabin*）』に次ぐ大ベストセラーになり、出版後二〇年間にわたり毎年十万部は売れた。禁酒運動劇も『酔いどれ』以外にクリフトン・テーラー（Clifton Tayleure 1830-91）の『酔いどれの警告（*The Drunkard's Warning*）』、アーサーの禁酒運動小説を脚色した、ウィリアム・プラット（William W. Pratt ?-?）の『酒場での十日間の夜とわたしがそこで見たもの（*Ten Nights in a Bar-Room and What I Saw There*）』（一八五八）などがある。禁酒運動劇を専門とする劇団すら現れ、国中を巡業した。なかでも『酔いどれ』は禁酒運動劇としてとりわけ力強い。たとえば、エドワードが村の酒場の主を「村全体を毒する下種野郎」（三〇〇）と呼んだ後、次のように言い放つ台詞には禁酒運動のエッセンスが凝縮されている。

ラム酒よ。永遠に呪われるがいい。この村に地獄の毒酒がなかったならば、わたしは今も一人前の男でいられただろう。汚い穴倉でお前は村人たちのポケットから金を吐き出させ、タンブラー入りの死を差し出す。穴倉のような酒場から破滅の猛火が国中に燃え広がる。酒毒は、青春の輝かしい希望を腐らせ、未亡人の心を苦悶で満たし、呪われた孤児を作り出す。人から理性を奪い、廉直と自尊心の高みから突き落としてしまう。そして、わたしのような情けない人間にしてしまうのだ。（三〇〇—〇一）

『酔いどれ』は、一八四四年にボストン・ミュージアムで一四〇回余りの記録的な長期興行の後、シンシナティやフィラデルフィアなどでも上演される。一八五〇年にニューヨーク市バーナム・ミュージアムの三千人収容できる「講堂」で公演が始まると、アメリカ演劇史上初めて百回連続興行記録を打ち立てることになる（Moody 二七七—八〇）。この頃のニューヨーク市の人口が約五〇万人であったことを考えれば、これは驚異的な数字である。これらの都市以外でも全国中の都市で、いや劇場がある所ならどこででも上演された。不完全な記録ではあるが、一八四四年から一八七八年まで四五〇回という興行記録が残っている。[2]

二　アナ・コーラ・モウアットの『ファッション』

傑作の少ない初期のアメリカ演劇の中でもっとも優れているものは、アナ・コーラ・モウアットの『ファッション——ニューヨークの生活』（一八四五）であろう。[3] 第一章で論じたロイヤル・タイラーの『コントラスト』と同じように「国際比較」をテーマとした風習喜劇であるが、『コントラスト』の気負いはなく、しっかり構築された、しかもテンポの速いプロットに気の利いた台詞を散りばめ、アメリカ演劇の成熟を多少なりとも実感させる作品となっている。[4]

テーマと言えば、大都市の上流階級に属する人びととそこに巣食う人びとの軽薄さと虚栄、野心を風刺するという、初期のアメリカ演劇におなじみのテーマを扱う。『ファッション』は『コントラスト』と同様に、外国の価値とアメリカの土着の価値を比較し、アメリカはヨーロッパのまねをする必要はなく、アメリカ独自の価値に誇りを持つべきであるという結論を導く。劇のアクションは、アダム・トルーマン（Adam Trueman）という、その名の示すとおり、アメリカ民主主義の支柱とも言うべき廉直の農民と、ティファニー夫人というファッショナブルな都会風の女性の対立をめぐって展開する。社交界での地固めに野望を燃やす新興成金の彼女は、娘をジョリメートル伯爵というフランス貴族と結婚させ、一家の地位を高めようともくろんでいる。だが、トルーマンの活躍で、このフランス貴族は偽物だとわかり、ファッショナブルなものにかぶれていたティファニー夫人と娘もようやく愚かさを悟らされる。

　この芝居は、ファッションのテーマが展開していく過程で、ファッション志向の愚かさが次々と暴かれ、それに反比例するように、アメリカの土着の価値があらためて見直される構造になっている。「洗練とファッションの女性」（二四二）を任じるティファニー夫人は、かつては婦人帽の店を営んでいたが、そこに出入りしていた裕福な実業家のティファニー氏と結婚し、現在はファッショナブルな婦人に変身している。彼女は外国のもの、特にフランスのものならなんでもファッショナブルだと思い込んでいる。だからミリネットというフランス人のメイドを雇い、フランス流のマナーやファッションを取り入れるのに余念がない。それとは逆に、アメリカの風物には限りない軽侮の念を抱いている。彼女は一週間のフランス語速習コースを修了したばかりで、習いたてのおぼつかないフランス語を会話の中に散りばめて得意げである。彼女はかなうことなら、野卑な英語ではなく洗練されたフランス語を一日中話していたいとすら思っている。

　彼女のフランスかぶれ、フランスのファッション熱は何も言葉の面だけにとどまらない。最新のパリモードの衣装やフランス製の高級家具を買い求めたり、フランスの風物や風俗を取り入れたりするのに躍起になっている。ニューヨークのファッション界のリーダーを自任する彼女は、フランスの最新の流行を社交界に紹介することに生きがいを覚えてもいる。たとえば、ある曜日を客の訪問日と決めたり、舞踏会終了後、食堂に入る婦人客にブーケを与えたりすることを流行らせようとする。彼女はファッショナブルなものに夢中になるのと同じ理由で、貴族にも弱い。そこで娘をフランスのジョリメートル伯爵と結婚させようとする。この伯爵はと言えば、ことあるごとにヨーロッパの優位性を主張し、アメリカの後進性とアメリカ人の野暮ったさをこき下ろす貴族である。都会的で垢抜けした自分にとって「王も王妃も貴族も貴婦人もいない」野蛮な国、アメリカで暮らすことがいかに耐えがたいことか訴える。

皆さん方は嘆かわしいほど時代遅れですよ。洗練された外国人がこんな田舎くさい所で暮らすのは大変苦労します。……アメリカの女性はきわめて魅力的ですが、それでも土着の錆をだいぶ削ぎ落とさなくてはいけませんね。（二四五）

文明生活は飽き飽きしたので、野蛮な国の風俗でも見物して気分を一新したかったのです。サンドイッチ諸島〔ハワイ諸島〕に行くかニューヨークに行くか迷いましたが、ニューヨークに来ました。……この国には感心できません。パリの刺激的な空気を吸ったら……ロンドンで暮らしてみたら……王も王妃も貴族も貴婦人もいないアメリカがなんと耐えがたいことかわかるでしょう。（二四六）

こういう愚かなファッション熱と愛国心の嘆かわしい欠如がはびこっているニューヨークに、アダム・トルーマンという農夫がキャタローガスの農村から、幼なじみのティファニー氏を訪ねて来る。彼が農夫のいでたちで、手にはヒッコリーのステッキを持ち、泥で汚れた長靴を履いて登場するとき、ティファニー夫人はこの「田舎者」を見て「なんて平民みたいな農夫だろう」と、伯爵は「なんて野蛮な男か。……この土地の原住民のひとりなのか」と仰天する（二四七）。こうしてトルーマン対ティファニー夫人とジョリメートルという、アメリカの原理とヨーロッパの原理が対決する。まず、トルーマンはフランス風の派手な制服を着た、ティファニー家の召使を見て驚く。それがファッションだと言うティファニー夫人に、制服を必要としない共和国の自由と簡素さを擁護する――「自由の土地で『隷属の印』を着用させることがファッションだと言うのですか。共和国の簡素さ万歳！」（二四七）。このエピソードを皮切りに、ファッション熱の猖獗ぶりを目の当たりにしたトルーマンは、ファッション崇拝は真実を歪曲し、欺瞞と偽善を生み出すという結論に達する。

このファッション崇拝のおかげで、皆さん方は全員、異教徒の偽善者になりました。皆さんが崇拝するのは、欺瞞という神です。ここでは人は泣いているかのように笑うし、ほくそえんでいるかのように泣きます。ここでは何もかもが、外見とは大違いです。（二四九）

続けて、ティファニー家で三日暮らしただけだが、大統領選挙の期間中にばらまかれる嘘よりもっと多くの嘘を聞かされたと語る。また、ファッションとは詰まるところ、魂と魂を触れ合わせることなく、表層だけで生きることであり、美徳や清純さをうわべだけの礼儀作法に置き換えることにほかならないと述べる（二六〇）。しかしティファニー夫人には、ファッション崇拝を嘆くトルーマンはヨーロッパ風の都会的な洗練を知らない「嘆かわしいほどアメリカ的な野暮天」（二六〇）にしか映らない。

舞踏会をきっかけに、ジョリメートル伯爵の正体が発覚する。英仏両国の警察にやっかいになったこともある詐欺師であり、ティファニー家に近づいたのは財産目当てであったことがわかる。彼は、「爵位を軽蔑するふりをしているが、王も王子も貴族もいないアメリカでは、実際は爵位に敬意を払っている」（二七二）と聞いたので、貴族の振りをすることにしたのだとその動機を説明する。それを聞いたトルーマンは、アメリカにはヨーロッパ的な意味での貴族はいないが、「自然の刻印」（二七二）が押された本物の貴族がたくさんいると答える。トルーマンのこの考え方は、第二章で論じたジョン・ストーンの『メタモーラ』やジョージ・カスティスの『ポカホンタス』などのインディアン劇に見られたものと同じである。アメリカの汚れていない自然は、宗教的、道徳的な力の源泉であり、自然との親密な関係の中で暮らすアメリカ人は、おのずから美徳と英知が備わっている。それに対し、ヨーロッパは人工的であるから道徳的に堕落している。こういう考え方を『ファッション』からも聞き取ることができる。

アメリカ的な価値がもっともよく体現されているアダム・トルーマンには、アメリカ人の理想化された自画像が映し出されている。彼の役割は、大地に根を下ろした農民の持ち前の英知で、流行にうつつを抜かす都会の人びとの偽善ぶりと軽薄さを浮き彫りにすることである。彼以前のヤンキー・キャラクター、たとえば『コントラスト』のジョナサンや『コロンビアの栄光』のウィリアムズ、『森のバラ』のジョナサン・プラウボーイとくらべて、トルーマンはよりきまじめ気質を付与されているが、都会的な欺瞞を暴き、アメリカの土着の価値——自立心、愛国心、勤勉、倹約、節制、コモンセンス——を擁護する点では、紛れもなくヤンキー・キャラクターの系譜に連なっている。トルーマンは、アメリカ民衆がこうありたいと願った、美化された自画像なのである。まだひとつに融合されていない新国民を統合する象徴としても機能する。

国際比較のテーマと同じくらい重要なテーマとして、モウアットは、派手な消費と意味のない蓄財（金儲けのための金儲け主義）を風刺しようとする。たわいない流行に夢中になって、富を派手に消費する、いわば「これ見よがしの消費」がニューヨークに蔓延している。実業家は、まるで奴隷か囚人のように金につながれ、憂苦の表情を浮かべて金儲けに勤しんでいる。劇作家はそのようなことを示唆しようとしている。たとえば、豪華な邸宅や高価な家具調度品、多額の衣装代、無駄な温室、たくさんの召使いと、贅沢に切りがない夫人のために借金を重ねているティファニー氏はついに爆発する――「お前の贅沢のせいで破産しそうだよ。……この豪邸を買うとお前が言い張ったのはファッション熱のためであった。法外な値段の室内装飾品や家具が欲しいというので、借金をしまくったのもファッション熱のためであった」（二五四）。それに対して夫人は「体裁を整える必要がある」（二五四）と訴え、多少の散財はやむを得ないと主張する。ところがティファニー氏は夫人や娘の贅沢ぶりに破産寸前に追いやられ、窮地から脱け出すために小切手を偽造したところ、秘書のスノッブソンにその事実を握られ、戦々恐々とした毎日を送っているのである。

それ以前にティファニー氏の会社を訪れたことのあるトルーマンは、社長室が「州刑務所の独房」（二四八）のように荒涼としていることに驚いて、次のように言ったことがある。

お前の体は溶けて、ドルに変わってしまっただけではなく、魂まで抵当に出したようだ。お前のあったかい心は、元帳とにらめっこするうちに冷たくなってしまった……。富のために若さと希望を売り払ってしまった。欲しかった金を手に入れた今、それでどうなった。……会計事務所は刑務所となり、家はファッショナブルな博物館になって、お前の居場所はないじゃないか。（二四九）

トルーマンは慧眼にも、どんどん財産を増やすうちに人格を喪失してしまう、金儲け主義の負の面を見抜いている。人間性を荒廃させる富の破壊的な力について考えるというのも劇作家の意図したことだ。このテーマは、これ以降アメリカ演劇においてますます重要なテーマになっていくのだが、モウアットはそれを先取りしている。(5) その意味で、社長を脅す秘書のスノッブソンは、富に対する限りない欲望と上昇志向において現代的な人物である。彼は社長の文書偽造の秘密を出しにして再三にわたり昇給を要求し、最後には彼の娘との結婚を迫る。社長令嬢と結婚して上流階級の一員となり、市内の目抜き通りを二頭立ての馬車でさっそうと駆けることを夢見るのである。トルーマン自身、過去に苦い経験をして、富というものがいかに呪われたものか思い知らされたことがある。ところが、持ち前の勤勉さと節約精神とで猛烈に働くうちに、彼は村一番の裕福な農民になっていた。ところが、この「忌まわしい金」（二六七）のために、彼の一人娘は都会の男に騙されて結婚し、やがては捨てられ、子供をひとり残して死ぬ。そして残された孫娘もまた、彼の「不運なほどの〔ありあまる〕財産」（二六七）によって呪われることがないように、トルーマンは幼い彼女をスイスの知人に預けたのである。

『ファッション』のもうひとつの重要なテーマとして、都市の退廃対農村の健全さというテーマも組み込まれている。トルーマンは、ニューヨークに来てからというもの、ガートルードというティファニー家の音楽教師を除けば「率直で正気な顔」（二四九）を見たことがないと言う。彼女が例外なのは、スイスの自然豊かな農村で育てられたからだ（後で彼女はトルーマンの孫娘だとわかる）。トルーマンは劇の終わりで、フランスかぶれの妻子を持つティファニー氏にふたりを農村に送り出して、「外国の愚行」ではなく「節約と真の自立、家庭的な美徳」を学ばせなさいと忠告する（二七一）。続けて、自然の刻印を受けた人間こそ道徳的に優れた人間であるという思想を表明する。自然と密着した農民の素朴な生き方こそ神の御心にかなうものである。農民は国の宝である。農村は美徳のあふれる土地であり、アメリカの民主主義の揺るぎない土台である。このようなジェファソン的農本主義は、アメリカという国と同じくらい古い考え方であるが、『ファッション』にこの理念が表明されているということは、当時のアメリカ社会が急速に都市化しつつあったことを物語るものであろう。一八一〇年から一八四九年まで、アメリカは急速に膨張する。特に都市部の人口が増加し、農本主義的な社会から産業主義的な社会へと変貌し始める。それに伴い、いわゆる都市問題が発生してきたので、農本主義に対するノスタルジアの念が高じてきたのであろう（この辺りの事情はリチャード・ホフスタッター〔Richard Hofstadter〕の「農本主義神話と商業主義の現実（The Agrarian Myth and Commercial Realities）」参照）。

『ファッション』は当時のどんな芝居よりも、同時代の社会の雰囲気を生き生きと伝えてくれるが、現代の目の肥えた観客から見れば欠点も多い。たとえば、登場人物の多くはカリカチュアであり、その仕草はファース（笑劇）風である。また文書偽造とか破産宣告の危機、隠された身元、悪漢と正義漢の単純な対比などメロドラマに特有の仕掛けが満載である。それでも『ファッション』には辛辣な社会批評、興味深い登場人物、機知と風刺に富んだ台詞、そして何よりも作者自身の演劇に対する建設的な姿勢によって、輝きと魅力が与えられている。さらに『ファッション』は、ブロンソン・ハワードやウィリアム・ディーン・ハウエルズ、クライド・フィッチらのソーシャル・コメディーの系譜に連なる作品としても重要であるだけではない。十九世紀中葉の都会の一家庭を舞台にしたこの喜劇は、ラングドン・ミッチェルの『ニューヨーク・アイディア』（一九〇六）やハワード・リンジー（Howard Lindsay 1889-1968）とラッセル・クラウス（Russel Crouse 1893-1966）共作の『父との暮らし（*Life with Father*）』（一九三九）のような二〇世紀の優れたファミリー・コメディーの先駆けとしての栄誉すら担っている。

『ファッション』は一八四五年三月、ニューヨーク市のパーク劇場で初演され、二〇回という当時としては立派な上演記録を残し、同年フィラデルフィアやチャールストン（南カロライナ州）、モービル（アラバマ州）、ニューオーリンズなど国中の劇場で巡演されたし、ロンドンでも一八五〇年にロイヤル・オリンピック劇場で二週間上演され、同年ロンドンで出版された。十九世紀のアメリカ演劇の中でこの芝居ほど二〇世紀の演劇関係者の注目を浴びた作品はない。たとえば、アメリカ現代劇の発展に大きな足跡を残したプロヴィンスタウン劇場がニューヨークに拠点を移した一九二四年、新劇場の杮落としに上演され、二三五回の興行記録を残している（Moody 三〇九―一六）。

三　劇場版『アンクル・トムの小屋』

初期のアメリカ演劇におけるもっとも注目すべき事件は、世紀のベストセラーとなった『アンクル・トムの小屋』の劇場版である。一八五二年三月に出版されたハリエット・ビーチャー・ストウ（Harriet Beecher Stowe 1811-96）のこの小説は初版五千部印刷されたが、二日で売り切れ、増刷に増刷を重ねて、三週間で二万部、三カ月間で七万五千部、一年間で三〇万部以上売れたという（Hart 一一〇―一一二）。この三〇万という数字は、一九四七年度の人口で換算すると十倍の三〇〇万部以上に相当すると推定される。さらに当時の識字率や書籍配給制度の不備などを考えれば、驚異的な数字である。このような桁違いのベストセラー小説であるから、原作者自身が脚本化に反対したにもかかわらず、無断で何本も試みられた[6]。

なかでももっとも優れていて、原作にもっとも忠実な脚本だとされるのが、ニューヨーク州トロイ市のトロイ・ミュージアムの俳優兼劇作家、ジョージ・エイケン（George L. Aiken 1830-76）のものである。ムーディーによれば、当地において一八五二年九月二十七日から十二月一日まで百回上演されたという（三四九―五九）。当時のトロイ市は人口三万の小都市であるから、これはニューヨーク市における七年間の長期興行に等しい。地元の新聞記事は、今まで劇場に足を踏み入れたことのない敬虔なキリスト教徒の市民で毎晩あふれたと報道している。この劇団は翌年ニューヨーク市に進出し、二〇〇回の連続興行を行う。ほかの劇作家たちも脚本化に挑んだので、ニューヨーク市では五種類の異なる脚本による『アンクル・トムの小屋』が同時に上演されたという。これだけを専門にし、全国を巡業する劇団も生まれた。一八七〇年代には四十八の巡業劇団、八〇年代の後半から九〇年代のピーク時にかけて、四〇〇から五〇〇もの「トム劇団」が組織されていた。初演後七十五年間にわたって、平均して毎週四回はどこかで公演が行われていたと推定される。[7]この途方もない人気の秘密はなんなのだろう。

それは第一に、奴隷制という時宜を得たテーマにあった。劇場版『アンクル・トムの小屋』は現代の読者や観客にとってあまりにメロドラマ的であり、リアリティが感じられないかもしれないが、ストウ夫人の小説をもとにした脚本が大衆に提供したものは、奴隷制の南部についての第一次的な生々しい情報であった。この頃、奴隷制廃止協会が多数存在していたが、奴隷制問題は少なくとも一八五〇年以前は、ほとんどの北部人にとって抽象的で漠とした問題であった。そこにストウ夫人がこの問題に立ち向かって、読者に深い感動を与えた。深い感動が生まれるのは、読者が実話だと受け止めたからである。アメリカでは、実話は売れるのである。ちなみに、ストウ夫人自身が、自作はフィクションではなく、「本当にあった出来事、実際になされた行為、実際に述べられた言葉を集め整理したものだ」と一年後に出版された書物の中で述べている（Moody 三五〇）。劇場版の『アンクル・トムの小屋』を見に行った観客は、タイムリーな社会問題が忠実に映し出されているし、登場人物や状況は十分にリアルだと受け止めた。だから感動したのである。

大当たりした第二の理由は、この芝居が、今まで観劇を忌まわしいものと考えていた厳格なプロテスタントたちを大量動員できる道徳劇であった点にある。芝居の原作が、敬虔なキリスト教徒によって書かれ、「悪は滅び、善は勝つ。罪は罰せられ、徳は報われる」ということを教えてくれる、宗教的で道徳的な物語であると広く受けとめられていたことも幸いした。各劇団のマネージャーも、その道徳性と宗教性を大いに強調して宣伝広報に努めた。当時の舞台慣習として、本格的な芝居が上演される前に短い開幕劇を上演したり、幕間には寸劇を挟んだり、呼び物の芝居が終わった後に短い軽喜劇や笑劇で締めたりするのが普通であった。その中、ニューヨーク市のナショナル劇場の支配人は、『アンクル・トムの小屋』だけを上演することに決めた。この芝居の宗教的、道徳的な雰囲気を損ねないように、慣習に逆らったのである。厳格なキリスト教徒をも劇場に呼び集めたいという打算もあったのであろうが、彼は自分の劇場を「道徳劇の寺院」と見なしていた。ほかの劇団もこれに倣い、この劇一本で一晩の興行を終えるようにした。一八五三年十月の公演を見た、ある雑誌記者は観客席の中に「厳格なメソディストや長老派、会衆派」がたくさんいたと記している（Nye 一五五）。やがてはこれらプロテスタントを含む中産階級が、アメリカ演劇の観客層の中核を形成していくことになる。(8)

第三に、『アンクル・トムの小屋』は、何よりもスペクタクル性を備えたメロドラマであるが故に成功したとも言える。現代の観客には、善悪の力がともに誇張され、事件はセンセーショナルで、劇が喚起する感情も使われる言語もセンチメンタルで、その道徳性はあまりに単純に映るかもしれない。しかし十九世紀のアメリカ演劇の観客はこういうメロドラマしか見たことがなかったし、またメロドラマをことのほか好んだのである。そこで、ナイーヴなメロドラマというレッテルをいったん外して、注意深く読み、正当に評価すれば、違った見方ができるであろう。場面が次々と転換するスケッチ風のプロット展開は、現代の観客にはせわしくて落ち着かないかもしれないが、当時の観客はむしろ変化に富んでいて、テンポの速い事件の展開を望んだのではないだろうか。急激に変動する社会に生きているアメリカ人観客は、長い台詞や対話にすぐ飽き、そわそわし出すことだろう。そこでいきおい、アクションと対話はスピードを増し、舞台は目もあやな衣装や大掛かりな舞台装置で観客を魅了する。その中で、奴隷制問題をめぐる正義と悪の力が力強く観客に迫る。言語には有無を言わさぬ力強さと簡潔さが備わっている。

登場人物も生き生きとしている。自由を求めてカナダに逃亡するジョージ、威厳のあるトム、知的で感受性が豊かな故に世に疲れたような南部人のセント・クレア、悪の化身とも言うべきレグリー。それだけではない。オフィーリアとトプシーの喜劇的な息抜きやガンプション・キュートという風変わりな人物をめぐる滑稽なエピソードなど、アメリカ中の役者の挑戦心を煽ったに違いない。また、監督も舞台装置家も想像力を存分に発揮して、舞台を視覚的にいくらでも面白いものにできる。(9) この辺りにもこの芝居が成功した要因がある。映画が娯楽の王となる以前の時代であるから、観客は何よりも舞台の上のスペクタクルを楽しみにした。たとえば、イライザが追手から逃げるために息子を抱いて、オハイオ川を流れる氷の上を次から次へと飛び移って、対岸に辿り着く場面（後には、本物の犬を使ったりして、臨場感をさらに盛り上げた）。また、トムが残忍非道なレグリーから受ける鞭打ちの場面。そして最後にトムが昇天して、天国のリトル・イーヴァと再会する一大スペクタクル。こうした見世物的な場面は、道徳劇の本質を少しも損なうことはなかった。しかし、なんといっても、前代未聞の途方もない興行記録こそ、『アンクル・トムの小屋』の真価を証明するものである。

四　なぜメロドラマが流行するのか

『コントラスト』から『アンクル・トムの小屋』まで、なぜ初期のアメリカ演劇は文学性の劣るメロドラマばかり栄えたのであろう。メロドラマの何が、多数のアメリカ人を引き付けたのだろう。デーヴィッド・グリムステッド（David Grimsted）などの論考を参考にしながら、この問題を考えたい。メロドラマはもちろん、アメリカ本来の形式ではない。十六世紀以来、ヨーロッパ演劇では、型にはまった登場人物、大げさな感情の表出、動機づけの極端なまでの簡略化と誇張、衝撃的で扇情的なプロット展開、スペクタクル性を重視した舞台装置などひとつの伝統になっていた。しかし、アメリカでメロドラマがあのように迎え入れられたのは、教訓や道徳を誰もが理解できるような形で、しかも大いに楽しませつつ教えることができたからだ。メロドラマには過剰な情念と暴力への傾斜が見られるけれども、基本的には美徳は報いられ、悪徳は天罰を受けるという勧善懲悪主義に貫かれた道徳劇なのである。信仰と愛を土台とする、アメリカ流のメロドラマの道徳的内容は、観客が日常生活を送る上で手本となる。自分たちが信じたかったこと――社会が基礎とすべきものは、キリスト教信仰に支えられた健全な家庭にあるということ――を確認させてくれるものであった。

メロドラマが広い観客層の心を捉えることができたのは、大衆の生活や価値観に深い関心を注いでいるように思えたからである。舞台で展開する状況は絵空事ではなく、現実の諸問題を反映していて、自分たちにとっても切実な問題だと観客には思えた。典型的なメロドラマは、中産階級に属する人びとを真剣に取り上げ、彼らをドラマチックな世界に投げ込む。こうして、普通の人間でも波乱万丈の人生を送れることを証明する。観客は登場人物に感情を移入し、時には一心同体となり、自分の人生の重要性を再確認することができる。メロドラマが当時の観客に受けたのは、観客が希望し、信じていた形の人生を描いてくれたからだ。急激に変化し、日々膨張を続ける社会にあって内心は不安を感じていても、メロドラマは、どんな災難に見舞われても神の御心に従い、清く正しく生きれば、神は見捨てるようなことはなさらない、と語り掛けてくれる。

さらに、メロドラマが流行した時代のアメリカの社会的、文化的、宗教的コンテクストに視野を広げると、どのように説明できるだろう。第一に、アメリカは新興国であるから、国造りが先決で、文化は二の次であった。アメリカには絶えずフロンティアが存在し、膨張するのが急務で、あまり内省の時間もその余裕もない。人びとは物質主義的傾向に走るあまり、精神的なものに対する関心は薄い。アメリカはどんな困難でもやがては克服して、世界でもっとも偉大な国になるであろうという自信と、進歩に対する楽天的な信念が妨げとなって、みずからの社会を深く分析しようという意欲は湧かない。肩は凝らないが、感動はさせてくれるメロドラマが当然好まれる。第二に、もともとアメリカの広大な空間には、調子の高いメロドラマこそふさわしいとも言える。第三に、アメリカの民主主義精神そのものが、誰もが理解できるメロドラマを生んだとも言える。ホフスタッターが『アメリカ的生活の中の反知性主義（*Anti-Intellectualism in American Life*）』で指摘したように、そもそも民主主義の精神は、高級な文化を敵視し、文化の平等化、低俗化を推進するものなのだ――「アメリカのコモン・マンの目標は、文学と学識なしでも多くのことが成し遂げられることを証明する社会――すなわち、文学と学識がコモン・マンでも理解し、利用できる初歩的なものに限定される社会――を造ることであったようだ」（五一）。その意味でも、メロドラマは民主的な社会のわかりやすい文学として最適であった。第四に、リチャード・チェースの『アメリカ小説とその伝統』に倣って、アメリカの宗教的な背景に原因を求めることができるかもしれない。彼によれば、ニューイングランドのピューリタニズムが本質的に持っているマニ教（明暗教）的な性格が、アメリカの国民性に深く根を張っているので、アメリカの想像力は「光明の世界と暗黒の世界の対立」「善と悪の永遠の闘争が織りなすメロドラマ」に多大な関心を示す傾向があるという（一一）。

ジョン・ガスナーは『アンクル・トムの小屋』に見られる感傷性と問題回避の姿勢について、「知性の軟弱さ」は現代劇にも見られるアメリカ演劇の特徴であるし、アメリカ国民は「分析的」であるよりは「情緒的」であるから、劇は「心」に訴えているように作られていても「頭」に訴えるように作られてはいない――従って「観念劇」は苦手なのだ――と分析している（xii-xiii）。モントローズ・モーゼズも、アメリカ人観客の心理構造を分析して「アメリカの観客は伝統的な美徳が勝利を収めることをいつも望んできた」こと、「微妙な心よりは度量の大きな心、回りくどい思考よりは直接的な行動、謎めいた意味よりは簡潔な答えが、いつもアメリカの観客を引き付けてきた」ことを指摘している（一〇）。南北戦争後においても、適度にリアリティがあって、健全な教訓と時事性を備え、スペクタクル性もあるメロドラマを好むアメリカ人観客の趣味はそう簡単には変わらない。

アメリカ演劇はそもそもの始まりから娯楽性が濃い大衆芸術でありながら、アメリカという国とその経験をほどほどリアルに映し出してきた。文学作品としての質は劣るが、アメリカ社会の価値観や理想、希望を（そして不安をも）素直に映し出してきた。総じて、初期のアメリカ演劇はヨーロッパに対する道徳的優位性、農本主義に基づいた民主主義社会に対する希望、進歩に対する楽天的なまでの信頼を表明する。まるで、アメリカの公的理念を称え、アメリカ的生活様式を言祝ぐ儀式のようである。この儀式に参列する人びとは、自分が宿命的にアメリカと結ばれていることを確認し、アメリカで生きるおのれをよしとされる。この意味で、アメリカ演劇は本来雑多なアメリカを統合するエンジンとして機能してきたのである。アメリカの表向きの姿を映し出しているという意味で、初期のアメリカ演劇は時代の自惚鏡であった。

注

（1）テクストはムーディー編のものを使用し、括弧内に頁数を記す。

（2）禁酒運動劇に関する著作のあるジョン・フリック（John W. Frick）によれば、『酔いどれ』は南北戦争後は大劇場ではなく、小さな劇場の出し物となっていったし、いくつもの旅回りの劇団によって二〇世紀の初頭まで全国各地で上演されたという（一二七）。近年では、禁酒法施行時代の一九二九年にプロヴィンスタウン劇場で上演され、一九三四年にニューヨークで再演されたときには二七七回の記録を達成したほか、ロサンゼルスのシアター・マートでは一九三三年に幕を開けて以来、二〇年間の連続興行を達成した（当時の世界記録）という（Moody 二七七—八〇）。

（3）テクストはホーライン編のものを使用。

（4）タイラーの『コントラスト』に始まり、モウアットの『ファッション』へと受け継がれた「国際比較のテーマ」は、その後のアメリカ演劇でも取り上げられる。たとえば、フランス人とアメリカ人の結婚観の相違を照らし出しながら、フランス人の偏狭さとアメリカ人の廉直さを対比させたブロンソン・ハワードの『アメリカ娘のひとり（*One of Our Girls*）』（一八八五）とか、アメリカ娘がドイツのザクセンの王子に恋するというプロットを扱ったクライド・フィッチの『大いなる縁組（*Her Great Match*）』（一九〇五）、アメリカ人とイギリス人、ドイツ人を配して、第二次世界大戦前夜の政治状況を扱ったS・N・ベアマン（S. N. Behrman 1893-1973）の『天からの雨（*Rain from Heaven*）』（一九三五）などがそうだ。これらの作品を眺め渡すと、時代とともにこのテーマも微妙に変化してきたことがわかる。黎明期のアメリカ演劇では、ヨーロッパ人（あるいはヨーロッパかぶれのアメリカ人）のマナーを風刺し、彼らを戯画化するのがお決まりのパターンであったが、十九世紀の中葉には、『ファッション』に見られるように、娘をヨーロッパの貴族と結婚させることで爵位を手に入れようとするアメリカの新興成金が風刺の対象となる。十九世紀の後半から二〇世紀になると、ヨーロッパ人もアメリカ人も、同じ土俵で自由に交流し合う、等身大のリアリティを持った人物として描かれ、国際比較のテーマは事実上消滅しつつある。この辺りの事情はジョン・ハートマン（John Geoffrey Hartman）参照（四五―六〇）。

（5）富というものの破壊的な力、商業主義と物質主義批判というテーマは、アメリカ演劇がその後もしばしば扱うものとなる。たとえば、ブロンソン・ハワードは『若きウィンスロップ夫人（*Young Mrs. Winthrop*）』（一八八二）において、結婚生活を破綻させかねない経済活動の危険性を指摘する。ハワードはまた『ヘンリエッタ』（一八八七）において、ウォール街を舞台に実業家親子間の熾烈な競争をテーマとし、利益のためならどんな悪事にもためらわない、実業家の冷酷な側面をえぐり出す。クライド・

フィッチは『立身出世主義者たち』（一九〇一）において、投機熱にかかった人物の崩壊という問題を扱う。ユージーン・ウォルター（Eugene Walter 1874-1941）は『繊細な羽毛（*Fine Feathers*）』（一九一三）において、人間を堕落させ、破滅へと引きずり下ろす金の魔力を描く。エルマー・ライスは『計算機（*The Adding Machine*）』（一九二三）において、表現主義的な技法を駆使して、機械の奴隷となり果てた現代人の象徴であるゼロ氏の不毛な労働と家庭生活を描く。しかし、アメリカの劇作家の中でこのテーマを執拗に探求し続けた作家はユージーン・オニールである。オニールについては第二部の各章参照。

(6) ストウ夫人が自作の劇化に反対したのは、純粋に宗教的な動機に由来していることが、次の手紙の一節に明らかである。「この国の演劇をめぐる現状を考えれば、キリスト教徒が演劇活動に関与することは、個人の品性と公衆の大義を危険にさらすでしょう。キリスト教徒の家庭の若者たちを演劇という娯楽から今は防いでくれている障壁が、上品で道徳的な芝居の上演によっていったん崩れてしまえば、若者たちはそうではない悪しき演劇――今でもまともな芝居は五本につき一本程度です――のあらゆる誘惑にさらされることになるでしょう」（Moody 三五〇）。この証言は十九世紀の中葉においても、演劇に対するピューリタン的偏見が根強く残っていたことを伝えてくれる。

(7) 二〇世紀に入ると、映画版の『アンクル・トムの小屋』が一九〇三年にエジソン社で制作されたことを皮切りに、その後何本も制作されるし、一九八七年にテレビ用に制作された映画が放映されているという(この辺りの事情は、フリックの著作参照)。

(8) ここでアメリカ社会の発展と劇場の発展との関係について触れておきたい。というのも、演劇活動は都市の成長と中産階級の成立、富の蓄積があって初めて盛んになるものだからだ。独立戦争前夜、植民地の人口はおよそ二五〇万人であったが、十九世紀の中葉までにはその十倍近く、二三二〇万人に膨れ上がっていた。また、独立戦争前八千人を超える都市は五つしかなかったが、一八五〇年にはこのような都市が一四一あった。なかでもニューヨークは五〇万人を超える、アメリカ最大の都市になっていた。ついで三十四万のフィラデルフィア、十四万弱のボストン、十二万弱のニューオーリンズとシンシナティ、五万のサンフランシスコ、三万のシカゴ、一万強のロサンゼルスが続く。人口増加の最大の要因は、アメリカ人の旺盛な繁殖力にあったが、移民の流入も無視できない。一八五〇年には総人口の十二％が外国生まれの移民であった。都市の勃興に伴い、一八二〇年から三〇年にかけて劇場の新築ブームが起こる。ニューヨークのバワリー、チャタム、ラファイエット、ニューパーク、ボストンのトレモント、フィラデルフィアのニューチェスナット・ストリート、アーチ・ストリートなどの劇場が新築、あるいは再建された。大都市以外でも、たとえばバッファローやロチェスター、シンシナティ、ピッツバーグのような中小都市、ボルチモアからサヴァンナにかけての南部の町でも次々と劇場が建った。一八五一年には西海岸のサンフランシスコにまで二千人収容できる劇場ができた。新しく建てられた劇場は、従来のものとくらべて規模が大きくなる。たとえば一八二一年のニューパークは二五〇〇人、一八二六年のバワリーは三千人、四〇年代のブロードウェイは四千人を収容できた。劇場の大型化とともに観劇料も安くなっていく。一八〇〇年にボックス席二ドルであったパーク劇場は一八五〇年、特等席七十五セントと宣伝したし、これ以外の劇場では、特等席五〇セント、桟敷席五セントというのが相場である。十九世紀の中葉ともなると、ニューヨークはすでに演劇の本場となり、十の劇場があった。なかでもブロードウェイ、バワリー、バートン、ナショナル、オリンピックの各劇場とブルーアム・ライシーアム、バーナム・アメリカン・ミュージアムが常設の劇場として人気があった。そのほか、アスター・プレイス・オペラ・ハウスやニブロ・ガーデン、キャッスル・ガーデン、ミュージック・ホールの多くでも演劇の興行が掛かった。次第に上演回数も増え、この頃は一週間のうち日曜を除く毎晩上演されるのが普通であった。そして祝祭日の期間は、昼夜、一日二回の興行を行った。産業の革新と輸送手段の進歩も演劇の発展に大きく寄与する。ターンパイク（有料道路）は一七九四年に最初のものが開通して以来、各地に造られる。一八〇七年にロバート・フルトンが蒸気船を実用化させて以来、河川の利用も活発となる。一八二八年に最初の鉄道会社が営業を開始して以来、鉄道の総延長は、一八五〇年までには九千マイルに及んでいた。その十九年後には大陸横断鉄道が完成し、長距離を安全に、しかも迅速に旅行するという難問が解決されることになる。こうした輸送手段の進歩によって、巡業劇団の巡回行程も壮大なものになっていく。一八四〇年代の劇団は、ニューヨークを皮切りにフィラデルフィア、ボルチモア、ワシントン、アレクサンドリア、チャールストン、サヴァンナ、コロンバスを回って、再び北上し、モービル、セントルイス、シンシナティ、ピッツバーグ、バッファローへと進み、最後はニューヨーク州の州都オールバニーで打ち上げとなるのが普通であったが、道路と鉄道網の整備・拡充に伴って、アメリカ全土を巡業できるようになる。以上の雑考は、トマス・ベイリー（Thomas A. Bailey）、ガーフ・ウィルソン、グレン・ヒューズ（Glen Hughes）、ラッセル・ナイ、ローズマリー・バンク（Rosemarie K. Bank）などに負う。

（9）一八五〇年代に入ると、劇場の照明はろうそくや石油ランプに代わって、ガスが導入されるようになる。ガス照明は、ガスの量を調整することで明度を上げることも下げることもできるので、舞台効果の面で大いに貢献する。こういう技術革新によってもアメリカ演劇は発展していく。

引用・参考文献

Bailey, Thomas A. *The American Pageant*. Boston: Heath, 1966.

Bank, Rosemarie K. *Theatre Culture in America, 1825-1860*. Cambridge: Cambridge UP, 1997.

Chase, Richard. *The American Novel and Its Tradition*. 1957. Baltimore: Johns Hopkins UP, 1980.

Frick, John W. *Theatre, Culture and Temperance Reform in Nineteenth-Century America*. Cambridge: Cambridge UP, 2003.

——. Uncle Tom's Cabin *on the American Stage and Screen*. New York: Palgrave, 2012.

Gassner, John. *Best Plays of the Early American Theatre: From the Beginning to 1916*. New York: Crown, 1967.

Grimsted, David. *Melodrama Unveiled: American Theater and Culture 1800-1850*. Chicago: The U of Chicago P, 1968.

Halline, Allan Gates, ed. *American Plays*. New York: American Book, 1935.

Hart, James D. *The Popular Book: A History of America's Literary Taste*. 1950. Berkeley: U of California P, 1963.

Hartman, John Geofrrey. *The Development of American Social Comedy from 1787 to 1936*. New York: Octagon, 1971.

Hofstadter, Richard. "The Agrarian Myth and Commercial Realities." *The Age of Reform: from Bryan to F. D. R*. New York: Vintage, 1955, 23-57.

——. *Anti-Intellectualism in American Life*. New York: Vintage, 1962.

Hughes, Glen. *A History of the American Theatre*. New York: French, 1951.

Moody, Richard, ed. *Dramas from the American Theatre 1762-1909*. 1966. Boston: Houghton, 1969.

Moses, Montrose J. *The American Dramatist*. 1925. New York: Blom, 1964.

Nye, Russel B. *The Unembarrassed Muse: The Popular Art in America*. New York: Dial, 1970.

Wilson, Garff B. *Three Hundred Years of American Drama and Theatre*. Englewood Cliffs: Prentice, 1951.

常山菜穂子『アンクル・トムとメロドラマ——十九世紀アメリカにおける演劇・人種・社会』慶應義塾大学教養教育センター、二〇〇七年。

第四章　象徴と神話のフロンティア
——一八七〇年代のフロンティア劇

フロンティアはアメリカがヨーロッパの影響を脱して、アメリカ的な制度や文化、国民性を形成する上で決定的な役割を果たしたというF・J・ターナー（Frederick Jackson Turner）の学説は、最近に至るまで多くの歴史家たちによって修正を加えられてきたが、アメリカを理解する上で、西漸運動という三世紀に渡る膨張の過程を理解することの妥当性は今も変わらない。北アメリカの大西洋岸に沿って作られた英領植民地が独立して合衆国となり、西へ領土を拡大し、人口の中心が移動していった過程は、ヨーロッパの祖先たちが持っていないような特殊な経験をアメリカに与えたとも、西部に広がるフロンティアの存在そのものが、アメリカの独自性を示す象徴であるとも考えられてきた。

フロンティアがアメリカという国の発展上、いかなる影響を及ぼしたのか、それに答えられるのは文学研究者ではなく、歴史家であろう。そこで、わたしたちとしては現実に存在した歴史的、地理的現実としてのフロンティアというより、想像力の対象としてのフロンティア、いわば象徴と神話としてのフロンティアにこそ目を向けたい。フロンティアと西部はアメリカ人の想像力を掻き立ててきたし、今なおそうである。フロンティアは、この若い国が持つことのできた唯一の神話的空間であった。西へ移動を続けてきたアメリカ人の壮大な歴史的経験が、アメリカの夢が神話化されて横たわっている濃密な空間であった。従って、想像力の世界を戯曲に限定して、アメリカ演劇がフロンティアをどのように描いているのか検討してみることは、アメリカのフロンティア体験に含まれている意味を知るだけではなく、自然状態をよしとする原始主義的な神話と進歩をよしとする文明至上主義的な神話とが拮抗する場面に出会えるはずだ。

ここで、フロンティアとは他国との国境線という比較的明確で安定したラインを指すのではなく、アメリカ史におけるフロンティアの通念、すなわち『ウェブスター英語大辞典』第三版に倣って、「特に北米における開拓地と文明の連続的な境界を示す、移動あるいは前進するのが典型的な地帯もしくは地域」という程度の概念を指すものとする。西部とは「フロンティアを中心に、その前後の農牧地域と未開拓の土地」という歴史的な概念を念頭に置いているが、「ミシシッピ川西方の大平原から太平洋岸に至る地域」という現代的な意味で使うこともあるだろう（平野　一七二）。

ロッキー山脈の向こうの極西部が文学で扱われるようになるのは、南北戦争後に起こったローカル・カラーの文学運動と軌を一にする。戦後の再建時代は国民的自覚からか、広大で多様な国土に対する関心が高まる。その中でも西部のように新しく異質な地域には、読者の好奇心を満たすような題材がたっぷりあるように思われた。こうして、マーク・トウェインとブレット・ハート（Brett Harte 1836-1902）という二大作家が、前者は「キャラヴェラス郡の跳び蛙（The Celebrated Jumping Frog of Calaveras County）」（一八六五）、後者は「ロアリング・キャンプの福の神（The Luck of Roaring Camp）」（一九六八）という、いずれもカリフォルニアを題材にした短編によって文壇に躍り出る。大衆小説でも、西部を舞台にした安価なダイム・ノヴェルが大流行する。[1] そしてついに、一八七〇年度のアメリカのすべての新刊書のうち、西部を扱うものが三パーセントほどにも達するのである（Hart 一四一）。

劇作家たちもマーク・トウェインやハートらの成功に刺激されて、フロンティアを舞台とする芝居に手を染め始める。こうして一八七〇年代に西部を舞台にした演劇が次々と現れ、西部の珍しい風俗や風変わりな人物、壮大な風景に関心を持ち始めた東部の観客の好奇心を満たすことになる。その中でもよく上演されたものに、ジェームズ・マクロスキー（James J. McCloskey 1825-1913）の『大陸を横断して――ニューヨーク生活と太平洋鉄道からの場面（*Across the Continent; or, Scenes from New York Life and the Pacific Railroad*）』（一八七〇）やオーガスティン・デーリー（Augustin Daly 1838-99）の『地平線（*Horizon*）』（一八七一）、フランク・マードック（Frank Hitchcock Murdock 1843-72）の『デーヴィー・クロケット――正しいと思えば、突き進め（*Davy Crockett; or, Be Sure You're Right, Then Go Ahead*）』（一八七二）、ワーキーン・ミラー（Joaquin Miller 1837-1913）の『シエラ山脈のダナイト団（*The Danites in the Sierras*）』（一八七七）、バートリー・キャンベルの『おれの相棒』（一八七九）などがある。これらのフロンティア劇はどれも文学的な鑑賞に十分耐え得るものではないが、どの芝居も毎シーズンのように上演され、大衆の人気を集めた。[2] アメリカ演劇を学ぶ者にとって、当時の作劇法と観客の趣味を知る上でも、アメリカ演劇の発展を辿る上でも看過できない重要性を持っている。本章ではこれらの劇を取り上げ、フロンティア劇がフロンティアと西部をどのように描写しているのか、どのような意味をそこに与えているのか、また西漸運動の過程で接触したアメリカ先住民をどのように捉えているのか、そもそもなぜ一八七〇年代にフロンティアを題材にした演劇が流行したのか、フロンティア劇の特質はどのようなものであったのか、アメリカ演劇の発展と成熟に貢献するところがあったのか、そのような問題を考えたい。

一　ジェームズ・マクロスキーの『大陸を横断して』

『大陸を横断して』は、大都会のニューヨークとフロンティアという地理上の両極端を舞台とするメロドラマであり、特に西部の鉄道の駅を舞台に激しいアクションが展開する第四幕は、観客が期待していた西部像を提示する。(3) 俳優と監督を兼ねていたマクロスキーが一八六〇年代に書いたものだが、ニューヨークでの試演が失敗したため、脚本を当時の人気俳優オリヴァー・バイロン(Oliver Doud Byron 1842-1920)に譲ることにした。バイロンは一八七〇年の春、カナダ各地で上演してみたが、客の入りはよくなかった。そこで脚本に手を加えて、九月十二日、オールバニーで上演するやたちまち成功を収め、ブルックリンのパーク劇場でも十一月二十八日に上演され、好評を博す。(4) いよいよマンハッタンに乗り込むことになり、一八七一年三月十三日、ウッド・ミュージアムで六週間の興行を開始した後、七月十七日にニブロ・ガーデンに移動。夏の暑さにもかかわらず評判を呼び、八月十一日まで上演されている。テクストの編者によれば、以後二〇年間、この劇がニューヨークで上演されないシーズンはなかったし、通算してほぼ三〇年間、地方巡業が行われたという(Goldberg & Heffner xiii-xviii)。

劇のプロットはジョー・フェリスとジョン・アダリーという宿命のライヴァルの対立を主軸として、そこにルイーズという良家の娘を絡ませ、アクションとサスペンスも満載した、娯楽性豊かな大衆演劇となっている。全四幕のうち、第四幕以外は都会で起こるから、この劇を本格的なフロンティア劇と見なすことはできない。しかし、フロンティアを扱ったもっとも早い時期のものなので、特に第四幕を中心に見ていこう。幕が開くと、そこはロッキー山中の鉄道の駅、ユニオン・パシフィック鉄道第四十七番駅。駅長をしているのが、ニューヨークでの渡世人稼業から足を洗ったフェリス。西部にやって来たのは、ある女性と男性が関わっているらしい。その駅に開拓者の家族たちが降りようとしている。例の女性、ルイーズもいる。ライヴァルのアダリーもいる。身分違いのためにルイーズを忘れようとして西部にやって来たのに、彼女と再会したフェリスは、慕われていることを知る。一方、ニューヨークの悪党、アダリーは、ルイーズと結婚して彼女の養父の財産を手に入れようとする計画がフェリスによって阻まれてしまったのを恨んで、復讐のために彼を追ってここまで来た。彼はこの辺りに住むインディアンの部族を扇動して、駅舎を襲撃することにする。フェリスは彼の企みに気付き、電信線を切断された後も、携帯用バッテリーで電線をつないで電信機を打ち、救助のモールス符号を隣の駅に送る。その中、凄まじい戦闘が続き、多勢に無勢でフェリス側の形勢が不利になりかかったとき、鉄道守備隊が到着し、アダリー側を掃討する。『大陸を横断して』がフロンティア劇として重要なのは、西部への大陸横断鉄道による旅行、消えゆくインディアンの悲哀、開拓者とインディアンの抗争、フロンティア的ヒーローといった、フロンティア劇特有のテーマとキャラクターが導入されている、この第四幕のためである。

では、この芝居はフロンティアをどのように描いているのであろう。フェリスが西部にやってきたのは、ギャンブラー時代に犯した過ちを二度と繰り返さないという決意からであった。現在の彼は、西部での勤勉な労働によってすっかり更生し、「毎日の真っ当な仕事は、安らかな眠りを与えてくれる」（一〇六）という心境になっている。フロンティアは過去を捨てて、新しい生活を開始する場であるだけではなく、原始的状態の中で精一杯働くことによって過去の罪が清められる、再生の場でもある。フェリスは西部で生まれ育ったわけではないが、フロンティア的ヒーローの特質を備えている。天涯の孤児であり、自力で世の中を渡ってきた独立独行の人である。教養はないが、生得の知恵があり、「白イタチ（Ferret）」というあだ名が示すように、動物的な本能で機敏に動き回り、生き延びてきた――「おれはいつも本能的に行動する。それがいつも最上の方法だとわかる」（九九）。彼はひとりで立ち、みずからを頼み、みずからの力で行動する、開拓者的英雄像を体現している。そればかりか、高度な文明社会を建設する推進役としての役割も担っている。駅長としての彼は、西部開拓において大きな役割を果たした鉄道の守護者である。と同時に、モールス電信機という、当時の新しいテクノロジーの使い手でもある。

アメリカ演劇はそもそもの始まりから時代の動きに敏感であった。『大陸を横断して』では、モールス電信機という新しいテクノロジーが小道具として使われ、テクノロジー好きなアメリカ人の目を見張らせたことであろう。(5)電信機はたいていのアメリカ人にとって最新の神秘的な機械であった。大陸横断の最初の電信がサンフランシスコ・ワシントン間で成功したのは、一八六一年十月二十四日のことである。以後、電信機はアメリカ各地をつなぎ、大陸をひとつにまとめる役目を果たすことになる。大陸横断鉄道も一八六九年五月十日に完成したばかりであり、世紀の偉業としてアメリカ人の心に誇りを掻き立てていた。(6) この劇でも鉄道旅行がさっそく描かれ、時宜を得た題材として観客の好奇心を満たしたことであろう。(7) このように、アメリカ演劇は観客に世の中の新しい出来事と事物を伝えるという、時事と時局に敏感な特徴を持つのである。

次に先住民はどのように描かれているのであろう。アメリカの歴史において、開拓者と先住民が激しく衝突したのは、フロンティアにおいてであった。彼らは最終的には、大陸横断鉄道と新しいテクノロジーによって西部開拓を推し進める強力なアメリカ文明の前に屈服せざるを得ない。次の台詞に見られるように、先住民は「鉄の馬」という鉄道によって、先祖代々から伝わる猟場を奪われ、白人によって持ち込まれた「火の水」という酒に精神まで蝕まれている。部族の長、ブラック・クラウドは、自分たちの生きられる時間は残っていないと嘆く。

> 今、ますます多くの白人種が西に押し寄せてきている。赤色人はどこに行けよう。我がものと呼べる場所があるだろうか。最後の眠りにつく母なる大地以外にはない。我らが闘わなければならない理由はほかにもある。鉄の馬が轟音を立てて我らの大平原を横断してくる。戦士たちは驚愕するばかり。ブラック・クラウドが、ここは我らの先祖の狩猟場だ、我らのものだと叫んでも虚しいだけだ。戦士たちは怯えている。これらと引き換えに、白人は我らに何を与えたか。火の水だ。そいつは我が民族の脳みそを破壊し、暴力へと駆り立てる。赤色人の時間はいくばくもない。（一〇八―〇九）

しかし、消えゆく先住民の嘆きはどこにも届かない。彼らを登場させるのは、もっぱら壮大なスペクタクル効果を上げるためでしかない。アダリーに唆されて駅舎を襲撃するものの、最後には守備隊によって全滅させられてしまう。アメリカ国旗がインディアンの累々たる死体の上で振り回される勝利の場面は、観客の愛国心をいやが上にも煽り、西部開拓というアメリカの「明白な宿命」に含まれている神の意志をあらためて確信させたに違いない。

第二章で扱った一八三〇年代と四〇年代のインディアン劇に見られた、あの高貴なインディアン像は、今はない。合衆国にとって帝国の使命であったフロンティアの移動は、先住民にとっては電信機と蒸気機関車に象徴される機械文明への屈服であり、保留地への強制移住であり、伝統的文化の消失を意味する。当然、先住民はルソー的な「高貴な野蛮人」ではなくなり、アメリカのさらなる発展の前に立ちはだかる障害と見なされるようになる。特に一八六二年の自営農地法の成立と一八六九年の大陸横断鉄道の完成が、西部開拓に拍車を掛ける。その中から、先住民に立ち向かう西部開拓者の勇気と武勲を称える大衆小説が量産される。舞台ではかつての高貴な野蛮人に代わって、開拓者をはじめとするフロンティア・ヒーローが登場する。西部の開拓者が英雄的な地位を占めるにつれて、先住民はかつての高い地位から、ただ征圧、支配されるだけのみじめな存在に転落する。

『大陸を横断して』には西部の風俗に対する深い関心はあまり見られないが、フロンティアとは夢と冒険の波乱に富んだ場であるとか、新規蒔き直しの場であるとかいう、大衆が思い描いていたフロンティア像はよく出ている。そのほか、鉄道や電信機などの最新テクノロジーを駆使して開拓すべきフロンティア、いわば「明白な宿命」の対象としてのフロンティア、アメリカ人の「荒野への使命」の下で消滅を運命づけられる先住民、その先住民と開拓者との叙事詩的な戦闘、文明社会建設の先駆者としてのパイオニア的ヒーローといった、フロンティアの神話と象徴の根幹をなす観念がこの劇から浮かび上がってくる。

二　オーガスティン・デーリーの『地平線』

『地平線』は、フロンティアを真摯に描こうとする、アメリカ演劇における最初の試みである。[8] 全幕フロンティアでアクションが展開するわけではないが、第二幕以降は同時代のフロンティアの風俗をかなり忠実に描いているとして、劇評家たちから称賛された。一八七一年三月二十一日にニューヨークのオリンピック劇場で幕を開けてから、七週間という当時としては長期興行記録を達成している（Vaughn 一四〇）。

第一幕はニューヨークの名門、ヴァン・ドープ家の居間を舞台にして、この芝居の背景的知識を観客に伝える。当家の主、ヴァン・ドープ氏は結婚当初からプライドの高い妻と折り合いが悪く、五年後に幼い娘を誘拐するような形で、西部に逃げ出してきたこと、他方でニューヨークのヴァン・ドープ夫人は最近、アレンという養子を迎えたことなどがわかる。そのアレンが騎兵隊の将校として西部に派遣されることになったので、夫人は行方不明の娘を探してくれとアレンに頼む。第二幕になると、舞台は「ならず者の休憩（Rogue's Rest）」という名の西部の典型的な町に移る。その新興町にアレンと友人のイギリス人貴族、鉄道事業家のラウスとその娘のコロンビアが立ち寄る。

アレンはこの町で、メッドという可憐な娘に心を引かれる。彼女こそヴァン・ドープ夫人の娘である。劇の後半は、メッドを愛しているローダーという騎兵隊の斥候が、身分違いのために彼女を諦めた後、彼女とアレンを結び付けようと骨を折ったり、インディアンの襲撃からふたりを守るために全力を尽くそうとしたりする様子を描く。

では『地平線』はどのようなフロンティア像を提示しているのであろう。まず、フロンティアは無法状態にあると思われている。第一幕でヴァン・ドープ夫人は西部に旅立つアレンに、「新開地の無法者の住民たち」(三四七)に気を付けるよう忠告する。確かに第二幕で元町長が言うように、西部には法を私物化しようとする傾向がある。町民が集会を開いて法を制定し、かつ執行する。町の浄化と犯罪防止のためには、「自警団と呼ばれる、極西部のあの奇妙な制度」(三四九)が組織される。外国や東部の出身者たちには、法や因習に囚われない西部の気風、犯罪者をリンチで処刑しようとする習慣は粗野で野蛮なものに映るかもしれないが、当事者たちは、自分たちが「勤勉で、たくましい」(三四八)「独立不羈の町民」(三四九)であると自負している。だから彼らは町の浄化のためには暴力を行使してでも、ギャンブラーのローダーや酔いどれのウィスキー・ウルフことヴァン・ドープ氏、インディアンのワンネムーカ、異教徒の中国人を町から追放しようとする。

次に、フロンティアはヴァン・ドープ氏のエピソードが示すように、逃亡の場である。西部が家庭上のさまざまなもめごとから逃げ出してきた男たちが行き着く場所であるとは、ラウスも述べているところだ。西部に逃げてきた者の中には、名前を変えて新しい生活を始める者もいる。町によっては、借金が払えずに西部へ逐電してきた者たちの中で、東部での借金の額が一番大きかった者が保安官に選ばれる町もあるという。このように、西部は東部の価値観が逆転する社会でもある。西部が東部とは異なる風変わりな土地であることは、「ならず者の休憩」という町名からしても明らかである。ほかにも、「ビッグ・ラン・リヴァー」という川、「犬の耳」という開拓地、「みんな行っちまった」というインディアンの野営地、「おーい、ビル」という毛皮商人の交易地など、奇想天外な固有名詞は西部が「異界」であることを物語っている。

『地平線』が描くフロンティア像の中で特に注目したいのは、「未来の帝国の坐すべき場」としての西部像である。(9) アレンは西部を「偉大な共和国の揺籃の地」(三四七)と見なし、使命感を抱いて西部に向かう。ラウスは荒野を切り拓いて、自分の名前を付けた都市「未来の西部のメトロポリス、ラウスヴィル」(三六五)を造ろうとする。ふたりとも西部にアメリカの未来を見出し、西部こそアメリカの理想が完全な形で実現される場であり、もっともアメリカ的で、自由がみなぎる繁栄の場だと考えているようだ。

こうした西部像を強化するために、東部の「上品さ」と西部の「荒々しい生命力」が対比されたり、旧世界の「人工性」と新世界の「自然」が対比されたりする。ニューヨークがニューアムステルダムであった時期に遡る祖先を持つヴァン・ドープ夫人は、東部の上品な伝統を代表している。彼女はアレンの友人の名前がスミス氏ということを聞くと、なんと平民的な名前なのかと思うが、実はアーサー・ウェルズビー・ビア・ド・ビア・スミスという貴族であることを知ると、さっそく夕食に招待せねばと関心を示すのである。ラウスの娘のコロンビアにもそういうところがある。彼女は、西部人は洗練されていないとして軽蔑し、東部の紳士、とりわけ東部の旧家の紳士が好みである。彼女がアレンと知り合いになったのも、彼がヴァン・ドープというニッカーボッカー的な（オランダ系の）名前を持つ旧家の養子だからだ。他方、カンザスを切り拓いた開拓者を両親に持つラウスは、西部の「闘う家族」（三四六）の出身であることを誇りにし、西部は男性をより男らしくしてくれる場所であると信じている。この「西部の粗野と東部の洗練」というテーマは、第一章で見たように、かつてのヤンキー劇でよく取り上げられた「田舎者のヤンキーの素朴さと洗練された都会人の偽善」というテーマの変奏である。そのラウスが西部の町で町民を前に演説する場面がある――「皆さん、我々がここに集まったのは法に従って事を進めるためです。といっても、旧世界の衰退した制度や少数独裁制のカビの生えた法令ではなく、我々の胸に植え付けられた自然の法に従うのです……」（三五六）。新世界、その中でもとりわけ新しい西部の住民には生まれつき、正邪を区別する法が胸に刻印されているので、時代遅れの旧世界の成文法は必要ないと言うのである。旧世界と新世界が対比させられ、自明の理として新世界に軍配が上げられる。これまたおなじみのテーマの変奏である。

ラウスやアレンが東部出身のヒーローだとすれば、「ピューマ（Panther）」というあだ名を持つ、ジョン・ローダーは西部育ちのヒーローであり、神話化されたフロンティア・ヒーローの特色を備えている。彼は出自のはっきりしない、無学文盲の男ではあるが、危機に臨むと超人的な力を発揮する。窮地に陥っても、ピューマのような敏捷さで生き延びてきた。開拓者の先頭に立って処女地を拓き、文明化に寄与しながらも、文明と文明が象徴するものに共感できない。開拓地が文明化し始めると、地平線の向こうの未開の地に旅立つのである。彼はクーパーのレザー・ストッキングの直系の子孫として、アメリカ人の深層にある反文明的な衝動を体現する人物であり、社会規範から自由でありたいと願う大衆のひそやかな欲望を地で行くフロンティア・ヒーローなのである。彼は、社会的な絆や家庭の絆を求めようとしない、自足した孤高の人でもある。だからといって、結婚をまったく考えないわけではない。メッドとの結婚を夢見ることもあった。しかし、彼女が東部の上流階級の出身であること、また自分よりふさわしい立派な男（アレン）が彼女を愛していることを知ると、いさぎよく諦めようとする。彼がメッドへの愛を断念する場面は、その言葉の簡潔さと感情の抑制のために、観客の涙を誘ったことだろう――「彼女がおれみたいに貧しかったら、ずっと先の辺境地帯に連れて行って、おれのもの、おれだけのものにしたさ。だけどきっぱりあきらめる。……今後話しかけたりしない。彼女は正直者の女房に、立派なレディーになるんだから。おれは自分が何者かわかってる。彼女がおれには上等すぎるってこともな」（三六八）。彼には愛のために自分を犠牲にすることもいとわない、彼なりの流儀がある。

それに引き換え、かつての高貴なインディアン像はどんどん地に堕ちていく。『地平線』は、先住民を絶滅寸前まで追いやることになる、由々しいインディアン観を提示している。普通のアメリカ人が抱いているロマンチックなインディアン像が、西部で本物のインディアンに出会うことによってだんだん崩れていき、ついには絶滅してもかまわない、むしろ絶滅させねばならない存在に転落していく様子を劇は描いている。西部へ旅立つ前、ラウスらの一行は大体において、先住民を「高貴な野蛮人」（三四七）と見なしていた。ついに西部に到着し、一行が最初に出会ったインディアンがポーカーをやろうと誘うので驚く。

このロマンチックなインディアンがトランプを出して、ポーカーをしようと申し出るなんて、誰が考えただろう。気分を害した、この赤いごろつきめ。お前がわたしの頭の皮を剥いでやるとでも言えば、許してやっただろう。だが、ポーカーだぞ。すっかり夢は砕け散った。お前を軽蔑してやる。（三五二）

当のインディアン、ワンネムーカは、白人の娘に恋していて、彼女を自分の部落へ連れ去ろうと企んでいるのだが、その話を聞いたコロンビアは、自分もクーパーの小説に出て来るようなインディアンの勇者に恋してもらいたいと漏らす。すると、インディアンに住まいを襲われて、開拓地を逃げ出してきたアイルランド人移民の未亡人は、インディアンが白人の娘をかどわかそうというのは「悪魔の所業」（三六五）であり、インディアンは「赤い悪魔」（三六九）だと決め付ける。こうして、インディアンは白人女性にその好色な触手を伸ばす、性的放縦さの象徴にもなっていく。そこで、アメリカの女性を守るためにも、淫らな「赤い悪魔」の掃滅は正当化されるに至るのである（Slotkin 参照）。

三　フランク・マードックの『デーヴィー・クロケット』

当時の名優、フランク・メイヨー（Frank Mayo 1839-96）のために書かれた『デーヴィー・クロケット』は、フロンティア劇の中でももっとも有名なものであろう[10]。一八七二年九月二十三日のロチェスターでの初演は不評であったが、メイヨーはこの作品を信じ、台本に手を入れてはアメリカ各地を巡演した。翌年二月二十四日、ブルックリンのパーク劇場での公演の時から当たり始める。いよいよマンハッタンに乗り込み、六月二日にウッド・ミュージアムで上演するや評判になり、これ以降、一八九六年六月にメイヨーが亡くなるまで、アメリカ中で大当たりする。メイヨーによれば、上演回数を二千回までは数えたが、煩わしくなって数えるのをやめたという。彼の死後は息子のエドウィンがこの役を引き継いだというから、人気の根強さを物語って余りある（Goldberg & Heffner xviii-xix; Quinn 一〇五—一〇六）。

劇はテネシーがまだ開拓の最前線であった頃に時を設定し、無学だが勇敢な奥地開拓民のデーヴィー・クロケットと外国で教育を受けたエレナーとの牧歌的な愛を描く。深層レベルでは、西部の活力・清新さと、都市や外国の衰弱・退廃とを対比させることによって、アメリカの奥地と開拓民を賛美しようとする。劇のメイン・アクションは「エレナーが、ヨーロッパ留学の経験もある洗練されたニールではなく、アメリカ奥地の無学なデーヴィーを選ぶこと」と要約することができる。

幼い頃、デーヴィーと一緒に奥地で育ったが、外国で学ぶためにこの地を去ったエレナーは父の残した財産を受け継ぐべく、フィアンセのニールとともに故郷に帰ってくる。幼なじみのデーヴィーと再会すると、彼と彼の家族の純朴さに「清らかな泉の水を飲むか、清新な山の空気を吸ったかのように」（一一五）気分がさわやかになる。しかしニールは西部人に対する偏見から、彼女の態度を冷ややかに眺めるばかりである。こうした感じ方の違いだけではなく、ニールとの結婚話が自分の財産目当てではないのかという疑念もあり、エレナーは婚約が誤りではなかったのかと思っている。他方、デーヴィーはすっかり娘らしくなった幼なじみに心を奪われていく。エレナーが彼に引かれるようになるのは、森で吹雪に見舞われて道に迷ったところを、ニールともどもデーヴィーに救出されてからのことである。彼の狩猟小屋で、ニールが寝込んでいる間エレナーは、ウォルター・スコット（Walter Scott 1771-1832）の『マーミオン（*Marmion*）』（一八〇八）の若き騎士、ロッキンヴァーの物語を朗読する。デーヴィーは耳を傾けながら、彼女への思いに胸を焦がすが、家柄も教育もあまりに違うので、思慕の念を断ち切ろうとする。そこにオオカミの群れが小屋を襲う。暖を取るためにドアのかんぬきさえも燃やしてしまったので、彼はその太くたくましい腕をその代わりにして、オオカミから小屋を守り抜く。いつの間にか寝入ってしまったエレナーは翌朝、彼のこの献身的な行為に胸を打たれ、彼の中に騎士のような高貴さを見出す。後に、ニールのおじに当たるオスカーが甥にエレナーとの結婚を勧めるのは、彼女の財産を意のままにしようという魂胆からであることがエレナーにもわかってくる。そこでエレナーは今や「わが英雄、わが君」（一四〇）となったデーヴィーに助けを請う。こうしてデーヴィーは『マーミオン』の一節を朗誦しながら、騎士のロッキンヴァーのように駿馬を走らせ、花嫁を結婚式場から奪い去る。自宅に着くや、母親と牧師の立ち会いの下で簡素な式をあげる。

劇が狙うのは、粗削りで学識もないけれど、純情で雄々しい辺境の人、デーヴィー・クロケットを、「大地の王」（一一九）たる西部開拓者の中でも傑出した「自然の貴族」として神話的英雄の地位にまで高めることである。その過程で、学問や贅沢な暮らしよりも、もっと大事なものがあることを観客に訴えようとする。自然の恵みの中で健やかに生きる西部人には、東部やヨーロッパのひ弱な人間が持ち得ない美徳を授かっているのだと主張しようとする。デーヴィーが字も読めない

「無学な奥地人」（一四〇）だと謙遜しようとも、彼には自然の英知が備わっている。自然という偉大な教師の下で学んだので、自然という大きな書物を読むことができる。神が自然をとおして語り掛けるとすれば、西部の無垢の自然こそ、それにふさわしい土地である。デーヴィーの清新さと明澄さ、厳しい試練に耐える忍耐心、勇気、謙虚さ、独立独行の精神は、原始の自然との交感によって身に付いたものだ。彼のもうひとつの特徴として、彼には善悪を一瞬にして見分ける力、人の本性を読むことのできる直観力がある。たとえば、オスカーを一目見ただけで、不正直な人間だと見抜くし、エレナーがひそかに助けを求めていることも彼は「直観」（一二八）によって感知する。彼が人の心を読めるのは、経験とか訓練、理性によるのではなく、自然との親密な関係の中で暮らしてきたからである。

しかしデーヴィーは、レザー・ストッキングのような文明に対する敵意や孤高の精神とは無縁である。外見は粗削りではあるが、狩りの対象になる生き物を憐れむ優しい心根の持ち主であり、母親思いの孝行息子でもある。さらには、敬虔なキリスト教徒としての美徳を備えているばかりか、家庭を神聖視し、結婚を人生の最大の目標とする点において、模範的な文明人である。無学な猟師だが、恋に陥ったときは、西部訛りも消えて、詩人のように雄弁になるというように、センチメンタル・ヒーローの要件も備えている。他方、エレナーは外国でいかに高い教養を修めたとしても、森で生まれた「奥地民の娘」（一二五）であることを誇りにしている。だから、今までの贅沢な暮らしも、洋行帰りのニールも諦めて、デーヴィーとのつましくも温かい家庭を選ぶのである。デーヴィーがエレナーを結婚式場から駿馬に乗せて連れ去る場面は、『マーミオン』に登場する若き騎士、ロッキンヴァーがエレンを結婚の宴から奪い去る場面と呼応し、アメリカ版の騎士物語となっている。その武勇と高潔な愛において、デーヴィーはヨーロッパの騎士物語に登場する騎士たちとくらべても遜色がない。エレナーもたおやかで慎ましく、真の愛を求めるところは貴婦人の名に恥じない。アメリカでも人気作家であったウォルター・スコットの文学的影響が、この芝居の人気をさらに不動のものにしたのであろう。

『大陸を横断して』や『地平線』とくらべれば、『デーヴィー・クロケット』はインディアンとの戦闘やむやみな銃の撃ち合いもなく、穏やかで洗練されていて、しかも静かな感動を呼ぶ。何よりも劇の最大のテーマである「結婚と家庭の神聖さ」は、観客に強く訴えるものであった。劇は永遠のホームソング、「ホーム・スイート・ホーム」が演奏されるなか、「安息所」（一四八）としての神聖な家庭を賛美して終わる。このように、森の勇敢な猟師とヨーロッパの洗練を身に付けた女性とのさわやかな恋物語は、アメリカの中でもとりわけ若い西部の晴朗な雰囲気を漂わせている。と同時に、劇のサブタイトルにもなっている「正しいと思えば、突き進め」というデーヴィーの信条は、西部開拓に一路邁進していた、当時のアメリカ社会の時代精神に沿うものであった。

四　ワーキーン・ミラーの『シエラ山脈のダナイト団』

「オレゴンのバイロン」とも呼ばれたフロンティア詩人、ミラーは劇作にも手を染め、四作品残している。その中でもっとも成功を収めたものがこの芝居である(11)。カリフォルニアのシエラネヴァダ山脈の鉱山で働く荒くれ鉱夫たちが、ある未亡人宣教師の出現によって紳士に変身していく過程に、ダナイト団というモルモン教の暗殺組織を絡ませた作品である。一八七七年八月二十二日にブロードウェイ劇場で上演されるや、フロンティア劇の中でも人気のある芝居のひとつになる。当時、まだ新しい題材であった西部の鉱山町の風俗や人情、極西部の崇高な自然を紹介しただけではなく、ダナイト団なるモルモン教の秘密警察による執念深い追跡劇も織り込まれ、観客を退屈させないよう作られている。モルモン教に対する偏見が強かった時代に、劇の公演が始まって一週間後にモルモン教の指導者ブリガム・ヤング（Brigham Young 1801-77）が死亡したこともあって評判を呼んだ（Quinn 一一六―一一七）。一八八〇年四月二日にはロンドンのサドラー・ウェルズ劇場でイギリス巡業を開始し、八週間の公演の後グローブ座に進出、翌十二月にニューヨークに戻った。これはアメリカ人だけからなる劇団が海外興行で成功した最初の例であるという（Brown 三六三）。

『シエラ山脈のダナイト団』は、女性の優れた道徳的感化力によって荒くれ鉱夫たちが紳士に変身し、カリフォルニアの柄の悪い鉱山町が地上の楽園へと変容していく様子を描こうとしている。劇のメイン・アクションは、この地上の楽園を脅かす「破壊の天使」（三八九）、もしくは「待ち伏せする蛇」（三八八）たる狂信的な暗殺集団のダナイト団を追放すること、と要約されるだろう。シエラ山中の鉱山町にふたりのダナイト団員が潜入する。モルモン教の始祖、ジョゼフ・スミス・ジュニア（Joseph Smith, Jr. 1805-44）を殺害した者とその家族の最後の生き残りである、ナンシー・ウィリアムズを探しにきたのである。彼女はダナイト団の執拗な追跡から逃れるべく、男装してビリー・パイパーと名乗り、今は鉱夫として働いている。この鉱山町に夫を亡くした女宣教師、ウィドーが派遣される。彼女は宣教活動のかたわら、額に汗して鉱夫たちの汚れ物を洗ったりする。その姿に男たちは胸を打たれ、平素の心掛けを改めようとする。結婚して家庭を持つ者も出てくる。サンディーという鉱夫がウィドーと結婚し、一子もうける。こうして、かつての粗暴な男たちはすっかり文明化し、「品行方正」（三九七）になっていく。人びとはこの地をエデンの園にもたとえる。しかし、楽園に影が垂れ込め始める。ウィドーをナンシーと思い込んだダナイト団によって、ウィドーと子供が暗殺されるのである。はじめはビリー（＝ナンシー）に殺人の容疑が掛かるが、サンディーはかばう。生前、妻からビリーがダナイト団の暗殺を逃れるために男装していることを聞かされていたのだ。最後にモルモン教の秘密警察の仕業だとわかり、ふたりの団員を町から追放する。楽園に再び光が降り注ぐ。ついにモルモン教徒の復讐から逃げおおせたビリーは、男装を解いてナンシーに戻り、まもなくサンディーと結婚することになる。

この劇におけるもっとも特徴的なフロンティア像は、フロンティアを「第二のエデン」と見なす考え方であろう。しかし、この地は初めから楽園であったのではなく、最初にウィドーという女性宣教師の宗教的、道徳的影響力によって、この地の粗野な男たちは原始的な状態から文明的な段階へと引き上げられなければならない。サンディーが告白するように、彼女が来るまでの自分たちは「異教徒か……人食い人種」（三九二）と変わらなかった。しかし、彼女が来てから本来の善心を取り戻していく。この鉱山町で商売をしているふたりの娼婦、キャプテン・トミーとバンカーヒルも、自分たちを「若きご婦人方」と呼び、慈愛にあふれた言葉をかけてくれるウィドーに感謝と感激の涙を流した後、真っ当に生きていこうと決心する。更生した彼女たちが今度は荒くれ者たちを道徳的に感化することになる。ふたりに結婚を申し込む鉱夫たちは口々に、彼女たちのおかげで善人になったし、結婚してもっとまともな人間になりたいと言う。こうして、この鉱山町で最初の夫婦が二組も誕生する。このように、女性の方が道徳的に優れていて、男性は女性に感化されて向上する、結婚は文明の基盤であるという考え方をこの劇にも見て取ることができる。サンディーがウィドーにプロポーズするとき、「おれには宣教師みたいな人が必要なんだ……おれの宣教師に、つまりは女房になってくれないか」(三九二)と言う。そして申し込みが受け入れられたとき、「女房ができた。その女房のために働き、計画を立て、生きるぞ」(三九二)と歓喜するように、結婚の神聖さと家庭崇拝というアメリカ人好みの思想を見て取ることができる。結婚後のサンディーは、家庭を「楽園の中でも日当たりのよい南側」(三九七)にたとえている。ふたりの元娼婦と結婚した男たちも、酒場通いを控え、身ぎれいで品行方正な紳士に変身し、ことあるごとに「家族持ち」だからと誇らしげに吹聴するようになる。

神聖な結婚によって初めて、この地は「第二のエデン」(三九一)、あるいは「楽園」(三九二)に変容する。第二幕から一年余り経過した第三幕で、仕事を終えて帰宅したサンディーが赤ん坊の笑顔を見たときの台詞に、この地を時空を超越したユートピア空間と見なす考えが打ち出される。

> ここは神の国の一部だよ。千年間生きたとしても、十万マイル旅をしたとしても、ここにあるようなエデンの園には近づけないだろう。……ここは楽園だ。新しい宣教師さんがおっしゃっているが、エデンの園には雲ひとつ横切らないいし、荒れた風ひとつ吹かないそうだ。向こうにあるのはおれたちを守ってくれる

壁だ。シエラの真ん中にそびえるシエラ山脈の白い塔が、おれたちのエデンの園を永遠にお守りくださる。（三九六―九七）

ここは、シエラ山脈の崇高な高い峰々によって危険に満ちた外界を遮断した「閉じられた庭」なのである。そして、この新しい土地にはまったく新しい人間、「詩人か雄弁家か、力強い種族」（三九六）が誕生することが予言される。

ここがエデンの園にもたとえられるのは、周囲の自然の崇高さのためでもある。この劇における自然礼賛は、宗教的な感情にも似ている。自然の中に神を見る神秘思想さえ見て取ることができる。たとえば、判事は「カリフォルニアの輝ける風土」という言葉を何十回となく繰り返し、この地を賛美する。舞台の背景にも、シエラ山脈の崇高な自然美が描かれている。自然に対する畏敬の念をもっとも雄弁に表明するのは、モルモン教の秘密警察から追われているビリーである。

月の光が荘厳なシエラの山々に降り注いでいる。なんという奇跡か。月と黄金色の星々。この穏やかで静かな世界の荘厳さと神秘。生きるってことはそれほど辛くはない。……わたしたちが持ち得るもっとも気高く神聖な宗教とは、この世界とその美しさ、神秘、荘厳さを愛することだと思える。（三八九）

ここには自然を神の一部、いや神そのものと見なすような自然宗教のロマンティシズムが、彼岸ではなく此岸を肯定する考えさえ脈打っている。

西部とは今までのアイデンティティを脱ぎ捨て、新しいアイデンティティをまとう場であるというおなじみの西部観がこの劇にも見られる。ここでは「洗礼」のイメージが使われ、「再生の場」としての西部像をさらに強調している。従って、新参者は町に入るやいなや歓迎の水を浴びせられ、新しい名前が与えられる――「奴に水をぶっかけて、新しい名前を与えよう。おれたちと同様に」（三八六）。そのほかフロンティアにおける男同士の友情を描いたり、フロンティア的な脇役としてすっかり定着した中国人を登場させたり、観客が期待していた西部像を提示してくれる。また、劇に漂う叙情性は、アメリカ演劇の成熟への道を幾分なりとも実感させてくれる。ただ、道徳的教訓を垂れて劇が終わるところは、以前と変わらない。第二のエデンにおいてすら人間は完全ではありえないのだから、寛容と謙虚の徳が大切なことを観客に訴えて幕が下りる。

五　バートリー・キャンベルの『おれの相棒』

西部の金鉱部落を背景に鉱夫たちの素朴な人情を描いて反響を呼び、西部文学流行のきっかけを作ったブレット・ハートは演劇にも野心を燃やしたが、どの作品もさほど当たらなかった。彼の文学世界を見事に劇化したのは、ワーキーン・ミラーの『シエラ山脈のダナイト団』であり、次に取り上げるキャンベルの『おれの相棒』である。[12] この芝居は、一八七九年九月十六日ニューヨークのユニオン・スクエア劇場で初演され、一カ月余りのロングランの後に地方巡業に出る。以後二〇年間全米各地で上演されている。一八八四年にはロンドンでも上演されているし、ベルリンではドイツ語に翻訳されたものが五〇回上演されたという（Wilt xlvii-viii）。

北カリフォルニアの鉱山町を舞台に、刎頸の交わりを結んできたふたりの鉱夫、ジョーとネッドが、同じ娘を愛したことから生じる友情の試練、パートナー殺しの容疑に問われたジョーの裁判、道を踏み誤った娘の苦悩と更生といったテーマを扱う。メイン・アクションとしては「パートナー殺しの罪を着せられたジョーの無実を証明すること」、「罪を犯した娘がジョーの愛によって新しく生まれ変わること」、このふたつのアクションが同時進行し、最後には収斂するように作られている。

ジョーとネッドの牢固たる友情にひびが入るのは、ふたりともメアリーという娘を愛してしまうからだ。大学教育を受けたこともあるネッドが彼女の愛を勝ち取るが、彼はそれほど真剣ではない。彼女はある日、彼に身を任せてしまい、今は罪の意識にさいなまれる毎日を送っている。ネッドはなかなか結婚に踏み切れない。これを知ったジョーは、三日以内に彼女と結婚することをネッドに誓わせる。ジョーはメアリーへの思いを断ち切るために、メアリーを幸せにしてやってくれと相棒に頼んで、鉱山町を出ていく。その後、スクラッグズというイギリス人が現れる。この男はメアリーの父親に積年の恨みを抱いているから、娘が幸福になることも望んでいない。そこで、ネッドにジョーとメアリーは関係があったと嘘をつく。相棒を中傷されたネッドは彼につかみかかるが、逆に刺し殺される。凶器のナイフがジョーのものだったことから、彼が殺人罪で逮捕され、裁判にかけられる。他方、ネッドに死なれたメアリーは絶望のあまり町を出る。その間、彼の子を産むが、その子は死んでしまう。町に戻ってくると、ジョーの裁判が終わろうとする日である。どうして無断で町を出たのか、今までどこで何をしていたのか、父親から責められているメアリーを見るに見かねて、保釈中のジョーは彼女をかばうために嘘をつく。自分とメアリーはすでに結婚していて夫婦であること、自分が逮捕されたことから、メアリーは将来をはかなんで家を出たことなどについて説明する。それが嘘だと思うのなら、ここでもう一度結婚してもよいとまで言う。こうしてふたりは大勢の人が見守るなか、正式に結婚する。メアリーはジョーの愛がネッドの愛よりも深かったことに気付き、みずから犯した罪を洗い清められるような気がする。裁判により死刑が確定しそうになったジョーは、死んだらネッドの墓のそばに埋めてくれとメアリーに頼む。いよいよジョーが処刑台に連行されようとするとき、新たな証拠が見つかり、真相が明らかになる。メアリーに仕えていた中国人の召使いが、血痕の付いたシャツを坑道の奥で発見し、それがスクラッグズのものだったことから真犯人が判明する。容疑が晴れたジョーとメアリーが愛を確認し合うところで幕が下りる。

次にこの劇が描くフロンティア像を検討してみよう。まず、フロンティアは壮大な自然に恵まれた土地である。登場人物が次から次へと雄大な自然を賛美する。特にこの地区選出のブリット議員は、カリフォルニアの自然をとうとうと称える。

この麗しい光景には驚嘆するばかりだ。見回すがいい。動く篝火のような月が、海のように青い空に浮かんでいる。黒々とした松は互いにささやき合っている。川は水銀のように流れ下り、甘美な声で歌っている。他方で、万年雪をまとっている、堂々たるドームのようなシャスタ山の壮麗さは、その清らかさとスケールの大きさによって、異教のローマの名だたる建造物さえも恥じ入らせるほどだ。（五六―五七）

カリフォルニアに対する愛郷心において、ジョーも負けてはいない――「カリフォルニア州では、地上のほかのどんな場所よりも樹木は大きいし、人間の心は大きい」（五八）。「天国は別として、カリフォルニアほどいい場所はない」（五六）、とほかの人物も語っている。天国に次いでいい所だから、男も女も等しく、神の創造された豊かな自然の中で、神の慈愛に包まれて暮らすことができるという考え方も表明される。カリフォルニアを天国に近い場所、選ばれた場所と見なす考え方を発展させれば、西部は文明の垢にまみれることなく、選ばれた民が「新しい運命を切り拓く」（五七）土地だとする考え方につながる。

初期のアメリカ演劇に繰り返された国際比較のテーマが『おれの相棒』にも見られる。ブリット議員の引用にも見たように、アメリカの自然とヨーロッパの人工を対比させて、アメリカの自然をヨーロッパに対する優越性の証しとする。アメリカ人とイギリス人の比較も開幕早々の場面にある。あるイギリス人が、この辺りのアメリカ人は無学で粗野な連中ばかりだと言うと、アメリカの娘が、紳士の基準が男気にあるとしたら、西部にはイギリスの貴族に劣らない男らしい男がたくさんいると反論する。さらにはアメリカ人対中国人という比較も扱われている。ウィン・リーという中国人が登場するのだが、ブリット議員は彼に向かって「衰退した文明の代表者」（五六）と言い放つ。議員にとって世界各地から吹き寄せられた移民からなるアメリカは、ひとつの家族ではあるが、中国人だけは招かれざる（強制送還されるべき）移民なのである[13]（六九）。

フロンティア的なテーマではないが、アメリカ演劇の発展の上で画期的とも言えるテーマが導入されている。道を踏み誤った女性の救済というテーマである。伝統演劇の暗黙の約束事として、罪を犯した女性には最後には死が待ち受けていた。だが、メアリーは婚前交渉の罪を犯しても、最後には幸福をつかむという、新しいヒロインなのである。いまだピューリタン的な伝統を引きずっていたことを考えれば、観客の多くには認められないヒロイン像である。メアリーがイギリス生まれの女性であったとしても、また劇中で自分を責め苦悩する様子が繰り返し描かれていても、なんら罰せられることなく幸せになるというエンディングは、観客の容認できるところではなかった。たとえば、メイン州で発行されている雑誌に寄せられた投書の書き手は、この芝居を「はなはだ破廉恥な劇」と呼び、このような劇を上演するのは、若者たちに「道徳的堕落の最たる見本」となるから即刻中止せよと訴えている（Wilt xlix）。当時の劇評を見ても、作品として高く評価しながら、エンディングの「不道徳性」を唯一の欠点としているものがある。[14] 現在の時点から見れば、リアリスティックに描かれたメアリー像は、やはり同じ弱さを抱えた人間としてリアルに描かれたネッド像と相まって、アメリカ演劇がようやく新しい方向に歩みだそうとしていたことを示す証拠として評価すべきである。

六　なぜフロンティア劇が流行したのか

最後に、なぜ一八七〇年代にフロンティア劇が流行したのか、フロンティア劇の特質はどのようなものであったのかという問題を考えたい。新しい西部はなんといっても、ロマンチックな夢を掻き立ててくれる憧れの世界であり、古き良き伝統的な信条がいまだ生き永らえている郷愁の世界であった。豊かな自然を背景に夢と冒険と恋が満載のフロンティア劇は、都会生活の日常性に埋没しそうな観客に胸を躍らせる人生があることを教える。と同時に、観客はフロンティア劇をとおして、粗野で乱暴だと思っていた西部人にも自分たちと変わらない美徳があることを確認する。その結果、西部に対する好感度も高まり、国民的な統合もさらに促進されることだろう。この辺にフロンティア劇の発生と流行のメカニズムを解く手掛かりが求められるだろう。

次にフロンティア劇の演劇的な特徴、ドラマツルギーそのものに目を向けると、フロンティア劇の内容と構造そのものが大衆の趣味に合致していたからこそ、あのように迎え入れられたことがわかる。登場人物の性格は誇張され、類型化されている。ヒーローは粗削りではあるが、純情で勇敢な直情径行の士であり、ヒロインはたおやかで慎み深いが、芯の強さも兼ね備えている。悪役は卑劣で好色なインディアンか、金に目が眩んだ欲張り者、狂信者、復讐心に駆られた卑劣漢である。そこには大した理由も複雑な動機もない。作り手の意図は、刺激的で起伏に富んだ（といっても予測可能な）プロットを展開し、観客から最大限の情緒的反応を引き出すことであったから、息もつかせぬ活劇場面と若い男女のセンチメンタルな恋の場面を適当に配合する。敵は、最初は数を頼み、あるいは卑劣な手段を弄して優勢であるが、結局は勧善懲悪の大原則に従って必ず敗北する。正義は勝ち、ほとんどいつもハッピー・エンドで終わる。こうして、世界には厳然たる秩序があることを確認して観客は安心する。

劇は総じて、観客の価値観や道徳観に抵触しないように作られている。また、大衆の共感を得るために、感傷的な態度で人生を描こうとする。たとえば、西部人の荒くれた外面の内側には自分たちと変わらない純な魂が隠れているとか、教養よりも誠実さの方が、学識よりも自然の中で身に付けた英知の方が大事であるとか、結婚は人生最大の目標であり、神聖な家庭は文明の基盤であるといった、観客も共有している価値観によってフロンティア劇は支えられている。劇は、観客の人生をそれでよいのだと肯定してくれる。フロンティア劇に描かれた人生は高度な思考を必要としない、大衆にとってわかりやすい人生である。作品の中で善人は善人として、悪人は悪人として簡単に見分けることができ、勝利と敗北の違いもはっきりしている。勇気と誠実さ、忍耐心、自己信頼と独立独行の精神といった伝統的な美徳が必ず勝利を収める。

一八七〇年代のフロンティア劇は、大衆の誰もが安心して楽しむことのできる、適度にリアルなメロドラマであった。確かに、作り手は西部方言を発音どおりに表記したり、西部の町の風景を忠実に舞台に再現しようとしたりするなど、写実を心がけたが、いわば表面的なリアリズムにとどまり、内容的にはメロドラマの域を出ない。しかし、観客は多忙な生活の合間の一時の息抜きのために劇場に足を運ぶのであるから、フロンティア劇が生ぬるい温情と哀感、感傷的な道徳性に浸って、優れた文学作品の持つ洞察力や微妙な陰影に欠けているとしても、それは当然なのである。時代は何せ、南北戦争後の再建時代であり、国の立て直しとなお一層の発展のために邁進している時であった。毎日のように画期的な出来事が起こったり、目を見張る大事業が完成したり、各界の大立者たちがアメリカン・ドリームを実現させたりする時代であった。だから、観客は舞台で上演されていることが荒唐無稽なメロドラマだとは決して思わなかったであろう。登場人物も事件も、その背景も十分にリアルなもの——アメリカ社会の現実とアメリカ人の人生をリアルに描いている——

と思っていたから、劇場に足を運んだのである。アメリカにおいては、むしろ現実の方がドラマチックでメロドラマ的であったと言ってもよいだろう。

注

（1）ビードル社から発行されたダイム・ノヴェル〔定価一ダイム＝十セントの紙表紙の小説本〕の第一号は一八六〇年刊の『マラエスカ——白人ハンターのインディアン妻（*Malaeska; the Indian Wife of the White Hunter*）』であったし、ほかにも『セス・ジョーンズ——フロンティアの捕虜（*Seth Jones; or, the Captives of the Frontier*）』が同年に出版されるなど、大衆的なフロンティア小説は以後も人気を博し続ける（山口一一三）。

（2）一八七一年にニューヨークで複数のフロンティア劇が上演され、いずれも成功を収めて以降、フロンティア劇は集客力の見込めるジャンルとなり、二〇世紀の初頭までオーガスタス・トマス（Augustus Thomas 1857-1934）やデーヴィッド・ベラスコ（David Belasco 1853-1931）、ウィリアム・ヴォーン・ムーディ（William Vaughn Moody 1869-1910）、レイチェル・クラザーズ（Rachel Crothers 1878-1958）など当時の代表的な劇作家も手掛けた。その後は映画やラジオ、テレビのシリーズものとして、フロンティア・ドラマは一九七〇年代頃まで大衆を楽しませ続けることになる（Hall 二二一、二二四）。

（3）テクストはゴールドバーグ＆ヘフナー編のものを使用し、括弧内に頁数を記す。

（4）ムーディーによれば、現在入手できるテクストにどれくらいマクロスキーの原作が残っているのか、バイロンがどの程度手を入れたのか不明であり、しかも修正版はバイロンひとりになるものではないという

（五〇一）。このように台本に何度も手を入れたりするのは、当時は普通のことであった。

（5）舞台でサスペンスの効果を上げるために、電信機を使用する例はその後も跡を絶たない。もっとも有名なものは、南北戦争中のスパイ活動を扱ったウィリアム・ジレット（William Gillette 1855-1937）の『秘密諜報機関（*Secret Service*）』（一八九五）であろう。

（6）電信機や汽車などが文明の進歩の原動力としていかに崇拝されていたか、当時のアメリカ人に人気のあったカリアー＆アイヴズ社の石版画にもうかがうことができる。その中に『世紀の進歩（*The Progress of the Century*）』（一八七六）というリトグラフがあり、電信機と汽車が蒸気船や蒸気印刷機と並んで「世紀の進歩」と見なされていたことがわかる。こうした新しいテクノロジーの中でも鉄道は、アメリカを統合し、大陸の開拓と発展に貢献する叙事詩的な役割を果たす象徴と見なされていたことが、鉄道をモチーフにした三十三枚のリトグラフによく現れている（Newman 参照）。ちなみに鉄道の総マイル数は、一八三〇年にわずか二十三マイルであったのが、一八七〇年には五万二九〇〇マイル、一八九〇年には十五万六四〇〇マイルにも達することになる。

（7）汽車旅行は大衆にとって、いまだ胸を躍らせるような大冒険であった。舞台で汽車が何度も使われたことからも明らかである。その中でも、観客をハラハラドキドキさせた最高の場面は、線路につながれたヒーローをヒロインが迫ってくる列車から危機一髪のところで救い出すという、オーガスティン・デーリーの『ガス灯の下で（*Under the Gaslight*）』（一八六七）のものであろう。

（8）テクストはホーライン編のものを使用。

（9）ラッセル・ナイによれば、こういう考えは実は独立戦争以前からあったという（二八一）。たとえば、一七六〇年代に五大湖を調査したジョナサン・カーヴァー（Jonathan Carver 1710-80）は西部を「強大な王国が荒野から出現する」未来の「大帝国の座すべき場」と見た。ジェファソンが一八〇四年、ルイス

（Meriwether Lewis 1774-1809）とクラーク（William Clark 1770-1838）を西部探検の旅に派遣したのも、こういうヴィジョンに駆り立てられてのことであったという。

（10）テクストはゴールドバーグ＆ヘフナー編のものを使用。

（11）テクストはホーライン編のものを使用。

（12）テクストはウィルト編のものを使用。

（13）第四章で取り上げた五作品のうち、『デーヴィー・クロケット』を除く四作に中国人が登場する。片言の英語を使い、舞台に混乱と笑いをもたらす中国人キャラクターは、もっぱら喜劇的ないじめられ役である。フロンティア劇に中国人役が付き物となるのは、中国人移民が増えたからである。一八四八年から一八七四年まで総計五〇万人の中国人がもっぱら西海岸にやって来た。特に中国人の多かったカリフォルニアでは、州人口の一割にも達したから、時代の動向に敏感な演劇はさっそく中国人を登場させるのである。『大陸を横断して』の「ヴェリー・タート（Very Tart）」は、いたずらに騒々しい。『地平線』の「異教徒の中国人（Heathen Chinee）」は、低賃金で働くこともいとわないので、白人を失業させるという理由で町から追放される。『シエラ山脈のダナイト団』の洗濯屋「ワッシー・ワッシー（Washee Washee）」は、自分を守るためにピストルを抜いただけで、危うく縛り首になりそうになる。『おれの相棒』の弁髪姿の「ウィン・リー（Wing Lee）」は、「この黄色い異教徒野郎」（五七）と呼ばれては、とことんいじめられる。こうした舞台における侮蔑的な中国人像によっても、アメリカの中国人移民は、アメリカ人になる資格のない非アメリカ人と決め付けられ、一八八二年の中国人排斥法の制定につながっていくのだ。

（14）たとえば、『ニューヨーク・タイムズ』の劇評家は、一八七九年九月十七日号で、この劇をアメリカ演劇がようやく独り立ちした例として評価しながらも、「最後の場面の道徳的とは言えない傾向」を惜しむべき欠点としている。

引用・参考文献

Brown, T. Allston. *A History of the New York Stage: From the First Performance in 1732 to 1901*. Vol. 1. 1903. New York: Blom, 1964.

Goldberg, Isaac, and Hubert Heffner, eds. *Davy Crockett and Other Plays. America's Lost Plays*. Ed. Barrett H. Clark. Vol. 4. Bloomington: Indiana UP, 1963.

Hall, Roger A. *Performing the American Frontier, 1870-1906*. Cambridge: Cambridge UP, 2001.

Halline, Allan Gates, ed. *American Plays*. New York: American Book, 1935.

Hart, James D. *The Popular Book: A History of America's Literary Taste*. 1950. Berkeley: U of California P, 1963.

Moody, Richard, ed. *Dramas from the American Theatre 1762-1909*. 1966. Boston: Houghton, 1969.

Newman, Ewell L. *A Guide to Collecting Currier & Ives*. New York: Pyramid, 1975.

Nye, Russel B. *The Unembarrassed Muse: The Popular Arts in America*. New York: Dial, 1970.

Quinn, Arthur Hobson. *A History of the American Drama: From the Civil War to Present Day*. Vol. 1. Rev. ed. New York: Appleton, 1964.

"Review of *My Partner*." *New York Times* 17 Sep. 1879: 5.

Slotkin, Richard. *Regeneration through Violence: The Mythology of the American Frontier, 1600-1860*. Middletown, CT: Wesleyan UP, 1973.

Vaughn, Jack A. *Early American Dramatists: From the Beginning to 1900*. New York: Frederick Ungar, 1981.

Wilt, Napier, ed. *The White Slave & Other Plays. America's Lost Plays*. Ed. Barrett H. Clark. Vol. 19. Bloomington: Indiana UP, 1965.

平野　孝「フロンティアと西部」『概説アメリカ史――ニューワールドの夢と現実』有賀貞・大下尚一編、有斐閣、一九七九年、一七一―八七。
山口ヨシ子『ダイムノヴェルのアメリカ――大衆小説の文化史』彩流社、二〇一三年。

第二部　ユージーン・オニール

第五章　文学研究と伝記的資料
——ユージーン・オニールの場合

文学作品を研究するにあたって、伝記的資料は不可欠なものなのだろうか。作家の日記や書簡、創作ノート、自伝、回想録、あるいは伝記作家による伝記などの伝記的資料は、作品のより良い理解と解釈、批評に寄与するのだろうか。本章の第一の狙いは、ユージーン・オニールの作品を例に取り、伝記的資料から得られる伝記的情報が作品研究にどのように役立つのか、検証しようとする。第二に、その過程で浮かび上がる問題、特にどういう場合に伝記的資料が有効であり、また有効ではないのか、という伝記的文学研究の有効性と限界についての問題、さらには、作品は作者の人生の反映なのか、それとも作者の実人生とは独立したものなのか、という作り手と作品の関係についても考察を加えようとする。

一般的に言って、伝記的資料は創作のアイディアやヒントになった、作者のさまざまな経験であるとか、作中人物のモデルとなった作者の家族や友人、知己を教えてくれることがあるから、その結果、作品の理解を深め、解釈を助けてくれることがあるだろう。また、伝記的資料が提供する知識は、作品の書かれていない部分、省略されている部分を的確に推測させ、読解を円滑に進行させてくれることもあるだろう。あるいは、作品中の何げない言葉やアルージョン（引喩）に伝記的要素が隠れていたりするから、伝記的資料がそうした言葉や引喩を説明してくれることもあるだろう。ただ、伝記的資料に頼りすぎると、作品全体によって与えられる解釈と矛盾するにもかかわらず、ある伝記的事実に引きずられてしまい、その結果、解釈に枠がはめられてしまうことがあるかもしれない。

だからといって、伝記的資料をまったく無視してもよいということにはならないだろう。なぜなら、作品の文化的背景や伝記的背景、成立事情などを一顧だにしない、あまりに主観的な読解は時に的外れで、無謀な批評につながりかねないからだ。そもそも、わたしたちが何かを理解しようとするとき、何かほかのものと関連づけることによって初めて理解が可能になるのではないだろうか。正確な読解というものは、作品の歴史的・社会的・文化的コンテクストや文学史についての幅広い知識はもちろんのこと、作者についての伝記的知識に支えられて初めて成立するものなのだろう。たとえ作品の最終的な評価が以前と変わろうと変わるまいと、伝記的資料によって、作品を理解する適切なパースペクティヴが与えられることは疑問の余地がない。従って、オニールのように比較的伝記的資料が豊富であり、どちらかと言えば自己の肖像を描き、個性を誇示することを好む、主観的なタイプの作家の場合には、伝記的資料を用いた研究は特に有効であろう。そこでオニールの文学的理解に資するであろうと思われる伝記的情報を便宜上、（一）エスニック（アイリッシュ・カトリックとしてのルーツ）、（二）ローカル（ニューイングランドのニューロンドンという土地）、（三）パーソナル（オニールの出自、家族との関係）、の三つに分類し、オニールの人生と作品との密接な関係を検討することにする。

一　ニューイングランドのアイリッシュ・カトリック

人として、また作家としてのオニールを左右することになる重要な要因は、ヴァージニア・フロイド（Virginia Floyd）も指摘するように、彼がアイルランド系のアメリカ人であり、しかも、幼少年期と多感な青年期に、夏はいつもニューイングランドという排他的な土地で暮らしたということである（二〇三）。この事実を知らずに、彼の作品のテーマも登場人物の性格も十分に理解できるとは思えない。なぜアイルランド系のオニール一家は、ニューロンドンというヤンキーのテリトリーに夏の別荘を構えたのか。旅回りの劇団を率いる父のジェームズは、シーズン中は家族を同伴して、ホテルからホテルへの仮住まいを送りながら、アメリカ全土を巡業し、シーズン・オフになると、ここで家族と夏を過ごしたからである。従って、このサマー・ハウスが若いユージーンの知っている唯一の家庭である。毎年、夏をここで過ごしたにもかかわらず、一家は、先祖代々からこの地に住む富裕なプロテスタントたちが主流の地域社会から受け入れられず、孤立するしかなかった。言い換えれば、オニール一家は、当地のアングロ・プロテスタントたちによる、新参者の移民一家に対する偏見と、どさ回りの役者の父に対する職業上のものと二重の偏見に出遭ったのである。こうした風土に暮らしたオニールが、幼い頃からアイルランド人としての血を意識し、長じては、偏見と差別の逆境の中を生き抜かなければならなかった同胞の運命に共感を寄せたであろうことは想像に難くない。

オニールは後期の内省の時代に入ると、ますます民族的ルーツを意識するようになり、アメリカ社会におけるアイルランド系移民の運命を歴史的に辿るサイクル劇を構想したり、一連の家族劇において家族の体験を取り込んだりする。これらの作品群において、オニールはアイルランド人キャラクターを多数作り出し、このアイルランド訛り丸出しのアイリッシュがヤンキーと張り合う、というアクションを繰り返し描く。ニューイングランドを舞台にする『詩人気質（*A Touch of the Poet*）』（一九五八）や『より堂々たる館』（*More Stately Mansions*）、『夜への長い旅路』『日陰者に照る月（*A Moon for the Misbegotten*）』（一九五七）に共通するテーマ――アイルランド人移民とその子孫がニューイングランドの敵意に満ちた環境でいかに生き延びるかというテーマ――は、オニール一家の苦闘に根差しているのである。

一九三四年に『限りなき日々（*Days without End*）』の興行が失敗してから、オニールは人生と芸術の総決算を行うかのように、自分の生い立ちとアイルランド系アメリカ人としてのルーツを見つめ直すという作業に向かっていく。アイルランド系アメリカ人の民族的な過去を振り返り、検討するという作業と、おのれの過去とルーツを見極めたいという意欲が後期の傑作につながると言ってもよい。まず、彼はアメリカにおけるアイルランド人の運命を総括すべく、歴史的なサイクル劇を構想する。ハーフォード家という古い家柄の貴族的ヤンキーと、メロディー家というアイルランド人移民の葛藤を軸に、およそ二世紀にも及ぶ、アメリカの歴史を過去から現在に至るまで年代記風に記録しようとする。最終的には十一本の連作劇によってアイルランド系の集合的経験を描こうという、この野心的なサイクル劇は、唯一完成された『詩人気質』と草稿段階の『より堂々たる館』、詳細なシナリオが残された『山羊座の無風水域（*The Calms of Capricorn*）』だけを残して未完成に終わったが、オニールはこのサイクル劇と並行して、一連の自伝劇を構想していた。それが一九三〇年代後半から四〇年代前半にかけて執筆された『氷屋来たる』（*The Iceman Cometh*）と『夜への長い旅路』『日陰者に照る月』である。とりわけ『夜への長い旅路』において、自分自身と家族のパーソナルな経験を探求すると同時に、アイルランド系アメリカ人の肖像を描こうという姿勢が明白である。ティローン一家はオニール一家のパーソナルな人間関係を映し出してはいるが、彼らの個人的な経験の中には、彼らが他のアイルランド系とも共有しているような集合的な経験が融合している。

　父をモデルにしたジェームズは、エドウィン・ブース（Edwin Booth 1833-93）にも匹敵するシェイクスピア俳優になることを嘱望されながら、簡単に金が転がり込む大衆劇に手を染めてしまい、芸術家としての才能をあたら潰してしまう。いわばアイルランド系の父がヤンキーと張り合うためには、富の獲得で対抗するしかなかった。「所有者の自己喪失の物語（A Tale of Possessors, Self-Dispossessed）」と名付けられた、サイクル劇を貫く主要テーマ――富の獲得によって魂が失われるという思想――は、父の人生に起源が求められるだろう。ジェームズは、なぜ家族に節約を強いてまで、資産としては一番確実だと信じて疑わない土地の投機に走るのか、息子に説明しようとする場面で、十九世紀に渡ってきた貧しいアイルランド人たちの運命がいかなるものであったか、幼い頃の民族差別と貧困との苦闘、過酷な労働、飢え、立ち退きの物語を語る。また、中産階級的な家庭に対する強い憧れを抱きながら、自分にはついに家庭らしい家庭は与えられなかったと嘆く、母メアリーの人生は、移民の浮草のような不安定性を示すものであろう。彼女は劇の幕切れ近く、三〇年以上も前の結婚衣装を引きずりながら、すっかりモルヒネの陶酔に浸った様子で登場する。彼女のこの哀れな姿こそ、彼女がアメリカ社会への同化の代償として、「生来の、世間ずれしていない無邪気さ」（一三）を犠牲にしなければならなかったことを物語る。[1] そして、妻と母に忘れ去られただけではなく、神からも見捨てられ、宇宙的な孤独のただなかに投げ込まれたような男たちの閉幕直前のタブローは、アメリカに移住してきたアイルランド人移民とその子孫に訪れた残酷な結末なのである。

ローリン・ローランド（Laurin Kay Roland）も指摘するように、歴史的なサイクル劇も自伝的な連作劇も、どちらも同じ根から派生したものなのである（一七九）。健康の衰えのために、やがて執筆活動が不可能になることを予感したオニールが、自分のアイデンティティがどこに根差すのか、おのれを理解し、人生の意味を探ろうとする必死の営為の所産であった。最終的には、オニールは自己に取り憑かれた半生を振り返り、今までのように自己を声高に主張するのではなく、自己を民族的共同体という、より大きなものに委ねようとする。言い換えれば、アイルランド的ルーツを自己のアイデンティティの最大の拠り所としようとする。

オニールのアイルランド人劇の基本的構図として、支配者のヤンキー対被支配者のアイルランド系の抗争という図式がある。ジョン・ローリー（John Raleigh）も指摘するように、抑圧されている人びとの方が、圧政者より外見的にも内面的にも実は優れているのだという神話をオニールは無批判に受け入れている（*Eugene O'Neill* 一〇六）。すなわち、被支配者の方が肉体的にも頑健で生命力にあふれ、魂を失っていない。それに対し、搾取する側は生命力が希薄な堕落した拝金主義者である、と言わんばかりなのだ。なぜオニールが、このような神話を一も二もなく受け入れているのか、これは「アイルランド問題」と称されている、北アイルランドの宗教的・経済的対立の図式――プロテスタントの植民者とカトリックの原住民との宗教的・経済的・心理的葛藤――に淵源を求めなければならない。オニールがこの問題に知悉していただろうことは、彼がアイルランド贔屓の父の蔵書（その中には当然ながら、アイルランドの歴史書が何冊もあった）に早くから親しんでいたことからも十分に推察されよう。

北アイルランド問題の発端は、十七世紀初頭のイギリス絶対王政下に長老派と英国国教徒の移民が、ゲール文化とカトリック信仰を中心に形成されたアイルランドの伝統的な地域社会に大量に移住してきたことに始まる（松尾　一九二一―九三）。その際、注目すべきは、プロテスタントの植民者が良質の土壌に恵まれた地域に入植したため、カトリックの原住民は劣悪な条件の地域に追いやられたということである。しかも、プロテスタントの植民者はカトリックの原住民から土地の所有権を着々と取り上げていったために、アイルランド人は小作人の地位に零落してしまう。要するに、イギリスの植民計画は、支配者のイギリス人地主対被支配者のアイルランド人小作人という関係を作り出したのである。こういう祖国アイルランドの抑圧の歴史を意識していたオニールの社会批評が、とかくヤンキーへの敵意とアイルランド系への親愛の情が露わになり、一種イデオロギー的な、あるいは感傷的な図式性の枠組みから抜け出せないとしても、無理からぬところだ。オニールは、新大陸のニューイングランドでも搾取される側のアイルランド移民に同情する立場から、アイルランドを支配したプロテスタントの植民者と同じ、搾取する側のニューイングランドのヤンキーを攻撃するのである。ところで、プア・アイリッシュの子孫であるジェームズが、アメリカで財をなしたとたん、イングランド系が支配する場所で土地の投機に走る行為には、イギリス人に土地を奪われて小作人に落ちぶれたアイルランド人祖先の怨念を晴らしたいという動機が潜んでいるのではないだろうか。

論が飛躍するかもしれないが、資本主義の精神を生み出したカルヴィニズムを批判しながら、内なる救済を求め、神秘主義的な思想に傾倒するオニールの思想傾向は、いわばカトリック的なエートスの強調であり、棄教したとは言え、オニールの中に流れているアイリッシュ・カトリックの血と無縁ではあるまい。ローリーのように、自伝性の濃厚な後期作品における告解のモチーフの源をオニールの子供時代のカトリック信仰に求めている研究者もいる（"The Last Confession" 二一七）。

二　ニューイングランドの地霊

オニール文学を培った、もうひとつの豊かな土壌は、彼が育ったコネティカット州ニューロンドンという環境である。ニューイングランドのこの小都市は、オニールが疎外感に苦しみながらも多感な青少年期を過ごした場所なので、意識していた以上に多くの作品に影を落としている。ニューイングランドという地の霊がオニール劇に与えた影響のひとつを、オニール劇最大のテーマのひとつ、すなわち形骸化したピューリタニズムが、そこに住む人びとにいかに破壊的な力を及ぼすか、というテーマに見て取ることができるだろう。『鯨油（*Ile*）』（一九一七）や『違ってる』（*Dif-*

f'rent)（一九二〇）、『楡の木の下の欲望（*Desire under the Elms*）』（一九二四）『ダイナモ（*Dynamo*）』（一九二九）『喪服の似合うエレクトラ（*Mourning Becomes Electra*）』（一九三一）などのニューイングランド劇において、十七世紀のピューリタンたちが抱いていた信仰と理想が、現代においていかに変わり果ててしまったか、オニールほど執拗に描いた作家はいないであろう（Wilkins 一三七）。

たとえば『鯨油』のキーニーという、捕鯨の町ホームポートの船長に、変容したピューリタニズムがいかに狂信的で冷厳なヤンキーを生み出すのか、という例を見て取ることができるだろう。町一番の捕鯨船の船長としての気位の高さが、乗組員を反乱の瀬戸際まで追い詰めるだけではなく、妻を狂気へと駆り立てるのである。『違ってる』は、あふれる生命力と豊かな感受性を歪めてしまう、ピューリタニズムの否定的な側面を描く。ヒロインのエマが、フィアンセのただ一度の過ちのために婚約を破棄し、その結果、自分だけではなく相手をも破滅に陥れるのは、ピューリタン的な性の嫌悪と生きることへの不安からである。『楡の木の下の欲望』は、ニューイングランドの石ころだらけの痩せた大地が、勤勉だが狭量で貪欲、冷厳なピューリタンを生み出すことを示そうとする。同時に、ピューリタン的な倫理が世俗化した結果、神の恩寵の徴としての富の獲得の方が信仰よりも重要になってしまい、欲のためには互いに相手を利用することしか考えない、おぞましい人間関係が成立することを描く。

『ダイナモ』の主人公、牧師の息子のルーベンは、母の裏切りに遭い、父の宗教を棄てる。長い精神遍歴の後に、宗教に代わる科学という新しい神を見出すに至るが、身に染みついたピューリタニズムと新しい科学の神を折り合わせることができず、狂気に向かう。恋人との性行為に激しい罪悪感を抱き、精神に変調を来して、ついには自殺するルーベンこそ、ピューリタニズムが袋小路に行き着いた結果なのだ。『喪服の似合うエレクトラ』は、ニューイングランドの港町の名家、マノン家の人びとが、ピューリタニズムの圧力の下で、生きながらの死という絶望的な状況の中に幽閉されている様子を描いている。マノン家の人びとが、その先祖も含めて仮面のような顔をし、快活さに欠けるのは、彼らがピューリタン的な道徳観の抜け殻によって生活ががんじがらめにされ、ノーマルな感情の出口が塞がれてしまっているからだ。オリンが母に、次に姉に近親相姦的な欲望を抱くことが示すように、抑圧的なピューリタン文化は、健全な性欲を歪めてしまう。罪と罰の観念に取り憑かれるあまり、抑圧されてしまったリビドーは近親相姦という表出方法を取るしかない。

オニールが、このようにピューリタン的な伝統の残滓の中に幽閉されている、ニューイングランドの人びとの閉塞状況にことのほか強い関心を抱くのは、ニューイングランドに住んだことによって、ピューリタニズムの破壊的な力を強く意識させられたからであろうが、それだけではあるまい。オニールがニューイングランド劇で一貫して描き続けた、陰鬱で禁欲的なピューリタン像（彼らには深い悲しみや大きな喜びは無縁である）には、オニールの個人的な怨恨も混じっているのではないだろうか。ニューロンドンのプロテスタント社会から排除されたオニールは、ニューイングランドのヤンキーを否定的に描くことによって意趣返しをしたのである。

三　パーソナルな伝記的情報

次に、オニールに関するパーソナルな伝記的情報は、作品の理解にどのように役立つのであろう。まず確実に言えることは、伝記的資料によってオニールや彼の両親、兄弟のことを知っていれば、作品中のオニール特有のモチーフやテーマをより鮮明に際立たせてくれるだけではなく、作中人物の性格や行動の動機をより正確に解釈させてくれるだろう。時には、作者を創作へと駆り立てる内的な衝動、表現衝動というものを垣間見させてくれるかもしれない。どうも、オニールの創作行為には彼が意識していようといまいと、自分を理解したい、父や母、兄のことを理解したい、家族の秘密を明るみに出して苦しみから逃れたい、というような動機というか衝動とでも呼ぶべきものがあったように思われる。これを極言すれば、オニールは作品に自分と肉親のことを書き続けてきた——自分と家族に関する寓話を作り上げてきた——と言えるほどまでに、自分と家族に囚われていたから、作品の理解と作家像の解明には、彼のライフ・ヒストリーについての知識が必要不可欠になるということだ。

たとえば、オニールと母親の関係に絞って、伝記的知識が作品研究に資する例を見てみよう。まず、伝記類などから推測される、彼と母との関係は次のようなものである。三男のユージーンを産んだ後、産後の肥立ちがはかばかしくなかった母は、医者によって安易に注射されたモルヒネのせいで麻薬の常習者になる。後にユージーンは、自分が生まれたせいで母を麻薬中毒者にしてしまった、自分の誕生は間違いであったと自分を責める。他方、麻薬に浸ると現実から遊離していく母を見るにつけ、母親らしい愛情を注いでくれなかったとして母を恨むし、そういう母を恨む自分を責めもする。こういう自責と恨みの悪循環、母を愛すると同時に憎みもするアンビヴァレントな感情と、母を恨む自分に対する激しい後ろめたさが生涯、彼に付きまとったことであろう。

では、このような複雑な感情が作品にどう映し出されているのであろう。実は、複雑な母親像は後期の作品までは描かれない。前期と中期におけるオニールの母親像は、美化されるか、悪意を込めて書かれるかのどちらかであり、『夜への長い旅路』におけるメアリー・ティローンのような悪意とイノセンスを同時に併せ持つような母親は登場しない（Brown 三六〇）。これは、オニールが作家活動の総決算を行う後期に至るまで、自分の意識の暗部に渦巻いている母に対する怒りを意識していなかったということかもしれない。たとえ漠然と意識していたとしても、それを意識の明みに出せば、自分を危機的状態に陥れるのではないかと感じていたから、深い自己分析を回避し続けてきたと言う方が正確かもしれない。

その証拠に、一九二二年に母が死んだ直後に書かれた作品には、亡き母への哀惜の念がいまだ強いせいか、母に対する息子の感情には曇りがない。たとえば一九二四年に書かれた『楡の木の下の欲望』には、母の魂を安らかな眠りにつかせようという動機がうかがえる。エベンは「おれは、母さんがお墓の中で安らかに眠れるようにしてあげるつもりだ」（一七）と兄たちに宣言するが、この「母の霊魂を安らかな眠りにつかせること」こそ、劇の中心的なアクションになっており、『楡の木の下の欲望』は作者の母に捧げる鎮魂歌ともなっている。[2] 一九二三年から二五年にかけて執筆された『長者のマルコ（*Marco Millions*）』（一九二八）のプロローグでは、今は亡きペルシャの皇后、クカチンが蘇って口を開き「愛した、そして死んだと伝えてください。今わたしは愛と命になりました。生きることは忘れることです。愛することで忘れられます」（二一）とヴェニスのマルコに伝えるように依頼する。(3) マルコとクカチンの関係は、オニールと母の関係が擬装されたものであり、この場面は母を見捨てた自分を許してもらいたい、あるいは現に許してくれているという作者の願望、あるいはファンタジーが巧まずして表出されたものだ。このように、表現という働きは、作り手が意識していないものさえも時に露見させてしまうことがある。

伝記的資料によれば、一九二二年二月二十八日にカリフォルニアで死亡した母親の棺が汽車でニューヨークに到着するとき、オニールは受け取りに行かなかった（Sheaffer, *Son & Artist* 八五―八六）。この夜はちょうど『毛猿（*The Hairy Ape*）』の初演に当たっていたが、オニールは劇場にも足を運ばなかった。その夜、朝方近くまで編集者のサックス・カミンズ（Saxe Commins 1892-1958）とセントラル・パークを歩き回りながら、初めて母の麻薬中毒のことを打ち明けたのであった。棺を引き取りに行かなかった、いや、行けなかったということが、後に彼の心の中に自分は母を捨てたという激しい罪悪感を植え付けることだろう。そのため、これら服喪期の作品には母への罪悪感、後ろめたさだけが表出され、底流に潜んでいるはずの母への怒りが意識されていない。

しかし、鬱積された感情になんらかのはけ口を与えてやらなければ、神経症に陥りかねないし、そうかといって直接的に表現する勇気はまだなかったので、母への恨みと怒りの感情は擬装された形で表現されることになる。しかし、このような間接的な表現は完全なカタルシスをもたらさないので、強迫的に反復されることになる。いわば、パターン化する。それがオニールの中期以降の作品に執拗に繰り返される、「息子が母に裏切られる、そして今度は息子が母を裏切る」というパターンである。たとえば『ダイナモ』のルーベンは誰よりも信頼していた母に裏切られたとき、母の宗教であるキリスト教を棄てる。『喪服の似合うエレクトラ』のオリンは自分を裏切った母を自殺に追い込んだとして自分を責め、自殺する。『より堂々たる館』のサイモンも母に手ひどく裏切られた経験がある。母に裏切られるという体験は、これを契機に人生に対する基本的な信頼感が破壊される、あるいは信仰の喪失につながる経験でもあるから、信頼感の破綻の経験あるいは信仰喪失の経験を、母に裏切られるという体験のメタファーと考えるならば、他の作品にも同種の経験が扱われていることがわかる。たとえば、『偉大な神ブラウン（*The Great God Brown*）』（一九二六）のダイオンは信頼していた友人に裏切られ、その結果、神を疑うようになる。『限りなき日々』のジョン・ラヴィングは、全幅の信頼を置いていた神に裏切られる。

なぜオニールはこうした「母に裏切られる経験」や「信仰喪失の経験」を何度も何度も、憑かれたように反復するのだろう。これは彼自身の原体験の擬装なのだと推測せざるを得ない。オニールの分身である『夜への長い旅路』のエドマンドは、母が麻薬中毒者であることを知らされたときのショックを「くそ、これで人生の何もかもが嫌になってしまった」（一二一）と語っているが、この苦渋に満ちた叫びは、作者自身の思いでもあっただろう。彼がやがて十五歳になろうとしていた一九〇三年の夏のある夜、モルヒネが切れて禁断症状を起こした母は寝間着姿のまま家を飛び出し、川に身を投げようとする（Sheaffer, *Son & Playwright* 八八―八九）。父と兄はもうこれ以上隠し通せないと判断して、母の麻薬中毒のことを彼に告げる。母の病気（と彼は思い込まされていた）に対して無力である神に対する懐疑心は前年から芽生えていたのだが、これを契機にキリスト教をきっぱり棄てる。オニールの心の中では、尼僧になることが夢であった敬虔な母はキリスト教信仰を象徴していたのだから、偶像が堕ちてしまった今、オニールは次の日曜日から教会に通うことをやめる。

後にオニールは、自分が生まれなかったならば、母を麻薬中毒に追いやりはしなかったであろうという絶望的な思いで、自分を罰するかのように酒に溺れる。あるいは、母を苦しめるかのように放蕩行為に身を委ねる。あるいは自暴自棄になり、自殺未遂まで起こす（一九一二年の自殺未遂事件には、自分の死を母に見せ付けようという動機はなかっただろうか）。結局は体を壊して結核になり、その治療のために入ったサナトリウムで劇作家になることを心に決めるのだが、オニールは後期になるまで、自分を苦悩と絶望の淵に駆り立てた体験に立ち向かうことを避け続けた。彼が本当に書きたかった（書かねばならなかった）、息子の健康を気遣う一方で、罪悪感で苦しめる母、息子にすがりつく一方で、息子を罰する母の肖像を深い哀れみの心で描くことによって、恨みもしていた母親を初めて許し、ついに心の重圧から解き放たれたのは『夜への長い旅路』においてであった。オニールがその生涯で体験した、もっとも衝撃的な経験の意味を掘り下げ、しかも適当な距離を置いて眺められるだけ作家として成熟するのに、母の死後実に二〇年近い年月を要したのである。

四　伝記的文学研究を擁護して

以上のように伝記的資料は、作品の背後に隠された伝記的背景を明らかにすることによって、作品の理解に寄与するだけではなく、作者の精神世界を解明させてもくれる。オニールを制作へと駆り立てたものは、家族との関係、地域社会との関係の中で自己を模索し、確認せずにはいられない衝動であった。自己を理解し、家族を理解するために、あるいは家族から受けた傷を癒すために、一九二〇年代の前半に次々と死んでいった肉親の霊を安らかな眠りにつかせるために、彼は執筆活動に向かった。だからこそ、作者自身や家族の様々な面が登場人物に投影されたり、作風が自伝的になったりする。伝記的研究は、作者の人生と作品との間に緊密な関係があることを示唆してくれるだけではなく、作家がひとり演じる創作のドラマに参入させてもくれる。

しかし当然、反論が予想される。登場人物が作者自身のペルソナであるとか、作者の肉親をモデルにしていることがわかったとして、個々の作品がそれで解明されたことになるのだろうか。この種のモデル探しや伝記的説明は、作者の想像力のダイナミクスを無視してしまうことになりはしないだろうか、という疑問である。あるいは、作品は作者の想像力が生み出した虚構なのだから、作者の伝記的資料は、作品の解明になんら寄与しないのではないか。作り手の人生によって作品を説明しようとする態度は、先入観なしに作品と向き合うことを避けることになるのではないか、という立場からの反論である。そのほか、伝記的解釈が有効なのは、あまり優れていない、十分に昇華されていない作品を説明する場合に限定されるのではないか。優れた作品の場合は、いかに自伝的であっても、伝記的な説明だけでは作品の魅力を十分に解き明かすことはできないのではないか。伝記的説明は作品の中のパーソナルな側面は説明してくれるが、ユニヴァーサルな側面は説明してくれないのではないか、という主張も確かに成立する。

このような疑念に首肯できる面が含まれていることを認めつつも、また伝記的研究がこのような陥穽にはまりやすいことを認めつつも、それにもかかわらず、オニールのように、おのれの苦悩に満ちた体験から出発して作品を作り上げる、私性の濃い作家の作品を読むとき、文学作品はやはり自己表現なのだと言わざるを得ない。そもそも、作者の想像力はそれほど奔放な自由を持っているわけでもないだろうから、その作品が作り手の経験や実生活上のモデルに影響されるのは必然的ではないか。現にオニールの作品を総体として読んでみると、継続して現れるパターン――共通して現れるシチュエーションやテーマ、イメージ群、あるタイプの登場人物――が浮かび上がる。複数の作品に繰り返し現れるこのパターンは、彼自身の世界観や人生観、彼の置かれている個人的な状況、内面の未解決の葛藤、欲望、幻想といったものの総体から生まれたものなのだから、これは究極的には彼自身のものだと考えるべきだろう。世界にはありとあらゆる主題があるはずなのに、オニールはなぜある特定の主題に執着するのだろう。時に趣向を変え、別の主題を選んだ場合でさえも、内面の無意識的な指令によるのか、知らず知らずのうちにオニール特有の世界が現れてしまう。複数の作品を貫く、こうした類似性、あるいは統一性こそ、オニールと呼ばれる「主体」が、作品の背後に存在する証拠のひとつではないだろうか。

だからこそ、優れた個性の探求には意義があるのだ。そもそも、人間に対する興味を切り捨てた文学的態度は、堕落の一形態だと言わねばならない。作家の心理的、宗教的、哲学的洞察への関心を失ったとき、わたしたちを作品へと引き付けている特質そのものを捨て去ることになるのではないか。なぜわたしたちは文学を研究するのか、なぜある作家を研究するのか。その目的のひとつは、その作家を他の作家とは違う個性的なものにしているもの、その作家独自の精神世界を見出したいと願っているからだ。とすれば、伝記的資料は確かに、作品の美的価値を分析し説明する作業、あるいは作品の内部構造や技法を緻密に分析する作業――これこそ作品研究の本来のあり方だと主張する者もいるが、こういう態度は、文学作品をあまりにも狭く捉えすぎているように筆者には思える――に直接、資することは少ないけれども、その一方で伝記的資料が大いに役立つ文学研究もあることは否定できない。本章でユージーン・オニールの作品を例にして試みたように、ある作家の複数の作品を対象にして作家論を試みるとき、伝記的な枠組みはことに役立つのではないか。対象とする作家のユニークな精神世界を作品から構築することを目標とする文学研究を行うとき、伝記的資料はもっとも有効に働くのではないだろうか(4)。

注

(1) テクストはイェール大学出版局版を使用し、括弧内に頁数を記す。
(2) テクストはジョナサン・ケープ版を使用。
(3) テクストはジョナサン・ケープ版を使用。

（4）伝記的文学研究はいつ頃、誰が確立させたのか、その後いかなる批判を受けてきたのか、それでも有効な場合があるのではないか、その際、どういう点に留意すべきか論じたことがあるので、関心がある方は「伝記的研究の復権」という拙論を参照されたい。

引用・参考文献

Brown, Susan Rand. "Mothers' and 'Sons': The Development of Autobiographical Themes in the Plays of Eugene O'Neill." Diss. U of Connecticut, 1975.

Floyd, Virginia. "Eugene O'Neill's 'New England' Cycle: The Yankee Puritan and New England Irish Catholic Elements in Five Autobiographical Plays of Eugene O'Neill." Diss. Fordham U, 1970.

O'Neill, Eugene. *Desire under the Elms*. London: Jonathan Cape, 1925.

——. *Marco Millions*. London: Jonathan Cape, 1927.

——. *Long Day's Journey into Night*. 1956. Corrected ed. New Haven: Yale UP, 1989.

Raleigh, John H. *The Plays of Eugene O'Neill*. Carbondale and Edwardsville: Southern Illinois UP, 1965.

——. "The Last Confession: O'Neill and the Catholic Confessional." *Eugene O'Neill: A World View*. Ed. Virginia Floyd. New York: Ungar, 1979. 212-28.

Roland, Laurin Kay. "Biography and Culture in the Later Plays of Eugene O'Neill." Diss. U of Detroit, 1976.

Sheaffer, Louis. *O'Neill: Son and Playwright*. London: Dent, 1969.

——. *O'Neill: Son and Artist*. Boston: Little, 1973.

Wilkins, Frederick. "The Pressure of Puritanism in O'Neill's New England Plays." *Eugene O'Neill: A World View*. Ed. Virginia Floyd. New York: Ungar, 1979. 237-44.

伊藤　章「伝記的研究の復権」『英語青年』一三四巻五号（一九八八）二三〇—二三一。

松尾太郎『アイルランド問題の史的構造』論創社、一九八〇年。

第六章　エドマンドの成熟と喪失
――『夜への長い旅路』論

作者ユージーン・オニール自身のパーソナルな経験と歴史を素材としているという意味で、『夜への長い旅路』（一九三九年六月起草、一九四一年三月脱稿、出版と初演は一九五六年、以下『旅路』と略称）の自伝性は、彼の伝記を少しでも知っている者にとって一目にして瞭然である。(1) 作者が登場人物に付けた名前からも、この戯曲を自身と家族の実話として意図していたことは明らかである。一家のファミリー・ネーム、ティローン（Tyrone）は、オニール家の先祖が住んでいた北アイルランドのアルスター州ティローン郡から来ているし、一家の父をはじめ母と兄も、ジェームズ、メアリー、ジェーミーと本名で登場する。(2) 自伝的な意図は、女中のキャスリーン（Cathleen）がオニールの最初の結婚相手のキャスリーン・ジェンキンス（Kathleen Jenkins）と同じであること、コックのブリジェットが母方の祖母の名前と同じであることからも推測される（Gelbs 二〇八、Törnqvist 二四〇）。脚色と省略があるのは当然だとしても、ティローン家の人びとはオニール家の人びとのほぼ忠実な肖像画となっている。ただ、ユージーンのモデルは本名ではなく、エドマンドという一歳半で死亡した次兄の名が付けられている。なぜ次兄の名前を借りて登場するのか、その理由と作品に与える意味については最後に触れることにする。この作品を自伝と見なす根拠はほかにも、作品に付された献辞や創作日記、夫人の日記と証言などにも見出されるし、[3] 何よりも、死後二十五年間は上演も出版もならぬという作者の遺言は、『旅路』の赤裸々な自伝性を考慮してのことであった。[4]

この小論は、作品が自伝的だからという理由をもって、作品がオニールの実生活といかに一致しているか、あるいは一致していなくて歴史的にいかに不正確であるか、そういうことを論じるものではない。当の作品が正統的な自伝であり、伝記である場合にはその種の批評方法もあり得るだろうが、この作品はあくまでも戯曲という虚構であるから、作者は当然ながら、審美的な効果を上げるために歴史的な事実を修正したり、隠蔽したりしているという立場で論じる。といっても、作者が歴史的事実をどのように操作しているかを検討することにより、作品の解釈が絞り込まれることもあるだろうから、その場合には作品と作者の実人生を往復することにする。いかなる作品であれ、作家の純粋な想像力のみによって生まれるものではないのだから、作品が生み出された最大のコンテクストである、作家の伝記を絶えず射程に入れておくことは、的外れの解釈を避ける意味で重要なことであろう。この作品のように、書き手が自分の若き日の生活を描いたということが鑑賞する側との共通の了解事項となっている場合にはなおさらである。

作品と作者の実生活を比較してみると、重要な事実が修正されていたり、まったく触れられていなかったりすることがわかる。たとえば、結核を発病したエドマンドがサナトリウムに入院する時期を実際より四カ月ほど繰り上げている。また、エドマンドのモデルは数年前に結婚し、一児の父であるという事実は完全に隠蔽されている。事実と相違するところはほかにもあるが、草稿と完成稿を比較研究したジュディス・バーロー（Judith E. Barlow）によれば、『旅路』は歴史的事実にかなり忠実であり、メモから草稿、完成稿に近づくにつれて、登場人物の命名や出来事の起こった日付、人物の年齢など、伝記的事実に一致させようと、より正確になっているという（六八―六九）。

オニールは自伝的意図から出発して、芸術的完成度の高い、圧倒的なインパクトを観客や読者に与える作品に仕立てた。この劇が傑作である所以はどこにあるのか、劇の最大のテーマはなんなのか。ここではエドマンドに焦点を当てる。というのも、この劇を中心人物のいない劇とする、ジーン・チョーシア（Jean Chothia 一六八）のような立場もあるが、筆者の立場はエドマンドこそ劇の真正なプロタゴニストと考えるものであり、彼をいかに説明するかが『旅路』批評最大の問題であり、彼に焦点を当てることによって、劇の本質と意味、テーマがより鮮明に浮かび上がると考えるからだ。彼を主人公と見なすのは、作者の視点がもっとも多く彼に与えられているからであり、彼のみが劇空間の内部から外部へと越境する可能性を予感させる人物だからだ。四人の主要人物の中で彼だけが、母の喪失という悲しみに耐えながら、哀れみと理解、許しの重要性を学びつつ、自分を鍛えていく。劇は、成熟の代償として母を喪失しなければならないという成熟の逆説、成熟の悲しみを最大のテーマにしている。と同時に、苦悩する才能を備えた若き芸術家の誕生の瞬間を描いた物語としても立ち上がってくる。作品の最大の意味は、エドマンドと同じ苦悩を共有しながら自己を発見していく作者とともに、観客の側も、生きる者を苦悩と喪失へと追いやる運命の不可解さと理不尽さを前にして、人生を生き延びる技としての哀れみと同情を学んでいくことにある。

一　過去を掘り起こすこと

劇はオニール家のサマー・ハウスがあったコネティカット州ニューロンドンを舞台にしている。観客は、一九一二年の夏のある一日（朝の八時半から深夜まで）にティローン家の居間で交わされる家族同士の話を聞くだけである。しかし、古典劇の三一致の法則を守り、簡素な舞台装置だけで成立するこの劇から生み出されるものは、実に力強い。何が起こるかと言えば、これといってセンセーショナルな事件が起こるわけではない。母が再びモルヒネを打つようになり、三男の病気が結核であることが判明するということだけである。その他の重要なことはすべてすでに起こってしまっている。粗筋をまとめれば、こうなる。エドマンドの「夏風邪」が肺結核であり、サナトリウムに入院しなければならないと診断される日、母のメアリーはここ数カ月断っていた麻薬に再び依存するようになる。あるいは、当時「白い疫病」とか「凄腕の殺し屋」、「アイルランド病」などと呼ばれていた、死亡率第一位の結核にエドマンドが感染していることがわかり、母の慰めをもっとも必要としているときに、彼女は息子から麻薬の世界に逃避してしまう、と要約することもできる。

劇の中心行動、アクションを劇中で使われる語句で表現すれば、「過去を掘り起こすこと」（七〇）、あるいは「長い間忘れていたことを掘り起こすこと」（八八）、「過去を暴き出すこと」（一四五）となる。[5] 劇の時間が朝から深夜に進むにつれ、一家は現在の不幸を作り上げた過去を掘り起こそうとする。劇のタイトルをもじれば、現在の苦悩に満ちた現実を作った過去という暗闇、心の深層という「夜への長い旅」を劇は扱う。トム・ドライヴァー（Tom F. Driver）が述べているように、「時間の緩やかな進行の中に……過去の時間への激しい遡及がある」（一一二）。

一家の現在の不幸に対してもっとも非難されるべきは誰か、という問いに答えることに劇全体が捧げられていると言ってよい。あるいは、家族の心に刻み付けられた苦い記憶をめぐる、家族同士の一連の対話・討論としてプロットが組まれていると言ってもよい。互いに相手を責めたり、非難の激しさに後悔したり、忘れようとしたり、許したり、非難と自己弁護の応酬の後に相手を理解したり、一家は傷つけ合い、許し合い、理解し合う。従って、劇に頻出する動詞のキーワードは、「責める」「許す」「忘れる」「理解する」の四語である。母が麻薬中毒になったのは誰のせいか、エドマンドが結核になったのは誰のせいか、長男のジェーミーの放蕩の原因を作ったのは誰か、次男のユージーンの死に対して一番責任があるのは誰か、などなど現在の悲惨さの原因を求めて、一家は相手をいとおしく思いながらも憎しみ合う。この愛憎の反復――非難・告発と後悔・許し、憎しみと愛、前進と後退、結合と分離――が劇のリズムを刻んでいる。

ここにオニールのドラマツルギーの完成形を見出すことができるのだが、この小論の中心的論点から逸れるので、これ以上は踏み込めない。(6) 取りあえず、『旅路』は一見して家族同士のやり取りを生々しく、しかも繰り返し提示しているように見えるが、実は入念な錬達の芸、至高の芸術的手腕によって音楽的に処理されているという点だけは確認しておきたい。ある話題をめぐって、愛と憎しみの旋律が導入され、序奏からクライマックスへと展開し、最後にコーダがある。次にまた別の話題をめぐって、愛憎の旋律が変奏される。この決して同じではない反復が入念に計算された音響効果（たとえば、霧笛や霧の中を行き交う船舶の鳴らす鐘の音、エドマンドの咳の発作、二階の寝室を歩き回るメアリーの足音など）とも相まって、この作品は音楽に近づいている。すべての芸術が絶えず音楽を志向するものだとすれば、この作品以上にすぐれて音楽的な構造を持つ作品は、アメリカ演劇には見出しがたいものだ。

批評家も研究者もこの作品に賛辞を贈り続けてきたが、『旅路』がなぜ見る者、読む者にあのように圧倒的な感動を与えるのか、今なお十分に解明されているとは思えない。その秘密を解く手掛かりは、レナード・シャブラウ（Leonard Chabrowe）も指摘するように、『旅路』が本質的にアクションではなく、パトス（哀感・悲哀）の劇であるというところにある（一八六）。劇が進むにつれて――メアリーは麻薬によって、男たちはウィスキーによって、飾るのをやめたり、抑圧を解放したりするにつれ――感情のリズムの振幅が激しく、かつ執拗なものになっていき、現在の不幸を作り上げた過去が掘り起こされていく。その過程で誤解が解けたり、理解し合うことにもなったりする。葛藤とパッションから、新しい認識へという内面のアクションは、それだけで十分にドラマチックである。家族同士の一種のアゴーン（対決と闘争、葛藤）がもたらすパトスと、そこから生まれるエピファニア（認識）の悲劇的リズムがこの作品の命なのである。[7] そしてもっとも強く苦悩するが故にもっとも多く学ぶ者が、作者自身のモデル、エドマンドなのである。

二　伝記的事実の操作

エドマンドは論争を呼ぶキャラクターである。批評家はしばしば二手に別れる。彼をメアリーと同じくらい、あるいはそれ以上に重要だと考える一派と、エドマンドは弱く、魅力に欠けていると見なす一派である。たとえば、トラヴィス・ボガード（Travis Bogard）はエドマンドを評して、「奇妙にも平面的な投影」であり、真実が歪曲されていると述べている（四三五）。ルイス・シェーファー（Louis Sheaffer）も、「スケッチ的で、物足りない」と述べている（*Son & Artist* 五一四）。それに対し、エドマンド擁護派のバーローは綿密なマニュスクリプト研究から、メモから草稿、完成稿に近づくにつれ、作者がエドマンドをより重要な人物として定着させていった様子を丹念に跡付けている。

　ではエドマンドはどういう人物か、その過去を見てみよう。劇から推測される彼の略歴は、作者の実人生とほぼ同じである。メアリーが不安のうちに産んだ三男坊で、生まれた時から神経過敏で病弱。母は産後の肥立ちが悪く、治療のために麻薬に安易に頼った医者のせいで麻薬中毒になる。エドマンドは旅役者の子として、ホテルからホテルへの生活を送る。夏は、ヤンキーのプロテスタントが主流のニューロンドンにあるサマー・ハウスで、目に見えない民族的偏見と差別を感じながら過ごす。敬虔なアイリッシュ・カトリック教徒として育てられ、カトリック系の寄宿学校にも通ったが、母が麻薬中毒者であることを知ったことがきっかけで、教会通いをやめる。兄の影響もあって、世紀末詩人や無政府主義に傾倒し、放蕩行為も覚える。大学を退学になった後は、いろいろな職業に就く。劇が始まる数年前には船乗りとして海に出、大海原で宇宙との融合という至福の経験をする。ブエノス・アイレスやニューヨークの波止場でどん底生活を送り、未遂に終わるが自殺を図る。今は、地元の新聞社で駆け出し記者として自作の詩を発表するなど、作家に天職を見出しつつある。しかし数年に及ぶ放浪と放蕩の無理がたたって、現在は体調が優れない。

このようなエドマンド像は、伝記類から推測される作者の若い日のほぼ忠実な自画像となっている。ただし伝記的事実の操作が若干行われている。たとえば、劇ではエドマンドが経費の安い州立の療養所に行くか、高い私立の療養所に行くかということが、父の吝嗇という問題とも絡んで、父と子の確執のもとになり、結局は私立の療養所に行かせてもらえることになる。実際にはオニールは、シェルトンの州立療養所（Fairfield County State Tuberculosis Sanatorium）に行き、そこの劣悪な施設に驚いて、わずか二日間滞在しただけで一九一二年のクリスマス・イヴに、あらためてウォリングフォードの私立の療養所（Gaylord Farm Sanatorium）に移っている。従って、父が金を惜しんでいると腹を立てたのは、入院してから後のことである（Sheaffer, "Correcting Some Errors" 二二〇―二一）。また、エドマンドの結核の発病時期が、実際よりも四カ月ほど早められている。さらに重要な事実の隠蔽として、すでに結婚していて一児の父であるという事実がまったく触れられていない。これをどう考えるべきか。まず、母が再び麻薬を常習するようになった日、エドマンドが胸の病を患っていることを家族は知るという筋立ての方が、劇の緊張と衝撃が高められるから、伝記的事実の修正は審美的な判断の下になされたと考えられる。結婚と一児の父という事実の隠蔽を重視して、フィリップ・ワイスマン（Philip Weissman）のように、ここにエドマンドの母との無意識的な同一化を見て取る精神分析的な批評家もいるが（一二四―二五）、この事実が触れられていないのは、結婚は間違って生まれた子供を嫡出子とするための、形式上のものであったからだ。現に、結婚後一定期間にわたる同居の事実はない。オニールは家族に知らせずに結婚したが、まもなく父に知られるところとなり、結婚に反対する父から外国に行くよう命じられ、帰国後は夫人に会っていない。ユージーン・ジュニアは一九一〇年五月六日に生まれるが、オニールは息子が十二歳になるまで会っていないし、この戯曲が設定されている一九一二年に正式に離婚している（Gelbs 一三二―四〇、Sheaffer, *Son & Playwright* 一四四―五九）。従って、この事実に触れなかったのは、過誤によって閉ざされていない未来をエドマンドに与えるためであった。実際的な理由としては、この劇を執筆していた時点で生きていた初婚の相手と息子のプライヴァシーを守るためであった。

以上のように、伝記的事実の修正や隠蔽があるとは言え、オニールとエドマンドの間にはそれほど大きな齟齬はない。しかし自伝的な作品の常として、モデルが美化されがちなのは仕方がない。五〇歳を回ったオニールが記憶の欠落と変質に向き合いながら、二十三歳の自画像を描くという難しさが常に付きまとう。モデルが美化されるのは、作者の後年の自己理解が入り込むからであろう。エドマンドには執筆時のオニールの人生観と世界観が入り込んでおり、それが彼をますます魅力的な人物にしている。そうでなければ、彼が時折見せる明敏さが説明できない。これは、老年のオニールが到達したものにほかならない。それでも、エドマンドが他の人物とくらべて見劣りがする印象を受けるのはなぜであろう。それは、作者が自己顕示を抑制して、モデルのエドマンドに、みずから働き掛けるところ少なく、働き掛けられるところの多い、受動的な役割を担わせたからだ。彼の主要な役割は、家族の話に耳を傾けること、彼らから学ぶこと、そして同情すること、とりわけ苦悩することである。生の否定に傾きがちなエドマンドが、家族との対話・対決をとおして、苦悩しながら哀れみと理解、許しを学び、肯定的な生き方を探り当てる、その過程を描くのがこの作品だ。

三　エドマンドとジェームズ、ジェーミー

エドマンドの行動は、ひとつの探求——彼自身と家族の現在の不幸の原因を探し求めること——である。この探求の結果、得られた「真実」は、信じて疑わなかった事実とは違って見える。このエドマンドの側の発見とそれを追体験する観客・読者の側の発見こそ、劇の究極的なアクションであり、究極的な意味にほかならない。ただ、彼と観客が新たに認識する知の地平は、そう単純なものではない。エドマンドは現在の不幸の原因を求めて過去を遡行するが、事実だと思い込んでいたことを揺るがす証言に次々と出会う。家族のそれぞれが、起こったと思っている何通りもの過去を物語るので、彼も観客も絶えず視点を移動するよう強制され、これが一家の不幸の原因だというものは特定されない。誰が最終的に責めを負うべきかという問いも決して、確信をもって答えられない。

たとえば母の麻薬中毒は、エドマンドの誕生が引き金になったと母も父も兄も考えているが、エドマンドにしてみれば、自分は一歳半で死んだ次男（ユージーン）の身代わりとして誕生させられたのであって、ユージーンさえ生きていれば、自分は生まれずにすんだし、母を麻薬中毒にせずにすんだと思うのは当然であろう。そもそもユージーンが死んだのは、兄のジェーミーが赤ちゃんに

嫉妬して、はしかを故意に移したからだから、母の麻薬中毒の大本は兄に求められる。メアリーとジェーミー、エドマンドは、ちゃんとした家庭をメアリーに与えなかった、吝嗇家のジェームズがすべての原因だと考えている。家族に立派な家庭が与えられていれば、母は麻薬に逃避しなかっただろうし、息子たちも健康で立派に成長したであろう。非難さるべきは、父の吝嗇さにあるということになる。しかし、父が貧しいアイルランド移民の息子としてさんざん苦労したことを考えれば、同情すべきものがある。ジェームズに言わせれば、アメリカに妻と自分たちを残してひとりでアイルランドに帰国した父のために、自分は人一倍苦労させられたのだから、彼の父が悪いとも言える。あるいは、そもそも一家が移民としてアメリカに移住しなければならなかったのは、祖国が貧しかったからだ。詰まるところ、ティローン家の不幸の背後には、アイルランドにおけるジャガイモ飢饉があり、イギリスによるアイルランドの長い収奪の歴史があるということになる。

と一応、頭では合理化できるが、作品はもっと多義性を持つように――因果関係を錯綜させ、因果律を曖昧模糊とするように――作られている。言い換えれば、エドマンドと観客・読者を不透明で、不可解な「人生」に向き合うよう作品は強いているということである。頭の中で整理できるすべては、せいぜい過去が現在を作り上げたということ、家族の一人一人がこの因果関係の網の目に巻き込まれているということ、一家の現在の惨めな人生は、彼ら全員が少しは手を貸した過去によって作られたということであろうが、作品はその程度の要約からは漏れてしまう何かを、漠然とではあるが感じさせるように作られている。決して説明されず、明らかにされることがない運命の不条理の顕現に立ち会っているとでも言うしかない漠然とした思いを、この作品を経験する者に抱かせるよう作られている（あるいは結果としてそうなってしまったと言う方が正確かもしれない）。それは、ボガードが見抜いているように、『旅路』は表面を絶えず突き破って内部へ潜行し、人生そのものの核心へと迫ろうとする力を備えているからだ（四二六）。

エドマンドを主人公とするメイン・プロットでは、家族との三つの重要な対決（アゴーン）があり、それぞれが彼にとってパトスとエピファニアの瞬間であり、この苦悩を伴う発見の累積が彼の成長につながる。その過程で彼は持ち前のシニシズムを哀れみに裏打ちされた理解によって和らげられるようになる。彼はもっぱら聞き役として家族の話を聞く。特に、告白調の台詞が多くなる第四幕においては、最初の数分を除いて舞台に出ずっぱりである。そして、信者の懺悔を聞く聴聞僧のように父と兄の告白に耳を傾ける。この聴こうという姿勢、他者に十分な関心を持ち、理解しようとする態度が自分を理解することにつながるのである。

エドマンドは父との関係において、最初の頃は兄と組んで父の吝嗇ぶりと不動産投機熱をからかったり、非難したりするが、今まで知らなかったし、知ろうともしなかった父の側面を次第に理解するようになる。特に第四幕の前半から半ばにかけての父と息子の対話において、父は息子に、移民の一家としてアメリカでいかに貧困にあえいだか、苦労話を打ち明ける。父が語る幼い頃のアイルランド人差別と貧困、過酷な労働、飢え、立ち退きの物語は、十九世紀の中葉からアメリカに渡ってきた貧しいアイルランド系移民の運命に共通するものだ。父は続けて、若い頃、一人前の役者になるべくいかに頑張ったか、そしてその努力が実を結んで、名優エドウィン・ブースにも称賛されるほど前途を嘱望されたシェイクスピア俳優になったか、しかし、簡単に金が転がり込む冒険活劇『モンテ・クリスト伯（*The Count of Monte Cristo*）』に手を染めてしまい、アメリカ中を巡業するうちに、芸術家としての才能をあたら潰してしまったかを告白する。それを聞いたエドマンドは、人生とは「とてつもなく馬鹿げている」（一五四）と漏らす。それに対して、父親は「人生に悪いところはない。悪いのは――〈シェイクスピアも言っているが〉『ブルータスよ、罪はわたしたちの星にあるのではない、小者であるわたしたちにあるのだ』」（一五五）と言う。人に自由意志を認める父とは違って、エドマンドは、人生とは不合理で不条理、不可解で不透明なものであり、人に自由意志はあるともないとも考えている。メアリーが言うように、「人生がわたしたちに行ったことは、誰もどうしようもない」〈六二〉のだから、不条理な人生において、最終的には、哀れみと思いやりの心で他者と接するしかない、という心境にエドマンドは至ることになる。

兄との関係において、劇は兄弟の親密な結び付きを描いているように見える。しかし第四幕後半部における兄の告白によって、エドマンドは兄が自分をねたんでいたことを知る――「ずっとお前をねたんでいたよ。ママの赤ちゃん、パパのペット！」（一六九）。さらには、エドマンドが生まれたせいで大好きな母が麻薬中毒になったのだと、憎んでいることも知る――「お前が生まれたせいでママは麻薬を常習するようになった。お前のせいじゃないことはわかっている。だけど、畜生、お前を心底憎まずにはいられない」（一六九）。こうして、仲の良かった兄に知らなかった一面があることを発見する。ノーマン・バーリン（Norman Berlin）も指摘するように、だからといって、兄への情愛の念が消えることはないだろうし、その情愛は理解によってさらに深いものになるであろう（一五）。兄の告白は、忘れないことの大切さを説き、最愛の弟に祝福を与えて終わる。

おれを忘れないでくれ。いいか、お前のために警告はしたぞ。それだけは褒めてくれ。「人みずからの手より弟を救う。これより大いなる愛はなし」って言うからな。（ひどく酔って、頭をぐらぐらさせながら）それだけだ。気分がすっきりした。懺悔はおしまい。俺を許してくれるだろうな。お前はなんでもわかってくれる、いい子だ。それもそのはず、お前を作ったのは俺だから。さあ、サナトリウムに行って、元気になってくれ。死ぬんじゃないぞ。俺にはお前しかいない。神よ、この子に祝福を。（一七〇）

このように、エドマンドは父と兄の告白をとおして、父のように過去を後悔する人ほど、また兄のように嫉妬や恨みを持つ人ほど不幸な人間はいないのだということを悟りつつある。

四　エドマンドとメアリー

エドマンドは父と兄の告白をとおして学ぶ以上に、母の例をとおして学ぶことが多い。なぜなら、母との対話・対決によって味わう苦悩も大きいからである。メアリーから何を学ぶのか。彼の経験は、母と同じロマンチックな理想主義者としての資質を持ったエドマンドが、母の崩壊を目の当たりにすることによってロマンティシズムの危険性を悟り、それに代わる生き方を選択することと要約できよう。

エドマンドと母は両者とも、霧のロマンチックな世界が好きだ。「わたしは霧が大好き。……人を世界から隠してくれるし、世界を人から隠してくれるから。すべて変わってしまったような、何事も以前とは違うような気がする。誰も見つけることも触れることもできない」（一〇〇）と語るように、霧の世界を好むメアリーは、最後には人間世界から逃れて、麻薬の陶酔の世界に沈潜する。麻薬に陶酔して、自分が幸せだった過去の世界に退行する行為は、生きた人間との交わりを遮断しようという行為である。エドマンドも、現在の自分に不安と戸惑いを覚えるあまり、霧の中で自己を喪失すること、自己を溶解させることに憧れる。

霧の中にいたかった。……すべてが現実でないように見えるし、聞こえる。すべてが実体とは違う。それが望みだった。真実が虚偽であり、人生がそれ自体から隠れることのできる別世界でひとりきりになりたかった。（一三二）

しかし、父に大海原での宇宙との融合という神秘的な体験を語った後、「ヴェールが取り除かれると、またひとり、霧の中で迷い、あてどなく、どこということもなく、よたよた進むだけ」（一五六）と漏らすように、霧の世界への溶解、あるいは宇宙との合一の神秘的な体験は一時的な逃避でしかないことを知っている。「わたしはいつもストレンジャー、安住できるホームはない。何も望まないし、誰からも望まれない。どこにも帰属できず、いつもちょっぴり死に憧れている」（一五七）と死への憧れを表明しながらも、彼はあくまでも他者との交わりの中に生存の意味を見出そうとする。人間として生きる限り、他者との交わりによって不可解な人生に耐えるしかないのだと納得するその過程が、劇の意味を構成している。しかし、成熟と引き換えに、彼は母を失わなければならない。苦悩と喪失によってしか、人は成熟に至れないのである。エドマンドは苦しみ・痛み・病・死の恐怖など、人間の弱さを自覚することによって何事かに至るのであるから、中村雄二郎に倣って、これをロゴスの知に対するパトスの知と言うべきであろう（一四六―五〇、一八六―九〇）。ドリス・アレグザンダー（Doris Alexander）も述べているように、オニールにとって、人間が真実に到達するのは理性によってではなく、情緒（エモーション）によってであり、情緒こそ英知の源なのである（二一七）。

人生のアイロニーを苦悩とともに学ぶエドマンドの体験を要約すればこうなるだろう。エドマンドは、最初夏風邪だと思っていた病気が肺病であることを知り、それは死をもたらすかもしれないという恐怖におののいている。死病にかかっていて、母の愛情を必要としているときに、母は自分から離れ、自分だけの世界に逃げる。そういう母に激しい怒りを感じるし、母に怒りを感じる自分に罪悪感を覚える。そもそも母を呪わしい麻薬中毒者にしたのは自分ではなかったのか。だが、母をこちら側の世界に押しとどめようとしても、母は現実世界から退却していく。無力感と言いようのない淋しさと悲しみを味わうばかりだ。

一番辛いのは、彼女が周囲に壁を巡らすこと。深い霧の中に隠れるみたいに、壁の向こうに隠れて、自分を忘れようとする。わざとそうするのがたまらない。わたしたちの手が届かない所に行くために、わたしたちを厄介払いするために、わたしたちが生きているってことを忘れるために、わざとそうしている。わ

たしたちを愛しているけれど、憎まずにはいられないかのように。（一四二）

あるいは最後の幕が下りる直前、麻薬にどっぷり浸かった母が登場する場面で、思わず呼びかけるが、母に拒絶されるエドマンドの落胆ぶり。

エドマンド（つい母の腕をつかむ。その懇願ぶりは、傷つき、戸惑っている少年のようだ）ママ、夏風邪じゃなくて、結核なんです。
メアリー（ほんの一瞬、彼の声は届いたようだ。身震いし、怯えた表情を見せる。自分に言い聞かせるかのように、ぼんやり叫ぶ）違う。（すぐさま遠い所に行ってしまう。優しく、しかし感情を込めずに小声で言う）わたしに触ってはいけません。わたしをつかもうとしてはいけません。修道院に入ろうと思っている身ですから、それはなりません。（一七七）

人は他者とのつながりがなければ生きられないし、生きる価値がないと彼が悟るのは、このような母の喪失という悲しみを経験するからなのである。

五　メアリー

『旅路』は、これまであえて覗いてみる勇気のなかった意識の深淵を覗き込むことによって、母親に対するアンビヴァレントな感情を徹底的に分析した作品でもあるので、エドマンドをよりよく理解するためには、メアリー像をもう少し詳細に分析しなければならない。メアリーをいかに捉えるか、エドマンドの場合と同様、批評家の意見は大きくふたつに別れる。一方に、この劇をメアリーの悲劇、すなわち中流家庭に育った世間知らずのお嬢さんが、ハンサムな役者に恋してしまったために起こった悲劇だとメアリーに同情するグループがある。他方に、メアリーは否定的に描かれており、むしろジェームズの方が同情的に描かれていると解釈するグループがある。筆者には後者の方が的を射ているように思われる。というのも、一家の悲劇は父が吝嗇家だったからと言うよりは、母が未熟であり、人生の現実に直面して妻としてあるいは母としての務めを十分に果たすことができなかったから生じたのだ、と老年に達したオニールは考えるようになったと思われるからだし、作品に描かれている母親像もそのような視点から描かれているように思われるからだ（Sheaffer, *Son & Artist* 五一七）。オニールが母より父の方に同情的であることは、自分のモデルを実名ではなく、エドマンドと名乗らせたことからも推察されよう。父の最大の当たり役は、『モンテ・クリスト伯』の主人公、エドモン〔英語読みではエドマンド〕・ダンテスであった（Ranald 三八六）。

登場人物を解釈する際、当事者ではなく、第三者の視点を導入してみるのがよい。この意味で、まったくの端役にしか見えない女中のキャスリーンが意外に大きな役割を担わされているのがわかる。彼女はギリシャ悲劇のコロスと同じように、当事者たちとは違ったレベルから、信頼すべき第三者的視野を劇にもたらす人物である。彼女は作者自身の立場を代表し、アクションにコメントすることによって、ともすれば劇の中心で提示される特定の価値基準に傾斜しようとする観客の意識を制御して、より真実に近いヴィジョンへと観客を誘うのである。(8) とすれば、「奥様、ご主人はそれでも、立派で、ハンサムで、親切な紳士ですよ。欠点は気にならないことです」（一〇三）とか、「立派な紳士のご主人をお持ちで、奥様は幸せ者ですよ」（一〇八）とコメントするキャスリーンに導かれて、わたしたちは、ジェームズは良き夫であり、逆に夫の不満をこぼすメアリーは良き妻ではなく、その上麻薬の世界に逃避するメアリーは、妻と母の義務を回避するものだと結局は判断するのである。

メアリーはなぜ責任を転嫁し、それが功を奏さなくなると麻薬に逃げるのか。それは、死んだ次男に対しても、生きているふたりの息子に対しても良い母ではなかったし、今もそうではないのかという疑念、後ろめたさから逃れたいがためだ。エドマンドの結核も、ジェーミーの放蕩も、自分が良い母親ではなかったという事実を突き付ける。だから彼女は他人に責任を転嫁するのである。たとえば「子供がちゃんとした子供であるためには、家庭ってものが必要です。女も良い母親であるためには、家庭が必要なのです」（九〇）と、自分に体裁の良い家庭を与えてくれなかった夫を繰り返し責める。ジェーミーをアル中にしたのも、彼女によれば、子供の夜泣きがやまないとき、あるいは腹痛のとき、薬の代わりに茶さじ一杯のウィスキーを与えてきた無知な夫のせいなのである。

エドマンド、あなたのお父さんを責めていると思わないで。あの人は物をよく知らないだけですから。

一〇歳になったときから学校には通えなかったのよ。彼の家族は、とても貧乏で無知な一家だった。子供が病気になったり、怯えたりしたら、ウィスキーが一番の特効薬だと彼のご両親は本気で信じていたのです。(一一三)

このような形で何度も顔を覗かせる、彼女の抑圧された憎悪は、自己防衛本能のなせる技であろうが、「表面上は哀れな犠牲者に見えるが、本当のところは、古傷をえぐり、新しい傷を与えることにも巧みな毒婦である」(Sheaffer, *Son & Artist* 五一五)というイギリスの劇評家ケネス・タイナン(Kenneth Tynan)の解釈もあながち的外れではない。(9) ジェームズ・ロビンソン(James Robinson)はメアリーを聖母マリアのグロテスクな歪曲と見なしているが、そう外れてはいない(一七八)。

メアリーは父親に何かと反発するエドマンドには「理解し、許してあげなさい。ケチだからといって軽蔑してはだめ」(一一七)と説くが、その一方で彼女は絶えず家族を傷つけ、苦しめる。彼女には深い哀れみと寛容さが欠けている。彼女の夫への愛情にもどこか信じられないところがある。彼女の許しと寛大さも、尼僧かコンサート・ピアニストになるという修道院附属女学校時代の夢と同じくらい信じられない。彼女の言葉と行動が一致しないのは、自分のことに心を奪われるあまり、他人の不幸と悲しみにまで関心が行き届かないからだ。彼女の視力の弱さはこの意味で象徴的である――「眼がずいぶん悪くなってきた。しかもいつだって眼鏡が見つからない」(二一〇)。エンディングで麻薬の陶酔にどっぷり漬かった母が登場すると、ジェーミーは「さあ立ち去ろう、彼女にはわからないのだから/わたしの歌たちよ、さあ行こう。彼女には聞こえないのだから/さあ行こう。彼女には見えないのだから」と始まる、スィンバーン（Algernon Charles Swinburne 1837-1909）の「暇乞い（A Leave-Taking）」を朗誦するが（一七六―七七）、知ろうとも、聞こうとも、見ようともしないメアリーの無関心さを連想させて、絶妙な効果を上げている。

メアリーの本質は、今もなおかつての夢見る女学生なのだ。オニールはエマ（Emma の二文字目と三文字目のmをlに置き換えると、母が結婚後に名乗った Ella となる）という、やはり母をモデルにした人物が登場する『違ってる』[10]の意図を「永遠の、夢見る理想主義者の物語」（Cargill et al. 一〇四）だと解説したことがあるが、メアリーの悲劇の大本も、彼女が永遠の夢想家であることに由来する。母と同質的なものを持っているエドマンドも、母のように人生の答えを酩酊や陶酔に求めたりするが、人はそのようなものによって「時の重圧」（一三五）から逃れられるものではない[11]。霧の世界への融合、海洋上での宇宙との融合のエクスタシーによっても意味が見つからないように、アルコールによって現実を超越することはおろか、忘却することもできない。夢想の逃避的な世界は人間を救済してくれないし、人は現在の苦悩から結局は逃れられないのだから、他者との交流によって生きるしかないのだということをエドマンドは母の例をとおして学ぶのである。メアリーの最後の台詞が意味するのも、過去時制が証明するように、麻薬の影響で幸福な修道院附属女学校時代に戻ることに成功したかに見えても、結局は現在の苦悩から完全には逃れられないということなのである――「あれは最終学年の冬のことだった。それから春に何かが起こった。そう、覚えている。ジェームズ・ティローンに恋した。そして一時は幸せだった」（一七九）。

六　夜から朝明けへの旅、あるいは若き芸術家の誕生

第四幕のエドマンドにはこれまで見られなかった成熟を感じ取ることができる。バーローも指摘するように、彼にはもともと身内同士の争いを調停しようとする面があるのだが、最終幕において、その役割には面目躍如たるものがある（一〇九―一〇）。父と兄が言い争いになるとき、いつものように兄と組んで父を攻撃することはない。父を「しみったれ」（一五八）とか「守銭奴のガスパール親父〔アメリカでも人気のあった、フランスのオペレッタ『ノルマンディーの鐘』に登場する人物〕」（一六一）などと罵る兄に対し、エドマンドは「理解しようとすれば、それとユーモアのセンスを忘れなければ、パパに問題はない」（一六〇）とたしなめる。いよいよ母が色褪せた花嫁衣装を引きずりながら登場する段になると、「狂気の場面。オフィーリア登場」（一七四）と母を気の狂ったオフィーリアにたとえる兄を殴って、黙らせる。最終幕のエドマンドの行動には、母の喪失と死の恐怖、不確かな未来に直面してもなお、成熟に向かおうとする前向きな様子がうかがえる。

エドマンドの着実な成長のために、劇は絶望的な調子で終わらない。確かに、その終結部だけを取り出せば、劇は悲惨と悲哀の絶頂でいきなり幕が下りるように見えるかもしれない。現に多くの研究者がこの劇を絶望的な作品だと捉えている。たとえばブレンダ・マーフィー（Brenda Murphy）は「エンディングには何の解放感もない、疲弊した、一時的な静止状態があるだけだ」と論じている（一九二）。ジョン・オール（John Orr）は、劇のアクションは「闇と夜の閉塞感」（二〇一）へと向かい、オニールは「核戦争が可能にする壮大な規模での、もっとも予言的な人類

消滅のヴィジョン」（二〇五）を打ち出したと述べている。スティーヴン・ブルーム（Steven F. Bloom）も、結末に希望の光を認めることは難しいと述べた後、「光がいくらかでも第四幕に残っているとしても、その光は、舞台の最後のイメージによって掻き消されてしまう」（一七五）と続けている。[12] しかし、エンディングの照明効果に着目すると、男たちが三人集っている居間のテーブルの上に読書灯がぽつんとともっているが、まわりは暗い。ほのかに明るいその辺りだけは、まるで暗黒の海に浮かぶ島のようである。劇は、そのほのかな光の中で、崩壊しつつあるとも、絆を強めつつあるとも言える家族のタブローで終わる。マイケル・マンハイム（Michael Manheim）も述べているように、このエンディングから確たる意味を引き出すことはできないが（一九〇）、人生の全面的な否定で終わるものではないとは感じ取れる。人は最悪の状況下でも、他者との交わりさえあれば、人生という長い旅を生き延びられるのだし、他者との交流によって初めて生きることに意味が与えられるのだ、ということを暗示して劇は終わっている。それもそのはず、メアリーを中心軸とする、真夜中の闇と過去と狂気へとひたすら突き進むアクションの中にも、エドマンドを中心軸とする、光と未来と正気へと着実に向かうアクションがあるからだ。

エドマンドだけが建設的な未来を持つであろうという確かな予感を禁じ得ないのも、エドマンドの成熟の軌跡のためなのである。また、父と母、兄は皆、実現できなかった野心や夢、大きな罪悪感、遺恨という罠にはまってしまっているが、エドマンドはそういう罠に陥っていないからだ。父は大衆演劇で才能を潰し、母は現在の不幸から逃れるために麻薬を常用するようになり、兄は母をそういう運命に追いやった父への遺恨のために身を持ち崩している、というように皆現在に囚われて、未来を閉ざすような生き方をしている。しかし、まだ若いエドマンドはこのような致命的な過ちは犯していない。父や母のように、失われた過去の栄光を求めて嘆かない。結核療養所での不確かな未来に直面している今でさえ、自分を見つめる。エドマンドも、大学を退学させられたり、若気の至りで結婚したり、両親の期待に応えられなかったこと、放蕩と放浪生活によって体を壊してしまったこと、彼の結核が心配性の母を麻薬に再び追いやってしまったことなど、彼自身も一家の悲劇に加担していると言える。しかし、彼の背負っている罪悪感は十分に重いものだが、全身を麻痺させて、身動きひとつさせないほどのものではない。金を惜しんで、病気の妻の治療を麻薬に安易に頼るやぶ医者に任せ、その結果、妻を麻薬中毒にした父、次男を自分の不注意で死なせてしまった母、弟にわざとはしかをうつして死亡させた兄、彼らほどの重い罪悪感をエドマンドは担わされていない。罪を背負っているが、ほかの家族とは違って自分を裏切っていない。だからこそ、結婚と子供の誕生、離婚という伝記的事実を彼に与えないのである。これから人生の重要な局面に向かっていく人物、過去によってそれほど痛めつけられていない人物を作り上げるため、作者はこの事実には触れないのである。彼のみが、他の者たちが囚われている過誤の網から脱け出すことができる。彼は劇の中で過ちについて学び、彼らの失敗を繰り返さないよう再三警告される。その過程で、呪われた家族を理解し、同情するようになる。エドマンドは、この哀れみで和らげられた理解を携えて、再生の場としてのサナトリウムに出発し、そこで作家として生きることを決意するであろう。

「過去は現在でしょう。未来でもあるわね。わたしたちはそこから嘘をついていても脱け出そうとするけど、人生はそうさせてくれない」（九〇）とメアリーが言うように、人は時間に縛られた存在であって、時間から逃れることはできない。しかし、人は文学をはじめとする芸術によって時の桎梏から逃れられる、ということをエドマンドは学び取ろうとしている。エドマンドが生き延びたら、作家になるであろうという暗示は随所に見られる。現にエドマンドは新聞記者のかたわら詩を作り、新聞にも発表している。家族、特に父親がエドマンドの詩人気質を認めている――「お前には詩人気質がある。ただ、かなり陰気な詩人だが」（一三三）。息子の中に詩人気質を認めるのが、失敗した芸術家である父親だという点に注目しなければならない。これは、父が成就できなかった芸術家としての生き方を息子が継承するということにほかならない。霧の中の体験と海での神秘的な体験を語った、彼の台詞はともに、彼が言葉を紡ぐことによって経験の本質と意味に肉薄できることを証明している。とりわけ、長い告白調の台詞の後の「どもることが、我ら迷える人間の生まれながらの雄弁さです」という逆説に、誕生しつつある芸術家の信条告白を聞き取ることができよう。

今、言おうとしたこと、あまりうまく言えなかったな。どもっただけ。これからも生きられるとしたら、それがぼくにできる最大限でしょう。でも少なくとも、そういうのが忠実なリアリズムではないかな。どもることが、我ら迷える人間の生まれながらの雄弁さです。（一五七）

『旅路』を若き芸術家の誕生の物語と解釈する別の理由は、この作品が一九一二年に設定されていること、すなわちオニールが作家になろうと決めた年に設定されているからである。ここで議論になるのは、作品解釈に当たって、作品の外部の伝記的事実（あるいは作品の外に排除されたもの）を作品解釈に取り込むことの是非であろう。先にエドマンドに未来があると論じたのも、エドマンドと作者を重ねて、結核療養所を半年で退院するという伝記的事実を念頭に置いてのことであったかもしれない。劇には随所にエドマンドの結核が軽いものであって、半年も療養すれば快復すると述べられているし、絶望していない強い意志を持った青年として描かれてもいるから、生きる意志が病を克服するであろうという確信を観客は抱いている。それでも、エドマンドに未来があり、文学という天職を見出すことになると解釈する筆者の解釈には、作品外の事実に注目することによる、ある傾斜（偏向）が混じっていると指摘（非難）されて当然である。しかし、この劇のように、ある程度事実に立脚した自伝的な作品である場合には、作品の空白部分を考察するためには、作品の外に排除された部分を考慮すべきではないだろうか（オニールを研究する際、伝記的資料をどう使用すべきか、第六章参照）。

前節で『旅路』のエンディングに一条の光を認めたのも、伝記的事実に引かれてのことであったかもしれない。宇宙に見捨てられたような一家のタブローで劇は終わっているが、この一家の歴史をどうしても事実によって補いながら解釈したくなる。作者が歴史的事実の正確さにできる限り留意したということは、鑑賞する側は家族のその後の歴史を事実によって補ってもよいということにならないだろうか。オニールがティローン家の人びとに自分の家族のファースト・ネームを与えたということは、『旅路』を単なる人工の構築物としてではなく、実在の空間に歴史上の時間を生きた人びとについての情報を与えるものとしても理解してほしいと静かに要求しているということにならないだろうか。とすれば、ティローン一家は、ここに描かれた胸を引き裂くような事件に耐えて生き延びることができると想像してもよいだろうし、第二幕第二場のメアリーが信仰回復の希望を述べる台詞は、将来実現することだと予想してよいだろう――「でもいつか、わたしは信仰を取り戻すでしょう。お前がすっかりよくなったら。お前が元気で幸せで、ちゃんとやっていけるようになったら。わたしが後ろめたさを感じなくなったら。いつか、聖母マリア様は、わたしをお許しくださり、信仰をお与えくださるでしょう」(九六)。このとおり、息子が療養所を退院してから劇作家としての道を歩み始める一九一四年の春、オニールの母親は二十五年に及ぶモルヒネ中毒を治すために、みずからブルックリンの修道院に入り、失われたカトリック信仰を取り戻している(Sheaffer, *Son & Playwright* 二八〇―八一)。

七　評価

エドマンドは確かに、その重要性が舞台の上では伝わりにくい人物である。ジェーミーよりも舞台にいる時間は長いし、台詞も多いのに、劇評家や観客の注意はロマンチックに滅んでいく兄の方に向けられてしまう。役者の父、麻薬中毒の半狂乱の母、放蕩息子の兄とくらべて、観客の圧倒的な感動を呼ぶことは少ないかもしれない。家族の告白を聴き、理解し、学ぶという基本的に受動的な役割を負わされたエドマンドは、その本質上、ダイナミックでドラマチックになり得ない静的なキャラクターである。だからといって、これまで見てきたように、決して平板な人物ではない。彼は十分に肉付けされたヒーローである。それでも、舞台で他の脇役たちが主役を圧倒せんばかりに観客を感動させるということは、脇役にもそれなりに光り輝く機会を与えたオニールのドラマツルギーを称賛すべきである。これは、オニールが晩年においてようやく俳優を信頼するようになり、脇役の俳優たちにもその演技力を存分に発揮させるよう、厚い存在感を持った人物の造型に成功したということであろう。

オニールが長い劇作家生活の後に、エドマンドのような静的な人物像を作り上げたという点をこそ評価したい。アメリカ文化の主流としての、自己のアイデンティティをひたすら追求する、少々騒がしい、はた迷惑なヒーロー像とくらべると、いかにも静かなヒーロー像を作り出したということに意義を見出したい。これまでの、何かに取り憑かれてきたような半生を振り返り、今までのように自己を声高に主張するのではなく、エドマンドという、むしろ自己を虚しくするヒーローをオニールが作り出したという点にこそ、この作品の偉大さがあるのではないだろうか。逆説的に言えば、この作品が成功した一因は、作者の分身であるエドマンドにあまり強烈な自己主張をさせなかったという点にある。石塚浩司も指摘しているように、これがたとえば、同じ自伝的な、ウィリアムズの『ガラスの動物園（*The Glass Menagerie*）』（一九四四）やミラーの『転落の後に（*After the Fall*）』（一九六四）、ニール・サイモン（Neil Simon 1927- ）の『思い出のブライトン・ビーチ（*Brighton Beach Memoirs*）』（一九八三）のような自伝劇だと、作者の自我がやや露骨に主人公として形象化され、自己主張するから、観客や読者の視点は方向づけられ、強制されてしまう（四二）。

その点、『旅路』における作者の視点はエドマンドにもっとも多く与えられているが、それでも観客や読者はどの登場人物にも十分に感情移入ができるように作られているのである。

晩年のオニールにとって、自己のアイデンティティをしゃにむに追い求める自己中心的なヒーローを描くよりも、他の人間の運命に共鳴し、哀れみを持って理解するヒーローを作り出すことにより大きな関心があった。これは、晩年のオニールが人生と芸術の総決算を行うかのように、アイルランド系アメリカ人としての家族のルーツを見つめ直すという作業に向かっていったということと無縁ではあるまい。彼は晩年に至って、自己を主張しない、消極的な能力を獲得する。これはかつての主観的なタイプの詩人から客観的な詩人へと成熟したということであろう。『旅路』は、自分と家族のパーソナルな経験を探求すると同時に、アイルランド系アメリカ人の体験を描こうという意図も明らかである。ティローン一家は確かに、オニール一家のパーソナルな人間関係を映し出しているが、彼らの個人的な経験の中には、彼らが他の同じアイルランド系、いやすべての移民に共通するような集合的な経験が融合している。だからこそ、劇場に足を運ぶ、多様なアメリカ人が、舞台で目にしているのは自分たちの家族の物語であり、わが民族の物語でもあると、共感できるのである。エドマンドという哀れみと許しを体得する人物を作り出し、彼を告解聴聞僧として、家族に罪悪感や後悔、遺恨を告白させるという意図にしても、人間の悲しい運命をいくらかでも軽くしてくれるものは信仰であるという静かなメッセージにしても、母が麻薬中毒であることを知らされ、なおかつ自分の誕生が母を呪わしい病に追いやったということを知って、いったんは棄てたはずのカトリック信仰からオニールはついに逃れられなかった、いや、晩年においてカトリック信仰を取り戻したということを示すものであろう[13]。

オニールはなぜこのようなヒーロー像を生み出すことができたのであろう。執筆に取りかかった一九三九年までには、肉親たちはとうに鬼籍に入っている（父一九二〇年、母一九二二年、兄一九二三年）から、オニールとしては十分な時間的経過によって、心理的にも肉親の登場人物たちと適度な距離を取ることができる。クリフォード・リーチ（Clifford Leech）も指摘するように、オニールが実名ではなく、次男のエドマンドという名前を借りて登場することによって、この距離が生まれたとも言える（一一〇）。また、『旅路』の直前あるいは同時期に着手した『より堂々たる館』（一九三五年二月に起草し、四〇年十一月まで執筆するが未完）と『氷屋来たる』（一九三九年六月起草、四〇年一月脱稿、初演一九四六年）において象徴的な母親殺しと自殺を行ったオニールは、母への積年の恨みと怒りに取り憑かれていた自己を抹殺することによって、母と自分との関係を冷静に見られる距離を獲得したとも言える[14]。こうして得られた心理的な距離と客観性によって、オニールは「甚だしく自伝的な衝動」（Chabrowe 一六九）から出発しながらも、個人的な苦悩を審美的な虚構作品に昇華することができた。これは、オニールがその生涯で体験した衝撃的な経験の意味を深く掘り下げ、しかも適度な距離を置いて眺められるだけ作家として成熟するのに、肉親の死後二〇年近くを要したということだ。言い換えれば、これだけの年月が経過した後に初めて、死者への思慕の情と恨み、憎しみ、自責、償いなどの念が錯綜した、心の奥底を直視することのできたオニールは、その体験を昇華した『旅路』によって、ようやく長い喪の仕事を終えることができたのである。

注

（1）テクストはイェール大学出版局版を使用し、以下括弧内に頁数を記す。日本語訳は沼澤洽治訳も適宜参考にしたが、原則として拙訳。

（2）ただし、母のメアリーという名前は、彼女が少女時代に名乗っていた名前である。彼女はメアリー・エレンと命名されたが、十五歳の頃からエレンという名前を、結婚後はエラという名前を使った。

（3）将来この戯曲を出版する際には、必ず印刷すべしと命じていた献辞の中の「ついに死者たちと向き合い、この芝居を書くことができた」という一節からも、『旅路』は作者が今は亡き自分の肉親たちに立ち向かい、彼らの死を哀悼することを意図していたことがわかる。

（4）オニールが生前の出版を禁じたのは、息子（ユージーン・ジュニア）のためであったと広く信じられているが——たとえば、フロイド（Floyd 五五三）——そうではない。自分の若いモデルが登場する「実話」を存命中に公表することにためらいがあったからだ。その証拠に息子の自殺から一年後の一九五一年に、原稿を保管してきたランダム・ハウスの社長ベネット・サーフ（Bennett Cerf）から手紙があり、金庫に保管してある原稿を戻しましょうかと問われたが、オニールは「その必要はない。ご承知のように、『夜への長い旅路』はわたしの死後二十五年間は出版しないことになっていますから」と返答している（Sheaffer, *Son & Artist* 六三五）。

（5）フロイドによれば、オニールはこの劇のタイトルとして、「忘れて久しい（Long Forgotten）」あるいは「忘れて久しいこと（What's Long Forgotten）」というものを当初考えていたらしいので（*O'Neill at Work* 二九四）、劇のアクションを「長い間忘れていたことを掘り起こすこと」と要約するのは、このことからしても妥当であろう。

（6）オニールのドラマツルギーを詳細に論じたものとしては、チョーシア、マーフィー、ティモ・ティユサネン（Timo Tiusanen）、エギル・トンクヴィスト（Egil Törnqvist）など参照。

（7）悲劇の本質としての悲劇的リズムに着目したのは、『動機の文法（*A Grammar of Motives*）』のケネス・バーク（Kenneth Burke）であり、『演劇の理念（*The Idea of a Theater*）』のフランシス・ファーガソン（Francis Fergusson）である。両者とも、「ヒーローはある行為の結果、苦悩することになり、その苦悩によって深い理解に至る」というところに悲劇の本質を見出そうとしている。

（8）コロスの機能に関して、笹山隆に負う。

（9）原資料は、『オブザーヴァー』紙一九五七年五月二十六日号の劇評。

（10）原資料は、『ニューヨーク・トリビューン』紙一九二一年二月十三日号の記事。

（11）『旅路』における飲酒とアルコール中毒の問題については、ブルーム参照。

（12）ほかにも、シャブラウは「敗北に勝利する可能性は皆無である」という趣旨のことを述べているし（一八二一―八三）、ドライヴァーも「オニールが成功したのは未来なしの世界を描く時だ……過去があまりに圧倒的なので、未来は閉じられている」と解釈している（一一二―一三）。それに対し、『旅路』に一条の光を認める研究者として、グラント・レッドフォード（Grant H. Redford）は「夜への旅は光への旅、理解という心を癒す光への旅」（五三二）であると、ロバート・ブルースティーン（Robert Brustein）は「夜から昼間の光へのオニールの旅を象徴する」（三五八）と、フレデリック・カーペンター（Frederic I. Carpenter）も「詰まるところ、光への旅となる」（一六〇）と述べている。そのほか、バーリンは、ティローン家の者たちが互いの話に耳を傾け、過去を理解しようとすること、ともに耐え忍ぼうとするところに「彼らなりのヒロイズム」（二〇）を認めているし、ホルスト・フレンツ（Horst Frentz）も「絶望を乗り越えようとあがく、彼らの営為の中に威厳」（八八）を見出している。

（13）シェーファーとロビンソンも、オニールの晩年におけるキリスト教回帰を指摘している（Sheaffer, *Son & Artist* 五一三―一四、Robinson 一七九）。オニールの幼少年時代のカトリックの教えが、彼の後期の自伝的な作品にいかに深く浸透しているかを研究したものとしては、ジョン・ローリー（John Henry Raleigh）の論文参照。

（14）『より堂々たる館』にも『氷屋来たる』にも、オニールの母への感情がたくみに偽装された形で表現されている。前者は、息子と母、妻の三角関係を主題とし、息子のサイモンは母のデボラを捨て、妻のセアラを選ぶというのが筋である。オニールはサイモンに、夢想の世界に逃避する傾向のある母を捨てさせ（デボラが夢想に耽るのは、オニールの母が麻薬に浸ることのメタファーである）、セアラを選択させることによって、麻薬中毒によって息子を絶望の淵に駆り立てた母への怒りを間接的に表現した。ちなみに、幼い頃、麻薬中毒の母に代わって、オニールの世話をした乳母もセアラといった。後者に登場するパリットは、自分を十分に愛してくれなかった無政府主義者の母、ローザを警察に売り渡す（ローザが政治運動に打ち込むのは、やはりオニールの母が麻薬に耽溺することのメタファーである）。オニールはパリットに自殺させることによって、象徴的な自殺を図るとともに、母を麻薬中毒にしたという罪悪感を祓い清めることができた。

引用・参考文献

Alexander, Doris. *The Tempering of Eugene O'Neill*. New York: Harcourt, 1962.

Barlow, Judith E. *Final Acts: The Creation of Three Late O'Neill Plays*. Athens: U of Georgia P, 1985.

Berlin, Norman. *Eugene O'Neill. London*: Macmillan, 1982.

Bloom, Steven F. "Empty Bottles, Empty Dreams: O'Neill's Use of Drinking and Alcoholism in *Long Day's Journey into Night*." *Critical Essays on Eugene O'Neill*. Ed. James J. Martin. Boston: Hall, 1984. 159-77.

Bogard, Travis. *Contour in Time: The Plays of Eugene O'Neill*. New York: Oxford UP, 1972.

Brustein, Robert. *The Theatre of Revolt: An Approach to the Modern Drama*. London: Methuen, 1965.

Burke, Kenneth. *A Grammar of Motives*. 1945. Berkley: U of California P, 1969.

Cargill, Oscar N., Bryllion Fagin, and William J. Fisher, eds. *O'Neill and His Plays*. New York: New York UP, 1961.

Carpenter, Frederic I. *Eugene O'Neill*. New York: Twayne, 1964.

Chabrowe, Leonard. *Ritual and Pathos: The Theatre of O'Neill*. Lewisburg, PA: Bucknell UP, 1976.

Chothia, Jean. *Forging a Language: A Study of the Plays of Eugene O'Neill*. Cambridge: Cambridge UP, 1979.

Driver, Tom F. "On the Late Plays of Eugene O'Neill." *O'Neill: A Collection of Critical Essays*. Ed. John Gassner. Englewood Cliffs: Prentice, 1964. 110-23. *The Tulane Drama Review* 3.2 (1958): 8-20.

Fergusson, Francis. *The Idea of a Theater: A Study of Ten Plays*. Princeton: Princeton UP, 1949.

Floyd, Virginia. *The Plays of Eugene O'Neill: A New Assessment*. New York: Ungar, 1985.

——, ed. *Eugene O'Neill at Work: Newly Released Ideas for Plays*. New York: Ungar, 1985.

Frenz, Horst. *Eugene O'Neill*. New York: Ungar, 1971.

Gelb, Arthur, and Barbara Gelb. *O'Neill*. New York: Harper, 1962.

Leech, Clifford. *O'Neill*. London: Oliver, 1963.

Manheim, Michael. *Eugene O'Neill's New Language of Kinship*. Syracuse: Syracuse UP, 1982.

Murphy, Brenda. *American Realism and American Drama, 1880-1940*. Cambridge: Cambridge UP, 1987.

O'Neill, Eugene. *Long Day's Journey into Night*. 1956. Corrected ed. New Haven: Yale UP, 1989.

Orr, John. *Tragic Drama and Modern Society: A Sociology of Dramatic Form from 1880 to Present*. London: Macmillan, 1981.

Raleigh, John Henry. "The Last Confession: O'Neill and the Catholic Confessional." *Eugene O'Neill: A World View*. Ed. Virginia Floyd. New York: Ungar, 1979. 212-28.

Ranald, Margaret Loftus. *The Eugene O'Neill Companion*. Wesport: Greenwood, 1984.

Redford, Grant H. "Dramatic Art vs. Autobiography: A Look at *Long Day's Journey into Night.*" *College English* 25 (1964) 527-35.

Robinson, James A. *Eugene O'Neill and Oriental Thought: A Divided Vision*. Carbondale and Edwardsville: Southern Illinois UP, 1982.

Sheaffer, Louis. *O'Neill: Son and Playwright*. London: Dent, 1968.

——. *O'Neill: Son and Artist*. Boston: Little, 1973.

——. "Correcting Some Errors in Annals of O'Neill." *Comparative Drama* 17.3 (1983): 201-32.

Tiusanen, Timo. *O'Neill's Scenic Images*. Princeton: Princeton UP, 1968.

Törnqvist, Egil. *A Drama of Souls: Studies in O'Neill's Super-Naturalistic Technique*. New Haven: Yale UP, 1969.

Weissman, Philip. *Creativity in the Theatre: A Psychoanalytic Study*. New York: Dell, 1965.

石塚浩司「作者《不在》の自伝劇――『夜への長い旅路』再考」『英語青年』一三四巻八号（一九八八年）、四一四―一六。

オニール、ユージーン『夜への長い旅路』沼澤洽治訳、『オニール著作集』白水社、一九七五年。

笹山隆『ドラマと観客――観客反応の構造と戯曲の意味』研究社、一九八二年。

中村雄二郎『術語集』岩波新書、一九八四年。

第七章　ユージーン・オニール
——リアリズムと反リアリズムの間の揺らぎ

オニールは特にその実験時代における、新しい素材と技法に対する絶えざる探求の故に、アメリカ演劇最大のモダニストと言われてきた。モダニズム演劇をモダン・ドラマの中でも特に実験的で前衛的な演劇と定義し、その概念については十九世紀の末以来、支配的であった自然主義的リアリズムに対立するものと規定するなら、アメリカ演劇の場合、前衛的な反リアリズム演劇は、オニールの『皇帝ジョーンズ』（一九二〇）もしくは『毛猿』（一九二二）から始まるし、オニールは以後も仮面劇や、小説における意識の流れを応用した「語られる思考」という独特のモノローグもしくは傍白による心理劇、ギリシャ劇のコーラスの復活、神話の借用、祭儀的な演劇など旺盛な実験を試み、次々と問題作を発表し続けた。その彼も、後期に至ると次第にリアリスティックな作風を帯びていき、リアリストに変貌したとも言われる。しかし、オニールは前期と中期のモダニスティックな作品においてもリアリズムの根を断ち切ったわけではなく、リアリズムと反リアリズムの間を揺れ動きながら、その融合を目指した作家であった。『皇帝ジョーンズ』と『毛猿』『奇妙な幕間狂言（*Strange Interlude*）』（一九二八）など、彼の代表的な、しかも商業的に成功したモダニズム演劇を例に取り、反写実的な作品においても写実主義の基盤があることを検証するのが、本章の狙いだ。

一　リアリズム対モダニズム

モダニズム演劇とはどういうものか押さえておくために、リアリズムの概念規定から始めなければならない[1]。文学におけるリアリズムというのは、主観を排して人生を客観的に観察し、人生をリアルに、すなわち人生の姿をありのままに示すことが、文学の役割であるという信条である。従ってリアリズムの演劇観は、人生の断片を忠実に舞台に載せたものが芝居であるという立場になる。そこには、舞台装置をよりリアルなものにしたり、人物をより生きたものにしたり、出来事をより自然なものにしたりすることによって、人生を舞台に再現することができるという素朴な信念がある。リアリズム演劇のドラマツルギーを要約すれば次のようになるだろう。

(1) 素材は、平凡な人間の卑近な生活の中に起こる事件によって構成される。
(2) テーマは、特定の環境や時間を生きる特定の個人の問題として提起される。
(3) 舞台装置をはじめ衣装や照明なども、日常生活から外れた不自然なものであってはならない。
(4) 人物の演技と台詞には、現実生活における言動に近い自然さが求められる。
(5) リアリズム演劇のプロットには、始めと中、終わりがある。

（6）何よりも、リアリズム演劇は散文で書かれる。

それに対し、反リアリズムのモダニズム演劇は客観的視点というものに疑義を挟み、むしろ個人の想像力や直観によって、表面的な事実の奥に潜む真実を掘り起こすことの方が重要だと考える。[2]そこでモダニズムの演劇観というのは、演劇は自然に鏡を掲げるのではなく、作家が想像力で捉えた世界、心に映った世界を描くことだという、反ミメーシス、脱ミメーシスの立場を取ることになる。外側のリアリティを再現するのではなく、意識の内部や意識下の暗い領域に降りていって、夢や幻想など非合理的な世界をむしろ扱おうとする。モダニズム演劇の方法は次のように分類されよう。

（1）人生の見掛けの模写ではなく、その精髄をアレゴリーやシンボルによって寓意的、象徴的に表現しようとする象徴主義。

（2）現実を夢か悪夢のようにグロテスクに歪曲したり、誇張したり、抽象化させたりする、主観性の強い表現主義。

（3）自動記述という潜在意識の連想作用を表現しようとするシュルレアリスムと、その再来とも言われる不条理演劇。

（4）同化ではなく異化効果によって、観客が舞台上の俳優や出来事に感情移入するのを拒否しようとする叙事演劇。

（5）ピランデルロ（Luigi Pirandello 1867-1936）の芝居のように、すでに演劇化しているものとしての人生を扱う演劇、もしくは登場人物自身が演劇的存在であることを自覚しているメタ演劇。
（6）アルトー（Antonin Artaud 1896-1948）の唱えたように、芝居を祭儀的、魔術的な空間に神話化することによって、本当らしさという劇的イルージョンを徹底的に破壊する残酷演劇。
（7）集団の無意識にまで及ぶ始原的な神話、もしくは民間伝説を上演することによって、共同体意識を発揚し、そこに祝祭的な空間を創造しようとする神話劇や宗教劇、民話劇。
（8）韻文劇の試みも、演劇を日常的な写実の次元から高めようとする点で反自然主義的であったので、モダニズム演劇の方法として加えられよう。

二　オニールとモダニズム

（一）『皇帝ジョーンズ』

オニールはこうしたモダニズム演劇の方法を吸収して、「遅れている」アメリカ演劇に革新をもたらそうとした。リアリズムと反リアリズムというモダン・ドラマを形作るふたつの潮流のうち、第二の潮流である反リアリズムの運動は、従来の商業主義演劇への反抗であると同時にリアリズム演劇への反抗でもある。アメリカにおける反リアリズムの演劇、すなわちモダニズム演劇の最初の例が『皇帝ジョーンズ』であった。この芝居は、カリブ海に浮かぶ、ある島の独裁者の精神の崩壊の過程を、ユング（Carl Gustav Jung 1875-1961）の深層心理学を応用して探求しようとする内容の点でも、表現主義とシュルレアリスムの手法を用いて表現しようとする技法の点でも、実験的な要素を色濃く打ち出した作品である。

全八場からなるこの芝居の最初と最後の場面は、リアリスティックな様式で描かれているが、この間に挟まれた六場は、失脚した皇帝の悪夢のような逃走の場面を夢の再現のように処理しようとする。また、主人公のモノローグのみからなり、現実の人間はひとりも登場しない。トムトム太鼓の音に追われるように逃走するうちに、ジョーンズは冷静さを失い、森の中で迷ってしまう。それにつれて、外面的にも内面的にも文明の虚飾を剥ぎ取られ、文字通り裸になっていく。きらびやかな格好をした皇帝から、腰布だけを着けた、アフリカの迷信深い原住民へとどんどん退行していく、暗い森で彼の見る幻影は、自分の過去だけではなく、アメリカの黒人全体の過去の再現ともなるよう意図されている。ジョーンズが通り抜けようとする森を、意識と無意識を含む心のメタファーにして、オニールは黒人の集合的無意識を探求しようとする。

舞台に再現されるものは、主人公の追われる恐怖と罪の意識、精神の錯乱状態が呼び起こす幻影であり、自分の罪深い過去の記憶であり、人種的な過去の記憶である。ジョーンズの心に浮かぶ、そうした非現実的、悪夢的な心象風景を、表現主義やシュルレアリスムによる歪曲や誇張を特徴とする舞台装置や照明、音響効果によって舞台に投影しようとする。特に、追われる主人公の心理と恐怖を、ビート数と音量を次第に増していく太鼓の響きで表現するという音響効果によって、観客は芝居の行動にすっかり巻き込まれ、異常なまでの緊迫感が漂ったという。音響効果という、言葉が優勢を占める従来の演劇においては非本質的なものと思われていた要素の復権によって、情緒的にも観客を揺るがすような衝撃を与え、観客を単に見る者から参加する者へと変えようとする。この点で、アルトーの残酷演劇が目指すものに近いものがある。

第一場と第八場はリアリスティックに処理されているし、主人公も象徴として描かれているだけでなく、一貫した性格と個性を持つ個人としても描かれている。また、言語も論理性に裏打ちされている。そういう面では従来の芝居と断絶したものではないが、それでも『皇帝ジョーンズ』は、アメリカの作家による最初の本格的な実験演劇としてプロヴィンスタウン劇場で画期的な成功を収めた後、ブロードウェイに乗り出し、二〇四回の上演記録を残す。現在では黒人の描写が型にはまっているとか、人種差別的な言葉にあふれているとかいう事情で再演されることはめったにないが、発表された時点では十分に新しいアメリカ演劇の誕生を記す事件であった。

(二)『毛猿』

『毛猿』も大胆な舞台処理が大きな話題を巻き起こした。第一場と第四場の火夫（ボイラーマン）部屋と第六場の刑務所における、グロテスクな歪曲と誇張を特徴とする象徴的な舞台装置は、この世は牢獄であり、人はそこから逃れることはできないというヴィジョンを伝える。第三場の汽船内部の地獄のような汽缶室における白と黒の強烈な色彩のシンボリズム、光と闇の鮮やかな対照には、オニールも見たとされる、ドイツ表現主義映画の傑作『カリガリ博士（*The Cabinet of Dr. Caligari*）』（一九二〇）の影響が色濃い。その他、第一場における電報体もしくは絶叫体とでも言うべき短い台詞の連続と長い叙情的なモノローグの混交、機械的に処理された人間の音声の異常性、第五場における、ニューヨークの五番街をマリオネットのように動く、仮面をかぶった異様な市民たちの超現実性、映画のモンタージュ手法の影響を思わせる場面の急転の仕方、さまざまなスタイルの場面を重ね合わせるコラージュの手法など、エルマー・ライスの『計算機』（一九二三）と並んで、アメリカの表現主義演劇の代表作である。ただ、最後の動物園の場面――ヤンクを殺したゴリラが彼を檻に投げ込み、動物園を去っていくという場面――は、表現主義的というより、象徴性の濃い場面となっている。象徴性が濃いだけに多様な解釈の余地があり、エンディングは曖昧である。

ヤンクがひとつの抽象か、あるいは一個の人間かで、この芝居が表現主義そのものの作品か、そうでないか議論が分かれるところだ。表現主義は性格描写に関心を示さないが、オニールにとって、あるいはアメリカの現代劇にとって、性格描写という分野は始まったばかりの分野だから、オニールとしては性格描写を全面的に捨て去ることはできない。そこでヤンクは、ロバート・スミスという個性を持った人格として描かれているし、彼の行動にはしかるべき動機が付与されている。特に前半部分では、船乗りとしてかなり写実的に描かれているので、全体としてはそれほど抽象化されていない。と同時に、ヤンクは個を超えている。彼は、機械とテクノロジーに対する信仰が崩れたのに、それに代わるものを見出せない現代人、あるいは動物として生きていた頃に持っていた、自然との調和を失った人間の象徴にまで高められる。ヤンクをとおしてオニールは、機械化された時代において生きるとはいかなることか、問おうとした。その結果、ドイツ表現主義の過度の抽象化を避けることになった。

　プロットにしても、表現主義演劇に特徴的なエピソードか断片に分解する、一貫性を欠いた構成というよりは、主人公の自我と世界の葛藤を中心として線状の軌跡を描いている。劇には主要なアクションがある。ヤンクというアメリカ人の代表が、この機械化された世界に所属しようとすると、それが劇の主要なアクションになっている。このように、『毛猿』にはリアリスティックな要素と反リアリスティックな要素が混在しており、性格描写も社会的関心もプロットの展開も重視されているので、表現主義そのものの芝居にはならなかった。劇の最初の四場は特にリアリスティックであり、作者が船員時代に直接体験したり、見聞きしたりして、よく知っている船乗りの生活に基づくリアリティに支えられており、その点では初期の海洋一幕劇に似ている。対話も論理的に進み、辻褄が合っている。オニールのモダニスティックな意匠は、リアリズムを全面的に否定するものではない。

　この芝居が成功した理由の一端がこの辺りにある。すなわち、ナチュラリズムから象徴主義、表現主義、シュルレアリスムまでさまざまな手法を融合させて、斬新な舞台を作り出したかに見えながら、リアリスティックな演劇にすっかり慣れ親しんでいる、アメリカの観客に拒否感を覚えさせるほどには革新的ではないのだ。テーマ自体も、一九三〇年代に流行する社会抗議の芝居を先取りする形で、物質主義は人間の魂を歪めるものであり、そういう体制は人間らしく生きようとする人間にとって敵となるというものであり、観客にとって理解しやすい。『毛猿』もプロヴィンスタウン劇場で評判になり、ブロードウェイに進出し、一二七回の上演記録を残す。

（三）『奇妙な幕間狂言』

オニールはこの二作品の成功によって、新進気鋭の劇作家として実験的な作品を生み出すことを期待されてしまう。さらに、一九二三年に創設された、前衛的な理論家兼プロデューサーのケネス・マガウァン（Kenneth Macgowan 1888-1963）と革新的な舞台装置家兼演出家のロバート・ジョーンズ（Robert Edmond Jones 1887-1954）、オニールの三巨頭体制による「実験劇場」が、オニールをさらなる実験に駆り立てる。一九二〇年代という時代も、実験を歓迎する空気がみなぎっていた。劇作家にとって冒険を奨励され、少々の失敗なら許容される、これほど幸福な時代は以後到来しない。二〇年代のオニール劇の中でも最大の成功を収めた実験演劇が『奇妙な幕間狂言』である。

ニューイングランドの大学町で古典文学を教えているリーズ教授の一人娘、ニーナの波乱の半生を描いたこの芝居は、二部九幕からなり、時は一九一九年から一九四四年までの二十五年間に及び、所はニューイングランドの大学町からニューヨーク市のパーク・アヴェニュー、さらにはロング・アイランドへと移動する、叙事詩的で壮大な構成を持つマラソン劇である。この芝居における、「語られる思考」と「内的独白」という傍白と独白の徹底的な実験は、二〇世紀の実験的な心理小説における意識の流れを演劇に応用したものであり、傍白や独白によって登場人物の内なる思いを伝達するだけではなく、実際に口に出される言葉と内面の意識の間のギャップをも明らかにしようという試みである。オニールは演劇の直接性と小説の微妙なテクスチャーを融合させ、ジョイス（James Joyce 1882-1941）の『ユリシーズ（*Ulysses*）』（一九二二）など現代の心理小説が達成した人物の心理の襞を舞台に表現できないかと考えた。登場人物たちは、この傍白と独白によって、実際に口にすることと反対のことを言ったり、自分の行動の動機を説明したり、意識下にあることを漏らしたりする。オニールはこうして、人間の心理の複雑な動きと広がり、多様な層を表現しようとする。

批評家の中には、オニールはこの作品によって戯曲と小説を統合することができた、と絶賛した者もいるが、その過剰な実験性のために批判も受けた。芝居の約束事として、意識の底にあるものを登場人物が語っている間、他の人物は静止していなければならないのは不自然であるとか、ドラマの流れが停滞することになるとか、すでに説明されている事柄、あるいは観客が容易に推測できる事柄をあらためて語る必要はないとか、人物が次にどういう行動にでるか予測できるので、新鮮さと驚きが失われるとか、さらに意識の底の底にあるものは「語られる思考」によってもそう簡単に表現できるものではない、などという批判には傾聴すべきものがある。しかし、こうした批判はたいていが、従来のリアリズム演劇を理想的なモデルにした上での批判であって、オニールは、プロットの展開に重きを置いた従来のリアリズム演劇にはそれほど関心がなかった。むしろ、何か事件が起こり、それが紛糾し、クライマックスに達して、解決するという、従来の芝居作りを避けようとしている。オニールとしてはプロットの展開ではなく、心の動きの不可解さ、性格の多面性、心の底の隠れた葛藤を探ることの方に関心があった。その点では、アンチ・テアトル（反演劇）を目指していたと条件付きで言ってもよい。

しかし、精神分析を応用したはずが、登場人物たちには十分な深みがないし、傍白によって新しいダイアローグを作ろうとしたはずが、台詞の陳腐さに辟易させられることもあるし、形式的にもリアリズムにモダニスティックな意匠をかぶせただけの、今となっては博物館行きのモダニズム演劇になっている。しかも皮肉なことに、いま読んでも面白いのは、モダニスティックな仕掛けではなく、オニールが否定しようとしても否定しきれなかったリアリズム演劇の残滓の部分である。ニーナと六人の男たち（保守的な父親のリーズ教授、戦死したフィアンセのゴードン、広告業者の夫のサム、姦通の相手である医師のダレル、亡きフィアンセと同じ名前の息子、父親代わりの小説家チャールズ）をめぐる人間関係を中心とする、ストーリーの展開に思わず引き込まれてしまうのである。一九二八年にシアター・ギルドによって最初からブロードウェイで上演されたこの作品は、通しで上演すると四時間を超え、観劇体験の限界を試すような長距離演劇であったが、それでも驚異的な成功を収め、四二六回という、初演の記録としてはオニール劇最大のロングランとなり、三度目のピューリツァー賞が授けられた。堕胎や姦通、遺伝、同性愛といったセンセーショナルな話題が取り上げられたり、当時としてはファッショナブルであった、フロイト心理学の専門用語や概念が使われたりしたことも評判を呼んだのであろう。

三　リアリズムと反リアリズムの間の揺らぎ、あるいはアメリカ演劇の宿命

オニールはモダン・ドラマのふたつの潮流、すなわちリアリスティックな方向と反リアリス

ティックな方向の間を揺れ動いた劇作家であった。初期の海洋一幕劇のリアリスティックなスタイルから出発し、反リアリスティックで象徴的な方向に転換し、時々はリアリスティックなスタイルに戻ったりする。そして後期には、それを批評家は「ダイナミック・リアリズム」と呼んだり、「スーパー・ナチュラリズム」と呼んだりするが、リアリズムと象徴主義の融合した傑作を生み出すに至る。

彼が実験時代を経てついに到達した方法は、舞台をリアリスティックでありながら、象徴的にもするという方法である。写実的な表層を維持しながらも、象徴主義によって表面に現れるものよりも深い意味を与え、全体的な効果をより情緒に訴えるようにしようと努める。後期の作品においては、これ見よがしの意匠や方法は姿を消し、作品の背後に作者は隠れて、その姿が見えない。プロットと性格、ダイアローグ、テーマが舞台装置や照明、音響など演劇のすべての要素と有機的に結び付くことによって交響曲のような音楽性を獲得するに至る。オニールの作品群を後期の作品から振り返ってみれば、多彩な実験を行ったように見えるが、リアリズムに象徴主義という意匠を融合させることが彼の最終目標であったのだと得心する。その見事な成果が『氷屋来たる』であり、第五章で取り上げた『夜への長い旅路』であった。それにしても、この最終ステージに到達するまでの、あの揺らぎはなぜなのだろう。

序章でも述べたように、この揺らぎは、アメリカのモダン・ドラマ成立の特殊事情に求めなければならない。ヨーロッパのモダン・ドラマの場合、ある程度慣習化したリアリズム演劇というものがあって、それに対するアンチ・テーゼとして反リアリズム演劇が起こるのだが、アメリカの場合はそうではない。リアリズムも十分な熟成期間を与えられないうちに、海の向こうからモダニズムの大波が押し寄せた。従って、本格的なリアリズム演劇の試みも反リアリズム演劇の試みもほぼ同時に、しかも同じ劇作家によって着手されたのである。

オニールのブロードウェイ興行第一作目の『地平の彼方』が上演された一九二〇年、批評家たちは、従来のメロドラマとは異なるこの作品にこぞって高い評価を与えた。地平線の彼方に飛び出すことを夢見ていた若者が、農家の娘と結婚し、自分には不向きな農民となり、結局は体を壊して、夢を実現させないまま死ぬという夢の挫折を扱ったこの作品に、従来の感傷的で、ハッピーエンドで終わる、不自然なメロドラマとは異質な、本格的リアリズム演劇の到来と新しい劇作家の誕生を予感したからである。この芝居の成功は、これまで劇場に足を向けなかった知識人階級の目を、新しいアメリカ演劇に向けさせることになった。期待に応えるかのように、オニールは同年『皇帝ジョーンズ』のブロードウェイ公演を成功させ、実験的な演劇の旗手とも目されるようになる。こうしてオニールは当初からリアリズム演劇と反リアリズム演劇という、本来は相反するものを両方とも試みることを、可能ならばこの両者を融合することを期待されたのである。時代もモダニスティックな実験に味方したが、アメリカ演劇を支える観客の中産階級的な性格からして、そこには限度がある。ほどほどに目新しい実験はよいとしても、過剰な実験、難解な内容は歓迎されない。それに、商業的に一応の成功を収めるためには、実験的な作品であっても、リアリズムから遠く離れてはいけないのである(3)。

こういう事情は、オニールに続く他の劇作家の場合も同じだ。オニール以降の商業的にも成功したモダニスティックな芝居というと、たとえばワイルダー（Thornton Wilder 1897-1975）の『わが町（*Our Town*）』（一九三八）と『危機一髪（*The Skin of Our Teeth*）』（一九四二）、ウィリアムズの『ガラスの動物園』（一九四五）と『欲望という名の電車』（一九四七）、ミラーの『セールスマンの死』（一九四九）と『転落の後に』（一九六四）、オールビーの『ヴァージニア・ウルフなんかこわくない』（一九六二）などが挙げられるが、これらの作品はモダニスティックな手法を使っているけれども、たとえば表現主義や叙事演劇、不条理の演劇、残酷演劇などモダニズム演劇のどれかの方法一色に染められているわけではない。第十章で詳しく述べるが、アメリカの劇作家はひたすらモダニスティックな実験を行い、反写実に向かうというよりは、リアリスティックな基盤の上にモダニスティックな意匠を付け加えるという路線を選ぶ、いや選ばざるを得ない。リアリズムと反リアリズムの間を揺れながら、その統合を目指そうとする。これが今も変わらない現代アメリカ演劇の特質と宿命であり、その最初の例がユージーン・オニールであった。

注

（1）演劇におけるリアリズムの定義と概念規定については、J・L・スタイアン（J. L. Styan）とベントリー、レイモンド・ウィリアムズ（Raymond Williams）など参照。

（2）演劇におけるモダニズムの定義と概念規定については、スタイアン、ライオネル・エーベル（Lionel Abel）、ベントリー、ブルースティーン、マーティン・エスリン（Martin Esslin）、ジュリア・ウォーカー

（Julia A. Walker）など参照。

（3）アメリカ演劇とリアリズムの関係については、ガスナーとマッカーシー、マーフィー、スタイアンなど参照。

引用・参考文献

Abel, Lionel. *Metatheatre: A New View of Dramatic Form*. New York: Hill, 1963.

Bentley, Eric. *The Playwright as Thinker: A Study of Drama in Modern Times*. 1946. New York: Harcourt, 1967.

Brustein, Robert. *The Theatre of Revolt: An Approach to the Modern Drama*. London: Methuen, 1965.

Esslin, Martin. *The Theatre of the Absurd*. Rev. ed. Garden City, NY: Anchor, 1969.

——. *Brief Chronicles: Essays on Modern Theatre*. London: Temple, 1970.

Gassner, John. “Realism in Modern American Theatre.” *American Theatre*. Ed. John Russell Brown and Bernard Harris. London: Arnold, 1967. 11-27.

MaCarthy, Mary. “The American Realist Playwrights.” *Mary MaCarthy's Theatre Chronicles 1937-1962*. New York: Noonday, 1963. 209-29.

Murphy, Brenda. *American Realism and American Drama, 1880-1940*. Cambridge: Cambridge UP, 1987.

Styan, J. L. *Realism and Naturalism*. Cambridge: Cambridge UP, 1981.

——. *Symbolism, Surrealism and the Absurd*. Cambridge: Cambridge UP, 1981.

——. *Expressionism and Epic Theatre*. Cambridge: Cambridge UP, 1981.

Walker, Julia A. *Expressionism and Modernism in the American Theatre: Brides, Voices, Words.* Cambridge: Cambridge UP, 2005.

Williams, Raymond. *Drama from Ibsen to Brecht.* 2nd ed. Harmondsworth: Penguin, 1973.

全国アメリカ演劇研究者会議『アメリカ演劇　ユージーン・オニール特集』五号、法政大学出版局、一九九一年。

――『アメリカ演劇　ユージーン・オニール特集二』一四号、法政大学出版局、二〇〇二年。

第三部　モダン・アメリカン・ドラマ

第八章　オールビーの『ヴァージニア・ウルフなんかこわくない』とシェパードの『埋められた子ども』にみるアメリカン・ファミリー

一　はじめに――アメリカ演劇と家族

演劇批評家でもあったウィリアム・ディーン・ハウエルズの劇評の中に、アメリカの演劇とイギリスの演劇をくらべているものがある。その中で彼は、イギリスの芝居が社会人（society man）としての人間を扱うのに対し、アメリカの芝居は家庭人（family man）としての人間を扱う、それはイギリス人の主たる関心が社会にあるのに対し、アメリカ人のそれは家庭にあるからだという趣旨のことを述べている（八八）。確かに、アメリカ演劇は今日に至るまで夫婦関係や親子関係、兄弟関係など家族を一大テーマにしてきた。トム・スキャンラン（Tom Scanlan）は『家族と演劇、アメリカの夢（*Family, Drama, and American Dreams*）』の中で、家族をめぐる状況がアメリカ演劇の重要な主題であること、とりわけ二〇世紀のアメリカ演劇は家族生活の諸問題に取り組んできたこと、アメリカ演劇の本領はリアリスティックな家族劇にあることをオニールやミラー、ウィリアムズ、オールビー、ロレイン・ハンズベリー（Lorraine Hansberry 1930-65）などを取り上げながら、論証している（一―一六）。

サディアス・ウェイクフィールド（Thaddeus Wakefield）も『二〇世紀アメリカ演劇における家

族（*The Family in Twentieth-Century American Drama*）』の中で「アメリカ演劇の中心的主題はおそらく、アメリカの家族であろう。ロイヤル・タイラーの植民地喜劇『コントラスト』（一七八七）からオーガスト・ウィルソン〔August Wilson 1945-2005〕の『キング・ヘドリー二世（*King Hedley II*）』（二〇〇一）まで、アメリカの劇作家は夫婦関係や親子関係を一貫して取り上げ、アメリカ的経験を探求し、明らかにしてきた」（一）と述べている。C・W・E・ビグズビー（C. W. E. Bigsby）も『現代アメリカ演劇――一九四五年～一九九〇年（*Modern American Drama, 1945-1990*）』の中で「アメリカ演劇ほど、世代間の葛藤に関心を寄せてきた演劇はない」（一七三）と述べている。日本では、一ノ瀬和夫が『境界を越えるアメリカ演劇』の中で、二〇世紀アメリカ演劇において「もっとも頻繁に取り上げられてきたテーマは、家族と家庭をめぐる問題だった」（二一）ことを指摘している。

なぜ、アメリカ演劇は家族にこだわるのか。ビグズビーは「おそらくアメリカ社会は、新しい始まり、歴史に汚されていない未来、道徳的な力としての自立した個人というイデオロギーにかなりの程度取り憑かれてきたから、それ〔家族〕が重要なテーマになるのは当然であった」（一七三）と考えている。その理由として、ハウエルズは、アメリカには社会がないが、家庭はたくさんあること、家庭がたくさんあるのは、アメリカ人の大半が今なお農村部の出身であり、幸福感においてきわめてシンプルであるからだとしている（八八）。アメリカの民主政治を考察した、トクヴィルは、アメリカの家族とヨーロッパの家族の違いをアメリカの民主主義に求める。『アメリカの民主政治』下巻第三編第八章「家族への民主主義の影響」の結論部において「民主主義は社会的紐帯をゆるめる。けれども民主主義は、自然的紐帯を引締める。民主主義は市民たちを引離すと同時に、親族たちを接近させる」（三五二）と述べている。彼は他方で、民主主義が個人主義を促進することにも注意を喚起している。下巻第二編第二章「民主国における個人主義について」の結びにおいて「そういうわけで、民主制では、各人は自らの祖先を忘れるようになるが、自らの子孫も姿を消すようになり、そして自分自身をその同時代の人びとから引離すようになっている。そこでは、各人は絶えず自分一人に立ちもどり、そしてついには、自分自身を自らの心の寂寞のうちに全くとじこめてしまうことになる」（一九〇）ことを指摘している。すなわち、民主主義が強める個人主義と家族の紐帯、このふたつの間を揺れ動くのがアメリカ人なのである。アメリカ演劇において家族が伝統的なテーマになるのは、けだし自然の成り行きと言うべきであろう。

だが、家族劇は何もアメリカ演劇に限ったものではないし、演劇だけが小説や詩など他の文学ジャンル以上に家族のテーマを扱ってきたわけでもない。家族劇は、ギリシャ悲劇からシェイクスピアまでの古典劇のみならず、イプセン（Henrik Ibsen 1828-1906）やストリンドベリ（August Strindberg 1849-1912）、チェーホフ（Anton Chekhov 1860-1904）以来のリアリスティックな近代劇の伝統であった。スティーヴン・ピンカーによれば、家族は古今東西、ジャンルを問わず、多くの文学者にとって万古不易のテーマであり続けてきたという（中巻二七二）。その中でも、アメリカ演劇はことのほか家族の問題にこだわり続けてきたように思われる。それはなぜなのか。これまで述べてきた理由以外にも、いろいろある。たとえば、演劇は大勢の観客の前で上演されることを前提にしていること。さらには、芝居の上演には役者や舞台監督、プロデューサー、道具係、照明係、衣装係から宣伝係、財務担当に至るまで、大勢の人びとの共同作業が必要であること、それが演劇に公的な性格を与えている。劇場自体が多様な観客を含む、より公的な空間である。その点で、家族というのは、家族内では配偶関係や血縁関係によって結ばれた閉じられた体系ではあるが、個々の成員は家族以外の社会体系にも結び付いている開かれた体系でもあり、その両面を併せ持つ半封鎖体系だから、公的な性格を持つ家族の問題の方が、個人のあまりにパーソナルな問題より、演劇のテーマにふさわしいと言える。そして何よりも、芝居のアクションの駆動力となるのは、なんらかの葛藤であるから、家族における世代間、兄弟・姉妹間の葛藤がすぐさま取り上げられる。その他、多人種・多民族社会のアメリカにはさまざまな家族があり、それを舞台に載せるだけで十分に観客の興味を引くことができる。アメリカ演劇と家族の親和性について、そのようなことも考えられるだろう。

この問題はそれくらいにして、これからはエドワード・オールビーの『ヴァージニア・ウルフなんかこわくない』（初演一九六二年）とサム・シェパードの『埋められた子ども（*Buried Child*）』（初演一九七八年）を取り上げ、アメリカの家族がどのように描かれているかスケッチした後、それぞれの家族像が今どのような意義を持っているのか考えたい。家族の定義は、アメリカ国勢調査局に倣って「出生、結婚または養子縁組によって親族関係にあり、かつ同一世帯に住んでいる二人以上の集団」とする。では、なぜこのふたつの作品なのか。奇をてらうようだが、両方に幻想の子どもが出て来るからである。オールビー劇の場合は、実在すると思われたが、実際には幻想だとわかる子どもであり、しかもその子を象徴的なレベルで殺害する。シェパード劇の場合は、幻想かと思われたが実在の子どもであり、何十年も前に殺害されていて、最後に死体となって出て来る。組み合わせとして面白いではないか。また、一九二八年生まれのオールビーと一九四三年生まれのシェパードでは一五歳の年の開きがあるので、育った時代によって、それぞれの家族観に相違があるのかないのか探る上でも、悪くない組み合わせであろう。

二　『ヴァージニア・ウルフなんかこわくない』――幻想の子どもを超えて

どういうストーリーを扱うのか。時は現代（一九六〇年頃）、新学期の始まる九月のある土曜日の深夜、所はニューイングランドの大学町[1]。結婚して二十五年になる、ある中年の夫婦の家を深夜、若い夫婦が訪問する。この中年の夫婦――夫のジョージは四十六歳で歴史の助教授、妻のマーサは夫より年上の五十二歳で学長の娘――は、学長の邸宅（妻の実家）で開かれた新任教員の歓迎会から帰宅したばかりで、かなり酩酊している。そこに、会場で声を掛けられた若い夫婦が立ち寄り、二組の夫婦はさらに酒を飲み続ける。若い方の夫はニックといって、この大学に着任したばかりの生物学の教師、ハンサムでスポーツマン・タイプでもある。妻はハニーといって、二十六歳のほっそりした、おとなしい女性。

この若い夫婦の前で、中年の夫婦は激しい夫婦喧嘩を繰り広げる。喧嘩の原因はたくさんある。たとえば、妻の不満としては、夫がうだつの上がらない万年助教授であること、学長の娘と結婚したのだから、うまく立ち回れば学長の後釜に座ることもできるのに、それだけの社交性も野心も気骨もないこと。要するに、学長をしている妻の父と大違いであることが、夫に対する妻の不満の大本なのである。しかし今夜に限っていつもと違うのは、息子のことは客に話すな、とジョージがマーサに厳命していたにもかかわらず、マーサは話してしまったから、ジョージは不本意ながら彼女に合わせるしかない。そこで、どちらが良い親であったか、いかに相手が悪い親であったか、激しい応酬がある。観客は最初のうち、この息子（名前はジム）の存在を疑わないが、最後にようやく、彼が架空の存在――ふたりが結婚生活を続けるために想像によって作り上げた幻想の子ども――であることがわかる。ところが、妻の方はこのところ、その子どもを幻想ではなく、実在する子どもと思い込むようになっている。そこで、夫は妻が狂気に陥ることを心配して、ちょっとした荒療治を思い付く。マーサのために、明日で二十一歳の誕生日を迎える、幻想の子どもを葬り去ろうとする。深夜、電報が届いて、息子が交通事故で死んだと告げるのである。幻想を奪われた（あるいは捨て去った）夫婦がこれから、子どもがいないという現実を直視して、新しい夫婦関係を作り上げることができるのか、できないまま終わるのか、判然としないまま芝居は終わる。

（一）ニューカルタゴのジョージとマーサ

まず、主人公夫妻の名前と大学町の地名について考えてみよう。ジョージとマーサ、この名前は初代大統領ジョージ・ワシントンとファースト・レディーのマーサと同じである。この芝居のジョージとマーサは、現代の代表的なアメリカの夫婦を象徴するのである。(2) 皮肉屋の作者のことだから、現代のジョージ夫妻と約一八〇年前のジョージ夫妻との落差の大きさを狙っているのだろう。

初代大統領と妻の間には子どもができなかったが、妻にはふたりの連れ子がいた。他方、現代のジョージとマーサには子どもがいない。正確には、いると思われたが幻想であった。芝居の場所、ニューイングランドのこの大学町の名前は、ニューカルタゴという。初代のカルタゴというのは、紀元前八世紀頃、アフリカの北岸（エジプトの西）に、フェニキア人によって造られた古代都市国家であるが、ローマとの三回に及ぶポエニ戦争の結果、紀元前一四六年についに滅亡している。征服後、ローマ人はいつものように、征服した土地に塩をまき、何年も草木一本生えない、不毛の土地にしたと言われている。このアメリカの大学町がカルタゴにちなんでいるということに関連して、もうひとつ連想させられることがある。「フェニキアの、古代カルタゴ（人）の」という意味のラテン語起源の形容詞にPunicという英語があるが（ポエニ戦争は英語でPunic Warsと言う）、この言葉には「信義のない、裏切りの」という意味もあるということである[3]。

なぜオールビーはこの大学町に、征服された古代国家、しかも信義にもとるとされたフェニキア人の国家、カルタゴという名前を与えたのであろう。この町も、外敵によらないまでも、腐敗と堕落によって内部から滅びるということか。塩をまかれて荒れ地になったカルタゴと同様、ニューカルタゴも道を間違えれば、不毛の地になりかねないということか。第二幕の最後の方に、ドイツの歴史家、シュペングラー（Oswald Spengler 1880-1936）の『西洋の没落（*The Decline of the West*）』の一節をジョージが引用する場面がある――「かくして西洋は、有害なばかりの同盟関係が足かせとなって、また、厳格なあまり時勢の変化に対応できない道徳観が重荷となって、やがて……必ずや……滅亡する」（一〇四）。衰退期に入った西洋文明がやがては没落するように、アメリカ文明もまもなく衰退期に入り、同じように滅亡するということであろう。ジョージとマーサの夫婦に子どもがいないこと、もう一組の夫婦にも子どもがいないことが、このテーマをさらに補強する。特に若い方の夫婦の場合、結婚のきっかけになった妻の妊娠は想像妊娠であったし、いざ結婚後は、妊娠して母親になるのが怖いので、妻は夫に内緒で子どもが授からないように避妊し続けているのである。

次に、ニューカルタゴがニューイングランドにあることの意味はなんなのか。この大学町はほかにも、アドレア海東岸のバルカン半島にあった古代国家、イリュリアや、アナトール・フランス（Anatole France 1844-1924）の風刺小説『ペンギンの島（*Penguin Island*）』（一九〇三）の舞台となった同名の島、市民の邪悪さのためにソドムとともに神に滅ぼされた罪と悪徳の町、ゴモラにたとえられたりもする（三一）。実在、架空を問わず、すべてがかつては繁栄したが、やがて滅びた場所である。ニューイングランドはよく、自由と平等、民主主義をはじめとするアメリカ的な理念が生まれた場所であり、アメリカ的価値の牙城とされてきた。アメリカ的な価値には、家族も含まれている。この芝居がニューイングランドのニューカルタゴに設定されているということは、アメリカ的価値は今どうなったのかという問いを観客と読者に突き付けるものだ。

（二）アメリカン・ファミリーへの幻滅感

家族関係、夫婦関係、親子関係に目を向けると何が見えてくるか。この芝居に描かれる夫婦関係は荒涼としている。夫婦間の戦いは、それこそ紀元前のアリストファネス（Aristophanes c.450-c.385 BC）などのギリシャ喜劇以来、演劇が好んで扱ってきたテーマではあるが、オールビーのこの芝居ほど、かつては愛し合っていたが、今はいがみ合う夫婦を描いて、これほど痛烈なものはほかに類がない。この夫婦の名前が初代大統領夫妻と同じであるということは、現代アメリカの代表的なカップルがいかに地に堕ちたか、アメリカ的理想がいかに堕落したかを物語る一大ジョークとなる。若い夫婦、ニックとハニー夫妻の関係にしても、一見良好そうだが、皮相に流れている。遠慮があるのか、愛が浅いのか、心の通った関係とは言えない。そもそもニックがハニーと結婚したのは、金目当ての面も大きい。ハニーの父は人気のある伝道師として莫大な財産を残した。そういえば、マーサの父が今日の地位を築いたのも、金持ちの女性と再婚し、その彼女がすぐに死んで、莫大な財産を残してくれたからであった。

家族関係はどうか。マーサと父、マーサと義母、ジョージと両親、ジョージと義理の父、ハニーと父、ジョージ夫妻と「息子」の関係などいろいろあるが、好ましい家族関係はひとつとして描かれていない。アメリカ的制度の土台としてのアメリカン・ファミリーへの幻滅感が色濃い。前年に上演された一幕劇の『アメリカの夢（*The American Dream*）』（一九六一）自体が、マミーとダディー、グランマという固有名詞を剥ぎ取られた家族を登場させ、アメリカン・ファミリーを徹底的に風刺した芝居であった。マミーとダディーには忌まわしい過去がある。昔、養子縁組サーヴィスを利用して、養子を世話してもらったのだが、その子が少しでも自分たちの意に沿わないとなると、目をくり抜いたり、鼻を削いだり、性器や手を切り落としたり、舌を抜き取ったりして、殺してしまったことがあるようだ。その子の片割れ（双子の兄弟）として登場するのが、「アメリカン・ドリーム」なるニックネームを持つ青年である。彼は映画俳優のようにハンサムで、たくましい体つきをしているが、すべての情感と人間性が枯渇している空虚な人間である。金のためならなんでもすると言ってはばからない、おぞましい人物である。その青年をマミーとダディーが一家の新しい養子に迎えるところで幕が下りる。このように、アメリカン・ファミリーへの幻滅感が笑劇風の風刺に包まれている。(4)

こうした、家族への幻滅感は、作者自身の家族観の反映なのかもしれない。作者の生い立ちが無意識のうちに、ジョージと両親の関係に影を落としているようだ。ジョージの出自はわざと曖昧にされているが、マーサが語る、彼の書いたという自伝的な小説の内容から判断すると、ジョージは子どもの頃、銃の暴発で間違って母親を殺し、長じて仮免許で車を運転中、立ち木に衝突して、助手席の父親を死亡させたらしい。これが事実かどうか最後まで不明だが、ジョージの両親へのアンビヴァレントな感情を示唆するに十分である。ここに、生後二週間後に自分を捨てた（養子に出した）両親への恨みの感情（あるいは両親の死を願う感情）、あるいは（および）あまりうまく行かなかった養父母との関係が投影されているのかもしれない。(5)

(三) ワルプルギスの夜祭から悪魔祓いを経て、死者のためのミサへ

あまりハッピーな夫婦と家族は描かれていないとしても、ジョージ夫妻の場合だけは、結婚生活を破綻寸前の瀬戸際で押しとどめ、息子の死を乗り越えて新たな関係に向かうことが、かすかながら暗示されている。そういう解釈を拒否して、ジョージとマーサはまた、別の客を相手に同じこと

（儀式と化した口喧嘩）を繰り返すであろうという解釈も不可能ではない。とすれば、メッセージは明らかである。結婚は地獄なのだ。そうではなく、次の三つの理由で幕切れに変化の兆しと希望を見出したい。第一に、第三幕が「悪魔祓い（The Exorcism）」というタイトルになっていて、実際に悪魔祓いを想起させるアクションが展開すること。第二に、「死者のためのミサ」を模した儀式が行われること。第三に、キリスト教的なイメージとシンボリズムが色濃いことである。

第一の悪魔祓いということであるが、ニックという名前は「オールド・ニック」すなわち、「悪魔」の通称を連想させる。マーサは「異教徒（a pagan）」（四九）にたとえられるほか、「魔女（SATANIC BITCH）」（八四）にもたとえられる。そのニックとマーサは、第二幕のタイトル、「ワルプルギスの夜祭（Walpurgisnacht）」で起こるとされる、悪魔と魔女の姦通には至らなかった。ニックも第三幕の最後には退場する。悪魔祓いが行われて、ジョージとマーサは日曜日、キリスト教の安息日を迎えることができる。そう読めば、ジョージとマーサの未来に変化の兆しを見て取ることができる。

次に、死者のためのミサであるが、ジョージは、最近のマーサが現実と幻想の区別が付かなくなってきていて、このままでは危険であるから、何か手を打たなければならないと思っている。

ところがマーサ、君はこのところ――この数百年ってところかな、ともかく君と一緒に暮らしてきた長い、長い年月――新しいやり方を試している。おかげでこっちは、たまらないね。もう限度だ。君はごっそり荷物をまとめて、自分の幻想の世界に引っ越してしまい、さらなる幻想曲をつぎつぎと演奏し始めている

……君のことが心配なんだよ。君の精神状態が。（九三―九四）

そこでジョージはマーサを幻想の世界から現実世界に引き戻すために、想像上の子どもを殺すことに決める。妻が赤ちゃんの妊娠から誕生、子ども時代までの様子を事細かに語る間、夫は伴奏のように、ラテン語のレクイエム典礼文を唱える。レクイエムというのは、ローマカトリック教の「死者のためのミサ曲」、すなわち死者の煉獄滞在期間をできるだけ短くして、早く天国に行ってもらおうと唱える祈りである。その合間にジョージは、マーサに衝撃的な「事実」を告げる。先ほど電報が届いて、息子が死んだと。この儀式を契機に、マーサはやがては息子の死を受け止め、幻想の終わりを受け入れることができるだろう。

最後に、キリスト教的なシンボリズムであるが、マーサが自分の子どもを「哀れな子羊」（一一九）と呼んだり、「光」と呼んだりする場面がある――「この希望なき、暗闇におけるただひとつの光、わが息子」（一三三）。キリスト教で「子羊」と言えば、イエスのことであり、「世の光」とは同じくイエスのことである。そのイエスが十字架上で死んだのは、人類の罪を購うためであったから、息子の死も、ジョージとマーサの罪を購うため、ふたりの新しい出発を準備するための犠牲であった。このような理由から、芝居のエンディングにはかすかな明るさが射し込んでいると解釈してよい。幻想の子どもは、ふたりが子どものいない人生を耐えられるようにするために作り上げた、想像の産物であった。ふたりが架空の子どもを作り出したのは、夫婦ふたりだけの淋しさを紛らすために、一種のゲームとして始まったのだろう。それがどんどん実体を与えられていった。幻想として始まったものが、もう引き返せないほどにリアルなものになってしまったから、ジョージはそれを打ち壊すことにした。

『ヴァージニア・ウルフなんかこわくない』という劇のタイトルは、ディズニー（Walt Disney 1901-66）の漫画映画『三匹の子ぶた（*The Three Little Pigs*）』（一九三三）の中で歌われる「おおかみなんかこわくない」のもじりである。マーサが父のパーティーで歌って大受けしたのだろう。ヴァージニア・ウルフ（Virginia Woolf 1882-1941）は難解な小説家としても有名であるから、このタイトルは面白い。日々何かに怯えながら生きている人間の生への不安と怖れを表す、巧みなタイトルでもある。ストーリーに照らして解釈すると、「幻想なしで人生を生きることは、怖くない」という意味になるだろう。だが、マーサは芝居の最後で「わたしは怖い」（一四〇）とつぶやく。肩を優しく抱いて、慰めるジョージ。夫婦愛を見せつけるタブローで芝居は終わる。あんなに威勢のよかったマーサなのだから、この場に及んで弱気になってほしくないという気もするが、劇作家としてはブロードウェイの観客を意識せざるを得ない。観客の中産階級的な趣味に迎合し、彼らの期待に沿うような、センチメンタルなエンディングは仕方がない。

オールビーは「自己満足の一九五〇年代」を痛烈に風刺することで劇作家としてスタートした。アメリカの五〇年代というと、理想の家族を描き、恋愛と夫婦の絆を理想化するテレビドラマ（ホームドラマ）が次々と放映された時代、伝統的家族が形成されたと思われた時代であった。その文脈でこの芝居を読むと、この芝居は伝統的家族や理想的家族とは大違いの家族を描いている。

伝統的家族とか理想的家族なんて幻想にすぎなかった、そういうことを訴えかける芝居に見える。ただ、この中年の夫婦が、子どもがいて初めて結婚は完成するという価値観に囚われているところ（これも家族幻想と呼んでもよい）は、少々時代を感じさせる。

三　『埋められた子ども』——家族に囚われて

この芝居はリアリスティックに見えながら、登場人物の行動の動機や心理状態は、きちんと説明されない。出来事の因果関係もそう。過去に何が起こったのか、いま何が起ころうとしているのか、この先どうなるのか、よくわからない。確かな手掛かりを与えてくれないからである。その結果、悪夢にも似た超現実的なアクションが、現実と幻想のあわいの白昼夢のような空間で展開する。観客は常に不安な宙吊り状態に置かれる。どういう芝居なのか、曖昧で多義的な面も多いのだが、思い切って、次のようにまとめられるだろう(6)。

時は現代だが、時間を超越しているような民話性・神話性もある。所はイリノイ州のある農家と明示されている。かなり広い農場を持つ農家のようだが、家具や調度品をはじめ、あちこちに消耗の徴が見て取れる。一家の長、ドッジ（Dodge）は七〇代。一階のソファーで寝起きしている彼は、寝たきり老人然としている。大きな病気を抱えながら、妻の目を盗んでウィスキーは飲むし、煙草は吸う。かつては成功した農場主であり、責任ある家長であったようだが、その名の通り（動詞の dodge には「言い抜ける」「ごまかす」という意味がある）、何を聞かれても答えをはぐらかすし、家族への責任なるものも放棄してしまっている。妻のヘイリー（Halie）は六十五歳くらい。敬虔なキリスト教徒を自負しているが、いささか偽善的。その名の通り（語幹のhaleには「丈夫な」「元気な」という意味がある）、若い時から性的に「旺盛な」面があり、今も聖職者と不倫しているようだ。四〇代後半の長男、ティルデンは、元オールアメリカンのフルバックをやっていたというが、なぜか痴呆症状を呈している。彼は、何も植えていないはずの裏庭からトウモロコシを、後ではニンジンを、最後には赤ちゃんの遺体を抱えて、家に入ってくる。次男のブラッドレーは昔、チェーンソーで片足を切断して以来、義足を付けている。寝込んでいる父の頭髪を電気バリカンで乱暴に刈り落としたり、客の口を大きく開けさせて、指を突っ込んだり、性格が粗暴である。そのくせ、母親に一喝されると、大の男がめそめそする。この一家には、アンセル（Ansel）という元バスケットボールの花形選手の三男がいたが、結婚初夜、モーテルで死んだようだ。その死んだ三男を母は生きていれば大人物になったのにと、まるで神のように崇拝している（ゲルマン語のansiには神の意味がある）。

そのような一家に、長男ティルデンの息子であるヴィンセント、愛称ヴィンス（Vince）という二十二歳の若者が、恋人のシェリーを連れて、六年ぶりに生まれ育った祖父母の家に里帰りする。自分のルーツを確認して、新たに出発するためなのだろう。職業はプロのサクソフォン奏者のようだ。放蕩息子の帰還という、お馴染みのテーマの変奏である。だが、期待していた歓迎は受けられない。それどころか、祖父は自分を孫だとわかってくれないし、父も自分を息子と認めてくれない。精神状態が少しずつおかしくなっていく。頭を冷やすために、いったんは逃げ出すものの、翌朝、酔っ払って再度、帰還する。祖父は彼を孫と認め、財産を彼に譲り渡すと述べて、息を引き取る。こうして孫が父に代わって、一家を継ぐことになる。ストーリーを考えれば「征服する」という意味のラテン語に由来する、ヴィンスという名前は実にアイロニカルである。芝居自体は、冒険心に富んだ若者が自由を求め、世界を征服するために家を飛び出したものの、最後には家族に征服されるというストーリーを扱っているからである。

こういう家督相続と家族の呪縛というストーリーに、謎解きの要素が入っている。中西部の農民一家はそもそも、なぜおかしくなってしまったのか。過去に一体何があったのか。

(一) 押入れの中の骸骨、あるいはアメリカン・ファミリーの崩壊

英語に「押入れの中の骸骨（a skeleton in the closet）」という言い回しがある。すべての家庭には他人に言えない秘密があるという意味である。この一家にもある。それは、タイトルにもなっている「埋められた子ども」をめぐるものである。どうも、この子どもは、母と長男との母子相姦の結果、生まれた子どもらしい。夫はその子どもを溺死させ、死体を裏の畑に埋めてしまう。それ以来、この農家（最盛期には、ミシガン湖をふたつ満たすほどの量の牛乳を生産していたという）は没落してしまったようだ。家族関係も破綻してしまった。夫婦間、親子間、兄弟間にもはや情愛はない。父は農場に作物を植えるのをやめ、煙草と飲酒、テレビに耽るようになった。その間、病は進行する。母は魂の救済を求めてか、宗教に走った。長男は罪の意識の重さに、家を飛び出しニューメキシコの砂漠に向かったが、そこで間違いを犯して刑務所に入った。二〇年ぶりで家に戻ってきた彼

は、精神に異常を来している。

最初のうちは、この一家は普通の家族のように見えなくもない。現にヴィンスのガールフレンドは、彼の育った家を一目見るなり、ノーマン・ロックウェル〈Norman Rockwell 1894-1978〉の絵を連想するし、英語の代表的な教科書を連想する――「まるでノーマン・ロックウェルの表紙絵か何かみたい。……ディックとジェーン、犬のスポット、それと母さんと父さん、弟のジュニアと妹のシシー」(二九二)。ディックとジェーンは、一九三〇年代から六〇年代中葉頃まで、アメリカの小学校で広く使われた英語の教科書に登場する人物である。ふたりを主人公とするこの教科書は、アメリカン・ドリームと郊外に住むアメリカン・ファミリーの素晴らしさをアメリカ中の子どもたちに教えたものであった。だから、シェリーは、シチメンチョウやアップルパイが出て来る感謝祭の家族再会のようなものを想像していたのだ。ところが、この一家はそうした伝統的、理想的な家族からずれていることが明らかになっていく。一家の秘密が白日の下にさらされる。自由を求めて家を飛び出したはずのヴィンスも最後に、自分もこのおぞましい一家に連なることを悟り、家族から逃れられないと観念する。

このように、この芝居は暗く、恐ろしい秘密を持った、中西部のある家族を登場させて家族の意味を問い掛けることを狙っている。と同時に、アメリカの夢を構成する重要部分である、アメリカン・ファミリーの崩壊を悪夢的なヴィジョンで描きながら、アメリカン・ドリーム、あるいはアメリカ的神話が今どうなったか、問い掛けようともしている。アメリカの心臓部とも称される中西部は、ジェファソンが理想とした、自営農民とその家族が、自由、平等、幸福の追求といった共和国の理念を高く掲げながら自足した生活を送る場所、ジェファソン的農本主義のユートピアになるはずであった。現にドッジがシェリーに「忍耐と不屈の精神、決断力」（二九七）の三大美徳を守れば、間違うことはないと説教するシーンがある。改訂版では「そのようにしてアメリカは建国されたのだ」（四二）という台詞が挿入され、中西部とアメリカ的価値観の結び付きがさらに強調される。ところが、この芝居が狙うのは、アメリカ的価値を代表するはずのイリノイの農家を舞台にして、一家の母子相姦と赤子殺害の秘密を暴露することである。そう考えると、埋められた子どもは、アメリカ的神話とアメリカン・ドリームに消すことのできない汚点を与えるもののメタファーかもしれない(7)。

もっと想像をたくましくして、「埋められた子ども」は、秘密や罪を隠し通そうとする家族だけではなく、都合の悪いことは忘れようとする、アメリカの歴史的健忘症のメタファーだと考えたくもなる。トマス・アードラー（Thomas P. Adler）は、「埋められた子ども」は人種差別であれ、宗教的、民族的偏見であれ、他国への軍事介入であれ、アメリカの罪深い過去のことかもしれないとまで述べている（一二一）。軍事介入と言えば、第三幕に、酔っ払って帰ってきたヴィンスが、何本もの空の酒瓶を爆弾に見立て、壁やドアに次々と投げつけては炸裂させるシーンがある。砕け散る酒瓶が大音響を立てるなか、彼は「海兵隊賛歌(8)」を歌う――「モンテスマの館からトリポリの岸辺まで。我らはお国のために戦う。陸でも海でも」（三〇八）。いささか、牽強付会かもしれないが、ここにいつも戦争をしている帝国主義のアメリカを見て取ることができよう。

それと関連して、「この家はぷんぷん罪の臭いがする」（三〇四）、「事態がどんどん悪化するばかり、すべて下り坂」（三〇五）というヘイリーの台詞は、アメリカ全般について語っているようにも聞こえる。とすると、アメリカ的価値の衰退、アメリカン・ファミリーの崩壊というナショナル・ドラマ（国民演劇）が、イリノイの農家を舞台に演じられているのかもしれない。この一家が、どこかで道を間違えてしまったアメリカ社会の寓意か象徴のようなものにも思えてくる。

（二）運命（呪い）としての家族

この芝居に神話的、あるいは民話的な要素や儀式性、要するにフレーザー（James George Frazer 1854-1941）が『金枝篇（*The Golden Bough*）』で紹介したような、オシーリスをはじめとする穀物神の死と再生のパターンを見出す研究者は、ある種の希望を結末に読み取る者が多い。その代表が、アメリカではトマス・ナッシュ（Thomas Nash）、日本では長田光展である。長田は、一家の歴史に秘められた子殺しの罪を暴露し、自覚することによって一家は再生し、再出発すると解釈する（二一四）。そういう解釈も可能だが、幕切れはそれほど明るくない。この家族全体の印象を考えても、ひとりは溺死させられた後、埋められたし、ひとりは頭をすっかりおかしくし、ひとりは足を切断されている。芝居全体が与える印象を考えても、舞台上では、何度も埋葬を連想させる儀式が行われるし、戦争のイメージも色濃い。死や破壊、欠損、解体のイメージが氾濫している。そのような芝居において、豊穣と再生のイメージとして、トウモロコシやニンジンがいくらたくさん舞台に持ち込まれようとも、一家の未来に希望を見出すことはできない。何も変わらない、しかし家族は続くと考えるしかない。

その証拠に、劇は循環構造になっている。劇は二階から下にいる夫に呼びかける妻の声で幕が開き、同じく二階から下の、死んでいる夫に呼びかける妻の声で幕は下りる。視覚的なイメージとしても、最後のヴィンスは、最初のドッジと同じ姿勢でソファーに座っている。ストーリーとしても、最後にヴィンスが祖父のドッジになり代わり、家長になるという話である。ヴィンスも家族の罠に囚われてしまう。家族の絆がどんなに忌まわしく、呪わしいものであっても、誰も罠にも似た家族から抜け出せない。人はついに家族から逃れられないのだ、そういう運命論的な声が聞こえてくる。

ヴィンスだけは再びこの家を飛び出すこともできたのに、そうしない。一緒に出て行こうと誘うシェリーに、「おれは家を継いだばかりだ。……家系を絶やさないようにしなくちゃいけない」(三一〇)と言って断る。この決断のきっかけになったのは、前夜の経験である。逃げ出すつもりで、アイオワの州境まで車を飛ばしたが、フロント・ウィンドーに映る自分の顔を眺めていると、その顔は父の顔になったり、祖父の顔になったり、どんどん遠い先祖へと遡っていった、しかもみんな自分と同じ顔立ちをしていたという。アイオワの州境まで高飛びしても、家族からは逃れられないという発見が、彼を家に連れ戻す。シェパードにとって、家族は慰めの源でも、避難所でもない。逃れることのできない運命のようなもの、それに囚われてしまえば、精神的にも身体的にも不自由になってしまうようなものなのだろう。

(三) 改訂版との比較、『飢えた階級の呪い』との比較

シェパードは初演から十七年後の一九九五年に大幅な加筆修正を行った。プロットに変更はない

が、加筆によってテーマがより明確になった。改訂版は、家族からなかなか逃れられるものではない、血は水よりも濃いというテーマをより鮮明にしている。たとえば、最後にシェリーがこの家を出て行くとき、ヴィンスはどう言うか。旧版では、去る前にサクソフォンをソファーに置いていくようにシェリーに伝えるのに対し、改訂版では「絶対にうまく行きっこないことが、わかるだろう」（七一）と言う。人が家族のもとを去る、家族を忘れるというのは不可能だという意味である。そのすぐ後、シェリーにここにとどまりたいのか問われると、旧版では「家系を絶やさないようにしなくちゃいけない。万事うまくいくように、気を配らなくてはいけない」（三一〇）となっていたが、改訂版では、このふたつの文章の間に「血がつながっているから」（七一）という一文を挿入して、血縁の重要性を強調している。そして、最後の場面のト書きにおいて、改訂版では、ヴィンスがドッジ亡き後、祖父愛用の帽子（象徴的には王冠）をかぶる仕草が加えられ、王位継承、家督相続のテーマが強調されている。

家族は運命か呪いのようなもので、逃れようとしてもついに逃れられるものではないというテーマで共通しているのが、前作の『飢えた階級の呪い（*Curse of the Starving Class*）』（一九七八）であった。[9] 印象的なシーンと台詞が幾つもある。たとえば、父の捨てた衣類を一点ずつ着用していったときのことを思い出している息子は、「おやじがおれに乗り移るような気がした。……おやじがおれの体の中に入り込み、おれが自分の体から脱け出ていくような気がした」（一九六）と語る。妹も、父が短気なのは遺伝だ、祖父も曾祖父もそうだったたし、兄貴もそうだ、それは「血の中の何か遺伝的なものだ」（一五二）と説明する場面もある。父が息子に、自分にも父親と同じ血が流れていることに愕然としたことがある、と漏らしもする。母も、家族が運命か呪いにも似ていると子どもたちに言う——「それは呪いなのです。……わたしたちはそれを受け継いで、次の世代に伝える。それからまた次の世代に伝える」（一七三—七四）。この家族の名前自体が家族の生物学的、遺伝的な結び付きを強調するような命名になっている。父がウェストンだとすれば、息子はウェズリー、母がエラだとすれば、娘はエマ、と同じ音で始まる。このように、家族の宿命的な絆が強調されている。

(四) シェパードの家族観

シェパード自身が家族というものを、逃れることのできない、一種の運命のようなものと捉えている。マシュー・ルーダネー（Matthew Roudané）によるインタビューで、アメリカの家族を探求するというテーマについて問われて「家族から逃れることなんてできない。われわれがみんな自立している個人だなんておかしい。家族から自分を引き離すことなんてできない。どんな人も血縁の長い鎖につながれている。わたしの関心は、家族の生物学的な結び付きと、こうした行動パターンがいかに受け継がれるかにある」という趣旨のことを述べている（六七—六八）。この芝居には、こうした作者の家族観、人間観がストレートに映し出されている。では、なぜシェパードはこのような家族観を持つに至ったのだろう。これまた、オールビーの場合と同様、出自と無関係ではない。伝記によれば、シェパードは一九四三年、イリノイ州の陸軍駐屯地フォートシェリダンに、サミュエル・シェパード・ロジャーズ三世として生まれている。代々同じ名前を持つ、ロジャーズ家の七代目であったという（Shewey 一三）。だが、シェパードは後年、由緒ある姓を捨て、サム・シェパードと改名する。この名前は、ヘンリー・シュベイ（Henry I. Schvey）によれば、当時マスコミをにぎわしていた中西部の妻殺しの医者にちなむという（一五）。しかし、改名してロジャーズ家と縁を断ったとしても、何作も自伝的な家族劇を書いているということは、彼もついに家族から逃れられない、ということであろう。

このように、家族を一種の運命か呪い、罠のようなものとして捉える見方は、現代のような生殖技術の進歩や養子縁組制度の充実によって、多様な家族が現れているなか、少々時代錯誤的に見えなくもない。しかし、遺伝子研究が進めば進むほど、シェパードの言う「家族の生物学的結び付き」の重要性は逆に増している。そしてまた、自由と独立を求めて家族から逃げ出しても、ついには家族から逃れられないという宿命は、昔からアメリカ人におなじみのものである。アメリカ演劇が得意としてきたテーマでもある。『埋められた子ども』はいささか風変わりな芝居ではあるが、時間も空間も越えた普遍性がある。何万年も、いや何十万年もの間、家族を単位に生活してきた人類にとっての家族の本質を抉り出していると言わざるを得ない。

四　おわりに――文学の永遠の主題としての家族

アメリカの伝統的な家族像の形成に大きく寄与したのは、一九五〇年代のファミリー・ドラマだとされているが、実はそうではなく、一九三〇年代に全国ネットのラジオ局で制作され、国中に放送されたソープオペラ（連続ラジオ劇）だと指摘するのが、スキャンランである。彼によれば、数あるソープオペラの中でも最長記録を誇り、もっとも人気のあった『ワン・マンズ・ファミリー（*One Man's Family*）』（一九三二—五九）の脚本家、カールトン・モア（Carleton E. More 1901-93）は、ホームと家族についてこう語っているという。

わたしにとって、ホームと家族が表すものは、良い暮らしと良い品性、良い市民の本質そのものです。家庭生活が愛と理想、高い道徳基準で成立し、子どもたちの心の訓練の場として続く限り、この国はわたしたちが知り、愛している偉大な国のままでいられるでしょう。……わたしの堅固な信念なのですが、もし人が家庭を今日の文明の基盤としなければ、人は明日、今まで味わったことのない絶望の廃墟の中で暮らすことでしょう。（七三）

家庭が「良い暮らしと良い品性、良い市民」を象徴するとか、家庭は「文明の基盤」であるとかいうような主張は、保守派が唱えてきた「家族の価値」とそう変わらない。しかし、ふたつの芝居が教えてくれること、それは、アメリカの家族はそう持ち上げられるほど、たいしたものではないということ、家族にあまり多くを求めてはいけないということである。ただし、家族（特に親子や兄弟姉妹）は血がつながっているだけに、やっかいだ（家族は足かせ手かせのように、成員を縛り、自由を制限する）ということも教えてくれる。とりわけ、シェパード劇における家族は、呪いにも似ている。しかし、人は人類始まって以来、結婚してきたし、家族を中心に生活してきた。その形態が変わっても、これからも人は結婚するだろうし、家族を形成するだろう。それは、種の保存と繁栄のためではあるが、結婚は大体のところ人を幸せにする（『ヴァージニア・ウルフなんかこわくない』のジョージとマーサにしても幸せであったし、今もそうだ）。自分の子どもが生まれたら、さらに嬉しい。人が幸福を追求する動物である以上、多少の葛藤や摩擦は覚悟で、人は結婚し、ほとんどが子どもを作る。子どもを育てるというのは、人間の場合は何年もかかる、大変な作業だから、夫婦が結束して子育てに向かう必要がある。子どもをきちんと育てるためにも、夫婦関係は円満でなければならない。結婚が人に幸福感を与えるのは、自分の遺伝子を残すために、人間が何万年、何十万年、いや何百万年もかけてそのように進化してきたからだ。今ある「家族」というものも、人類が誕生してから何百万年、ホモ・サピエンス（現生人類）が誕生してからでも十数万年もかけての進化の結果である。そう簡単に変わるはずがない。進化生態学者（社会生物学者）ならそう言うだろう[10]。

確かに今、アメリカの家族は変貌している。岡田光世が述べているように「養子縁組はオープンになり、海外からの子どもたちが目立ち始めた。卵子提供や代理母による出産が急増した。ゲイやレズビアンたちも家庭を築き、子どもを育てている。生殖技術や養子制度は、不妊夫婦だけのものでなくなり、非婚カップルやゲイ、シングルに子どもという大きな夢を実現させることになった」（七一八）。しかし、配偶関係と血縁関係によって結ばれた、親族関係を基礎に成立する小集団としての家族という、従来の家族の姿は、これからもそう大きくは変わらないだろう。アメリカ演劇はこれからもこうした家族を描き続けるであろう。なぜなら、赤の他人同士が戦う話よりも、カインとアベル、エサウとヤコブ、ヨセフとその兄たち、ハンナとその姉妹などの古典的な例が示すように、実の兄弟や姉妹同士が戦う話の方が断然面白いし、見知らぬ親子が争う話よりも、オイディプスとライオス、エレクトラとクリュタイムネストラ、リア王とその娘たちなどの例にあるように、実の親子が争う話の方がこれまた面白いからである。それは、同棲関係にあるカップルの話よりも、婚姻関係にある夫婦の話の方が面白いのと同様である。夫婦の確執、兄弟姉妹の対抗意識、親子の摩擦はこれからも、文学、とりわけアメリカ演劇における永遠の主題であり続けるだろう。

注

（1）テクストはペンギン版を使用し、括弧内に頁数を記す。日本語訳は、鳴海四郎訳を適宜利用させていただいた。

（2）オールビー自身、ジョージとマーサはワシントン大統領夫妻にちなむと述べている（Rutenberg 二一二、Kolin 五八）。

（3）英語の慣用句に「フェニキア人の信義（Punic faith）」というのがあるが、「背信」という悪い意味である。ちなみに、「堅い信義」という意味の反対語は「古代アッティカ（アテネ）の信義（Attic faith）」という。古代アッティカ（アテネ）の人びとの自民族・自文化中心主義がうかがえる表現である。

（4）『アメリカの夢』について、作者は初演から二〇年後に「自己満足の五〇年代への怒り」が生み出した作品である、という趣旨のことを述べている（Kolin 五八）。

（5）一九二八年三月十二日に、首都ワシントンで生まれたオールビーは生後二週間後に、ニューヨーク市郊外のラーチモントに住む夫婦に養子に出された。エドワードというファースト・ネームは、養父（リード・A・オールビー）の父、エドワード・フランクリン・オールビーにちなむという（Roudané xi）。養祖父は、全米に二百以上のヴォードヴィル劇場を所有する会社の共同経営者であった。

（6）テクストは『ベスト・アメリカン・プレイズ（*Best American Plays*）』シリーズの第八巻を使用し、括弧内に頁数を記す。改訂版はドラマティスツ社のものを使用。日本語訳は、安井武訳を適宜利用させていただいた。

（7）中西部の農民の開拓者魂と彼らの美徳を描いた画家に、グラント・ウッドがいる。彼の有名な絵に『アメリカン・ゴシック（*American Gothic*）』（一九三〇）がある。このゴシックは建築様式の用語で、農民夫婦の間に見えるアーチ型の窓がゴシック様式だから、そういうタイトルが付いている。絵画から受ける印象は、アメリカ農民の勤勉さと質朴さを前景化しようという意図を裏切って、中西部の農民の息苦しいほどの厳格さとおぞましいほどの偏狭さが巧まずして現れていると見ることも可能だ。その意味では、この夫婦は、一昔前（悲劇が起こる前）の、ドッジとヘイリーの姿を想像させてならない。

（8）「海兵隊賛歌（Mariners' Hymn）」は、十九世紀の末頃から歌われたという。今も、海兵隊が上陸するところどこでも歌われたり、演奏されたりする。モンテスマはコルテスに滅ぼされたアステカ帝国最後の皇帝であり、「モンテスマの館」は、メキシコ市のチャプルテペックという丘の上にあった。一八四七年のメキシコ戦争で激戦の末に、メキシコ市ともどもアメリカ軍の手に落ちた。北アフリカのトリポリは今ではリビアの首都であるが、かつてはオスマン帝国の影響下にあった。一八〇五年、海兵隊はトリポリ軍の拠点があった、デルナの戦いで勝利を収めた（これがアメリカ海兵隊初の海外派遣での勝利）。要するに「モンテスマの館からトリポリの海岸まで」とは、アメリカ海兵隊は「世界中で」戦うという意味だ。歌詞はこの後「まずは正義と自由のために戦う／つぎに我らの名誉を守るために戦う／我らが誇りとする、その名は／合衆国海兵隊」と続く。アメリカの近年のアフガニスタン攻撃やイラク戦争などを考えると、この歌詞はなんとアイロニカルに響くことだろう。

（9）テクストは『セヴン・プレイズ（*Seven Plays*）』に収められているものを使用し、括弧内に頁数を記す。

（10）この辺りの論考は、ピンカーに啓発されたところが大きい。彼は文学も人間の生物学的な基盤に深く根差していると考えている。

引用文献

Adler, Thomas P. "Repetition and Regression in *Curse of the Starving Class* and *Buried Child.*" *The Cambridge Companion to Sam Shepard*. Ed. Matthew Roudané. Cambridge: Cambridge UP, 2002. 111-22.

Albee, Edward. *Who's Afraid of Virginia Woolf?* 1962. Harmondsworth: Penguin, 1965.

Bigsby, C. W. E. *Modern American Drama, 1945-1990*. Cambridge: Cambridge UP, 1992.

Howells, William Dean. "Some New American Plays." *Harper's Weekly* 16 Jan. 1904: 88-90.

Kolin, Philip C., ed. *Conversations with Edward Albee*. Jackson: UP of Mississippi, 1988.

Nash, Thomas. "Sam Shepard's *Buried Child*: The Ironic Use of Folklore." *Modern Drama* 26 (1983): 486-91.

Roudané, Matthew C. Who's Afraid of Virginia Woolfe?: *Necessary Fictions, Terrifying Realities*. Boston: Twayne, 1990.

——. "Shepard on Shepard: an Interview." *The Cambridge Companion to Sam Shepard*. Cambridge: Cambridge UP, 2002.

Rutenberg, Michael E. *Edward Albee: Playwright in Protest*. New York: Avon, 1969.

Scanlan, Tom. *Family, Drama, and American Dreams*. Westport, CT: Greenwood, 1978.

Schvey, Henry I. "A Worm in the Wood: The Father-Son Relationship in the Plays of Sam Shepard." *Modern Drama* 36.1

(1993): 12-26.

Shepard, Sam. "Buried Child." *Best American Plays: Eighth Series 1974-1982*. Ed. Clive Barnes. New York: Crown, 1983. 277-311.

——. *Buried Child*. Rev. ed. New York: Dramatists, 1997.

——. *Seven Plays*. 1981. New York: Bantam, 1984.

Shewey, Don. *Sam Shepard*. Updated ed. New York: Da Capo, 1997.

Wakefield, Thaddeus. *The Family in Twentieth-Century American Drama*. New York: Peter, 2003.

一ノ瀬和夫・外岡尚美編『境界を越えるアメリカ演劇——オルタナティヴな演劇の理解』ミネルヴァ書房、二〇〇一年。

オールビー、エドワード『ヴァージニア・ウルフなんかこわくない』鳴海四郎訳、『エドワード・オールビー全集1』早川書房、一九七五年。

岡田光世『アメリカの家族』岩波新書、二〇〇〇年。

長田光展『内と外の再生——ウィリアムズ、シェパード、ウィルソン、マメット』鼎書房、二〇〇三年。

シェパード、サム『埋められた子供』安井武訳、『サム・シェパード戯曲集』新水社、一九八一年。

トクヴィル、Ａ『アメリカの民主政治』下巻、井伊玄太郎訳、講談社学術文庫、一九八七年。

ピンカー、スティーブン『人間の本性を考える（上中下）』山下篤子訳、ＮＨＫブックス、二〇〇四年。

第九章　現代アメリカ演劇と音響効果
――オニールからライス、ウィリアムズ、ミラーまで

本章は、一九一〇年代に活躍し始めるユージーン・オニールから、彼とほぼ同世代のエルマー・ライス、戦後のテネシー・ウィリアムズとアーサー・ミラーまで、現代アメリカ演劇の主要作家と音響との関係を検討しようとする。彼らが音響効果にも細心の注意を払うことによって、長い間アメリカ演劇を特徴づけてきた、台詞中心のリアリズムをいかに乗り越えようとしたかを跡付けたい。併せて、それぞれの音響効果の使い方を比較検討することによって、劇作家の個性を浮き彫りにしてみたい。オニールと音響の関係については、トンクヴィストが一章を割いて論じているが、それ以外に、アメリカ演劇と音響との関係をある程度包括的な形で論じたものは寡聞にして知らない。その点で本章は、最初の（いくらかはユニークな）試みとなるであろう。

オニールは、音響効果を常に意識していた作家であった。オニール劇はしばしば、何げない効果音からダイアローグのリズムに至るまで、音楽作品のような構造を持っている。まず一九一六年初演の彼のデビュー作『カーディフ指して東へ（*Bound East for Cardiff*）』を取り上げ、汽笛とその他の音響効果がどのように機能しているのか聴き取りたい。その後、アメリカのモダニズム演劇の出発点となった、一九二〇年初演の『皇帝ジョーンズ』と一九二二年初演の『毛猿』における音響の

実験を精査し、最後に、昼間の喧騒とは違う、深夜のニューヨークが生み出す音響を背景にして、ふたりの男の交流の試みを描いた『ヒューイー（*Hughie*）』（一九四一年脱稿、一九六四年初演）に耳を傾ける。

一　オニールの『カーディフ指して東へ』における汽笛

この芝居において、音響効果は本当らしさを作り上げるためだけではなく、作品の構造上重要な要素としても用いられている。[1]とりわけ汽笛は、反復されるうちに信号的な機能を超えて、象徴的な性質を帯びていく。ついには、運命を象徴する神秘的な基調音へと変容していく。時は一九一〇年頃のある霧の夜。所は英国の不定期貨物船グレンケアン号の前甲板下の水夫部屋。錆落としの作業中、梯子を踏み外して落下し、内臓をひどく損傷してしまったひとりの水夫、ヤンクが床に伏している。ろくな医者が乗っていない老朽船だから、満足な治療が受けられないし、目的地に着くのもまだ一週間も先のことだから、死を待つしかない。

幕が開くと早々に汽笛が鳴り響く。以後「一分くらいの間隔で規則正しく汽笛が、他のあらゆる音を圧して聞こえる」（三）。この汽笛は、イギリスのカーディフ港を目指して、大西洋を航行中の船が霧にすっぽり包まれていること、それ故に海難事故につながりかねない危険な状況下にあることを表す、聴覚的な信号である。この信号音が、閉幕間際までずっと鳴り続ける。ヤンクがいる水夫部屋の中に耳を澄ますと、ここには実にさまざまな音が聞こえる。外部から侵入する汽笛のほかに、ある水夫は「壊れかかった手風琴で民謡を静かに弾いている」(四)。他の非番中の水夫たちは、寝るかおしゃべりに興じるかしている。おしゃべりしているグループは、ある古参水夫の与太話に時々嘲るようにドッと笑う。笑い声が高まるうちに、ヤンクは目を覚まし苦しそうに呻く。皆一様に押し黙る。同じ船室に死にかかっている仲間がいることをつい忘れてしまい、ゲラゲラ大笑いしてしまったことを恥じるが、声を潜めておしゃべりを再開する。船のまずい食べ物の話になると皆興奮し、思わず声を張り上げてしまう。ヤンクがもう一度苦痛の呻き声を上げると、ヤンクの親友のドリスコルは、手風琴を弾いている水夫にやめるよう命じる——「そんな縁起でもないバンシーみたいに、キーキーいう音が病人向きだとでも思っているのか」(九)と。「バンシー」とは、ドリスコルの祖国、アイルランドの民間伝承に登場する、老女の姿をした妖精である。しかも悲しい歌を歌ったり、嘆き悲しんだりして、人の死を予告する超自然的な存在でもある。従って、彼のこの台詞には、否定したいと思っていても否定し切れない、親友の死の予感が表出されている。そこに「汽笛が沈黙の中、ひときわ高く鳴り響く」(九)。死を予言する妖精の呻き声を連想させる手風琴の音がやんでも、死というものは、外から情け容赦なく入り込んでくることを示すかのように。

しばらくすると、「重々しい鐘の音が八回鳴るのが聞こえる。上の船首の方から『万事異常なーし』と長く咽ぶような当直の声がする」(一一)。八点鐘のベルと「万事異常なーし」と叫ぶ当直の声は、現実的なレベルでは交代時間が訪れたことを表す合図ではあるが、死の淵にいる船乗りがいる所では実にアイロニカルに響く。船乗りが水葬に付されるとき、告別の意味を込めて鐘が打ち鳴らされるのが慣習であるから、この鐘の音は、ヤンクがなんとか回避したいと思っている死を連想させるのである。ほかの船乗りたちが甲板に上がると、水夫部屋は非番の水夫のかく鼾は別として静かになる。ヤンクは、ほかの連中が鼾をかいて寝ているところにひとり取り残されるのはいやだと言う。そこで、ドリスコルが相手をするために残ることにする。ヤンクの死との闘いは、親友に慰められながらも、外から無情に侵入する汽笛と、まわりの水夫たちの鼾の音を背景にして闘われる――「どうして、あのいけすかねえ汽笛が鳴ったり、まわりでみんなグーグー鼾をかいたりしやがる、こんないまいましい夜じゃないといけないのだ」（二一）。ヤンクは、陸の上が無理なら、せめて満天の星空を見ながら、甲板の上で息を引き取りたいと願う。

ヤンクにとって、汽笛は死が近づきつつあることを告げるものであり、宇宙が、あるいは世界がたったひとりの人間の運命に関心を持っていないことを表しもする。この点で、汽笛と鼾は音の性質において響き合うだけではなく、その象徴性においても共鳴するものがある。別に彼らはヤンクを気にかけていないわけではない。非番の間はできるだけ休息を取りたいだけだ。それでも結果として、ぐっすり眠っている連中のリズミカルな鼾は、死につつあるヤンクへの無関心さを、ひいては不人情な世間というものを暗示する。しかも船というのはしばしば、小宇宙、世界の縮図である。大西洋を渡るこの貨物船の水夫たちの国籍も、ノルウェー、スウェーデン、ロシア、アイルランド、イギリス、アメリカと多様であり、まさにグレンケアン号はミクロコスモスにほかならない。だから、この芝居は世界、いや宇宙の人間への無関心さを描いた芝居だと言えるのである。

ヤンクは死ぬ前、水夫生活を振り返って、次のように虚勢を張る。

こんな船乗り稼業なんぞ、やめちまったって、たいして惜しくもない――次々と船を移るだけで、仕事は辛いし、給金は少ない。食い物はひどいときてる。港に入りゃ、酔っ払ったあげくが喧嘩、そして金がなくなる。それからまたぞろ船出よ。上品な人様にゃ会いっこないし、どんな港でもめったに飲み屋街から出るでなし、世界を股にかけながら、何ひとつ見やしない。生きようが死のうが、誰ひとり気にかける者はいない。（苦々しげに笑って）それをやめちまうからって、たいして惜しかねえや。（一七）

宇宙の非情さと人間の孤独というテーマは、ダイアローグやモノローグによってしっかり描かれている。その上に、汽笛や鐘、手風琴、笑い声、鼾、沈黙などの音響効果、とりわけ汽笛の象徴性によって、より確かなものへと肉付けされる。ドリスコルを呼びにきた水夫が「霧が晴れたぞ」（二二）と言いながら、水夫部屋に入ってくると、ドリスコルはすすり泣きながらヤンクのために祈っている。ヤンクが息を引き取ったことを知った水夫は、「こん畜生め」（二三）とつぶやく。汽笛が止まり、死の静けさが漂うなか、幕がゆっくり下りる。

このように、『カーディフさして東へ』における汽笛をはじめとする音響は、単なる信号音や生活の基調音のレベルを超えて、象徴的な次元へと高められ、われわれの情動を掻き立て、心の奥底にまで響く、いわば元型音となっている。言葉では伝えられないことを、音響（と沈黙）はより雄弁に伝えるのである。オニールは、ともすればリアリズム一辺倒になりそうな題材を扱いながらも、巧みな音響処理（いわば音のオーケストレーション）によって作品に象徴性を織り込み、一個の音楽作品に近づけようとする。そうすることによって、十九世紀的なリアリズム演劇を乗り越えようとする（いやプラスアルファを付け加えようとする）。この芝居の成功によって、アメリカを代表する、ひとりの劇作家が誕生する。

二　オニールの『皇帝ジョーンズ』におけるトムトム太鼓

カリブ海に浮かぶ、ある島の独裁者が失脚する。彼はトムトム太鼓が鳴り響くなか、逃走を図る。追跡される主人公の心理と恐怖を、ビート数と音量を次第に増していく太鼓の響きで表現する音響効果が、観客に異常なまでの緊迫感を与えた(2)。

この太鼓の音は、反乱を起こした原住民が、皇帝ジョーンズを追跡し、仕留める勇気を奮い起こすために叩くものである。彼らにとって皇帝ジョーンズは、銀の銃弾によってしか死なない、魔術的な力を持っている存在であると信じ込まされてきたので、トムトム太鼓を叩きながら、勇気を振り絞って、銀の銃弾を何十個も鋳造する。皇帝の魔術に、土着の呪術で対抗しようというのである。その間、ジョーンズは港へと逃れるべく、深夜の森を通り抜けようとするが、太鼓の音に惑わされて、森の中をぐるぐる回ることになる。そして、明け方、追跡隊のライフルから発射された銀の銃弾を浴びて、息絶える。

ジョーンズが太鼓の音を初めて耳にするとき、ほとんど動じないが、ドラムのビート数が速く、音量も大きくなるにつれ、不安と恐怖心が募っていく。ある意味で、トムトム太鼓は、オニールが再現したいと思っている内なる音の外面化、すなわちジョーンズの心臓の鼓動なのである。「それは毎分七十二回の正常な脈拍にぴったり対応する速度で始まる。そしてこの時点から芝居の最後の最後まで途切れることなく、しだいに加速しながら続く」（一六二）。最後の場面で、銀の銃弾を胸に受けたジョーンズの心臓がついに鼓動を止めるとき、トムトム太鼓の音も「突然やむ」（一九四）。こうしてみると、太鼓の音はまるで通奏低音のように終始鳴り響くうちに、単なる信号音を超えて基調音へ、ついには運命を象徴する神秘的な元型音へと変容していくのである。

太鼓の音と並んで、ジョーンズの放つ銃弾も、太鼓の背景音を突き破るように、何度か劇場中に轟き渡る。深夜の原始の森の中にさまざまな物影を見てはつい怯えてしまうジョーンズが、物影を撃退すべく拳銃を発射するたびに、太鼓のビート数は速くなる。銃弾を発射したことで、自分の居場所を追跡者に知らせてしまったことに狼狽するジョーンズが、さらに不安と恐怖心を募らせていく様子を、こうして聴覚的に表現しようとする。オニールがいかに音響を重視しているか、第二場から第七場までの森の中のシーンが、ひとつのシーンを除いてすべて、銃の発射音で終わることにも示されているだろう。太鼓の音にしても、銃声にしても、音響は劇の添え物ではなく、オニールにあっては、劇を真に演劇的にする重要な要素なのである。

三　オニールの『毛猿』における機械時代の金属音

『毛猿』のヒーロー、ヤンクは神話的なアメリカ人の自我の特性である「根源的な無垢」の持ち主である。彼は敗北の宿命を背負いながらも、みずからの無垢を妥協させることなく、最後まで世界との融和を求めようとする。だが、死と牢獄のイメージが蔓延する機械時代の文明と接触し、その本質を見極めたが故に生じた幻滅感によって、彼の自我は退却する。(3) だが、その彼も最初の頃は、この機械時代に属していると思い込んでいた。老いた船乗りのパディーは、美しい帆船が大海原を自由に駆け巡り、船乗りと船、海が一体化していた過去の時代を懐かしむ。そして今、煙突から黒煙を吐き出して、海を汚す汽船が幅を利かせ、船乗りが地獄のようなボイラー室に動物園の猿のように閉じ込められ、炭塵に肺の中まで汚されながら働いている現代を嘆く。それに対して、ヤンクは鋼鉄の寝台をこぶしでがんがん叩きながら、しかも他の男たちがそれを真似て、耳をつんざくような金属音が鳴り響くなか、「おれは鋼鉄だ。鋼鉄、鋼鉄だ。……おれたちがすべてを動かしているのだ」(一七―一八)と主張する。このようにヤンクは、機械時代を支える鋼鉄と自己を同一視しているが、やがてそのアイデンティティが危機にさらされ、自殺行為へと向かうことになる。

ヤンクが鋼鉄製の寝台を叩きながら、同時に叫んでいる点が重要だ。なぜなら、自分の声を金属的な大音響と融合させることによって、鋼鉄との自己同一化を聴覚的にも表現しているからだ。しかし、後の方の場面で、観客は投獄されたヤンクが、監獄の鉄格子をがたがた鳴らしたり、動物園のゴリラの檻にこぶしを打ち付けたりするのを見聞きするので、鋼鉄が機械時代の原動力であるだけではなく、人を抑圧し、隷属させ、ひいては毛むくじゃらの猿同然に退化させるものでもあることに気付くようになる。実は先の場面からしてそうだ。機械時代を支える鋼鉄に自己を一体化させ、機械時代の主は自分たちだと豪語しながらも、そこに作業再開を知らせる八点鐘のベルが「あたかも巨大な真鍮製の銅鑼が船の心臓部に埋め込まれているかのように、鋼鉄の壁という壁を通して鳴り響く」（一八）と、男たちは機械的に飛び起き、鎖につながれた囚人のように列をなして、押し黙ったまま船室から出て行くのである。まるでその様子は、人間の形をしたロボットと化している。機械化は無意識のレベルにまで浸透している。

第三場の、火夫（ボイラー係）たちが汽船の巨大な炉に石炭を投げ入れる場面は、ボイラーやエンジンが発する機械音と、火夫たちがスコップを石炭の山に突き入れ、炉に投入するときの音、炉の鋳鉄製の蓋が開閉するときの金属音、炎が轟々と燃え盛る音、火夫たちの怒鳴る声、上から響く警笛というように、音響面で機械時代の交響楽を奏でている。ト書きにこうある。

騒々しい音が聞こえる。それは、炉の扉を乱暴に開けたり、閉じたりするときのけたたましい金属音であり、鋼鉄と鋼鉄が擦れ合うときの、キーキーギシギシという不快な摩擦音であり、石炭をシャベルでザクッとすくうときの音である。これらの轟音はそのけたたましい不協和音で、人の耳をつんざくが、そこには秩序、リズム、機械的で規則的な反復、テンポがある。そしてそれらの音を圧倒するように、解放されたエネルギーの振動で辺りを震わせながら、炉の中で炎がゴーゴーと燃え上がる音、エンジンの単調なドッドッドッドッという唸りが聞こえる。（二八）

こうした音響は、まさに機械時代を特徴づける基調音である。

そこに別の音響、信号音が侵入する。上の方から警笛が鳴る――「頭上の闇のどこかから、鋭く甲高い調子の警笛が鳴る」（二九）。「情け容赦のない」（三〇）とか「横柄な」（三一）とか形容されるこの警笛は、火夫たちに仕事を怠けないようにと、彼らの上司に当たる第二機関士が鳴らすものだが、上の方から断続的に、しかも暴力的に鳴り響いてくるという空間の上下関係によって、上位の人間が下位の人間を隷属させること、もっと正確に言えば、上位の人種も鋼鉄に象徴される機械時代によって隷属させられていることまで暗示する。警笛は都合四度鳴るが、自分こそ機械時代の主だと思っているヤンクはそのたびに、怒りを募らせる。機械の騒音に包まれて幸福なはずのヤンクはなぜ、警笛にことさらにいらいらするのだろう。権力の中心がヤンクの側ではなく、警笛を鳴らす側にあることをあからさまな形で示すからだ(4)。

そこに鋼鉄王の娘、ミルドレッドがボイラー室を見学に甲板から下りてくる。汚い言葉で怒り狂う、半裸姿のヤンクを目にして、彼女はショックのあまり「汚らわしい獣」(三二)と叫んで失神する。侮辱されたヤンクは、閉じられたばかりの鉄の扉にシャベルを投げ付ける。シャベルは「鋼鉄の仕切り板にぶつかって轟音を上げ、ガシャンと床に落ちる。頭上から警笛が再び、長く、激しく、執拗に命令するように鳴る」(三三)。このように、この場面は鋼鉄と鋼鉄が衝突する金属音と警笛の鋭い音の不協和音のうちに終わる。これを契機に、ヤンクは自信を喪失し、彼の確かであったアイデンティティは瓦解していく。

この芝居においては、人間の声も機械化されている。第一場から、パディーの台詞が抒情的であるのに対し、ヤンクは、機械時代にふさわしく、等間隔で同じ文章構造の短文を機械的に繰り返すことによって、機械時代の適者であることを誇示していた。第一場と第四場の船首部屋のシーンでは、「まるで喉が蓄音機のラッパであるかのように、不快な金属音」(九、三五)を発する火夫たちのコーラスが、ヤンクの言葉をおうむ返しに繰り返す。機械時代に生きる人間は、みずからものを考えることをやめて、ロボットになってしまうのである。オニールは『毛猿』において、人を労働から疎外するばかりか、機械の奴隷にし、ついにはみずみずしい生命力を奪ってしまう機械時代の本質を、こうした音響によってより一層効果的に描こうとした。

四　オニールの『ヒューイー』
――ニューヨーク市の深夜のハイファイ音

音響効果をダイアローグと同じくらい、いやそれ以上に重視した作品が、深夜のニューヨーク市の三流ホテルを舞台にした『ヒューイー』という、登場人物がふたりだけの一幕劇である。時は「一九二八年夏のある日、午前三時から四時の間」、所は「ニューヨーク市ミッドタウン、ウェストサイドのある通りに立つ、小さなホテルのロビー」（七）である。(5)

この芝居は本質的に、ふたつのモノローグからなる。ひとつは、つきが落ちてしまったギャンブラーのエリー・スミス（エリー市出身のスミス）の語るもの。もうひとつは、ホテルの夜間勤務の受付係、チャーリー・ヒューズによるもの。チャーリーのモノローグは、ごみ収集車がごみを集めるときの騒音や高架鉄道、流しのタクシー、警邏中の警官の足音、救急車、消防車のサイレンなど街のさまざまな音を背景にして語られる。こうした街の音がきっかけとなって、この夜勤のフロント係は、頭の中でさまざまに想像を巡らす。あたかも何も考えないですむように、街の音に耳を澄ましている。彼は、みずから何かを能動的に考えることをやめて久しい。街のさまざまな音に誘発されるチャーリーの物思いは、エリーの問わず語りとパラレルをなす。エリーがもっぱら、フロント係の気を引こうと一方的に饒舌にしゃべるが、フロント係はそれに耳を貸さない、あるいは耳を貸しても適当に相づちを打つだけで、後は音に触発された物思いに耽るだけ。ほぼ一時間後の幕切れの場面まで、コミュニケーションの橋はほとんど架からない。

ギャンブラーとしては今や落ち目のエリーが、定宿にしている薄汚いウェストサイドのホテルに戻ってきたところから芝居は始まる。このホテルで夜勤のフロント係をしていたヒューイーの葬式から酔っ払って帰ってきたところである。さえない男がヒューイーの後釜に座っているのを見ると、ヒューイーのことや自分のことをチャーリーに話す。要するに、エリーは自分の部屋に帰って、孤独と向き合うのが怖いのだ。そこで、彼が生まれ故郷の町を離れなければならなかった事情とか、最近はつきに見放されているが、ヒューイーのおかげで自信を失わずにすんできたこと、でもその彼が死んで、すっかりつきが落ちてしまったこと、彼の友情に報いるために借金をして豪勢な花輪を贈ったが、金の取り立てに来られるのが心配なことなど、問われもしないのに語る。だが新しいフロント係は、頭の中でささやかな冒険を思い描くことに夢中で、エリーにほとんど関心を払わない。

チャーリーは、ニューヨークに一旗揚げるためにやって来たものの成功せず、いまだホテルの夜勤専門の受付係の職に甘んじている。彼は客の同じような話を聞かされるより、ホテルのロビーに入り込む夜の都市の音によって触発される、冒険の夢想を紡ぐことに忙しい。だが最後に、客の話に耳を傾けるべきだと思い直す。それは職務上の要請というよりは、彼もまた長い夜を生き延びるために、仲間を必要としているからだ。芝居は、エリーとヒューイーがこれまでしてきたように、エリーがチャーリーを相手に、サイコロ遊びをするところで終わる。エリーはいいかもができたとチャーリーを満足そうに眺める。チャーリーも聞き役に徹することで、ブロードウェイのギャンブラーたちの華麗な人生の一端を覗き見、自分のさえない人生に華を添えることができるだろう。こうして、ふたりは互いに依存（利用）しあって生きていくことになる。

フロント係は最初、生気がまったくないように見える。その証拠に、ト書きには「蝋人形」（一四）のようにとか「死体」（一八）のようにとか形容される。確かに、ほとんど口を開かないし、体を大きく動かしもしない――「その茶色のうつろな目にはなんの表情もない。退屈するということがどういうことかさえも忘れてしまったと言ってもよいだろう」（八）。夜間のフロント係として長年勤務するうちに、眠れる大都会にひとり取り残された彼は、意志の疎通を図る相手もなく、生ける屍と化してしまった。だが、ずっと奥深くには、人間らしく生きたいという意志は残っている。そこで、街の騒音を糧にして、なんとか生き延びたい、できれば少しだけ刺激的な人生にしたいと願う。フロント係が、初めて耳にするエリーの話よりも、こうした夜間のおなじみの物音の方に関心があるのは不思議なことに思えるかもしれない。だが、夜勤のフロント係としての長年の経験から、客の身の上話が決まって退屈であることを知っているから、耳を貸さないことにしているだけだ。その点、街の物音は、退屈な客から逃れる機会を与えてくれる。一方で物音は、そうでなければ死せる都市が脈動していることの徴であり、自分は夜でも孤独ではないことの証しとなる。他方で「彼は長年ニューヨークのホテルの夜間勤務のフロント係をしてきた結果、街の物音によって時間がわかる」（七―八）ので、これらの物音は、勤務が明けるまでどれくらい辛抱しなければならないのかを教えてもくれる。夜が明け、路面電車がガタゴト走り始めるようになると、交代の時間が近づいたことになる。

では、路面電車が運行し始めるまでに、どんな音を彼は耳にするのか。最初に、ごみを収集する人たちがごみの詰まった缶を乱暴に扱う騒々しい音が聞こえる。するとフロント係は夢想する――「こいつはおれのやりたい仕事だ。おれならもっと大きな音を立てることができるだろう。くそいまいましいこの街中を起こしてやれるのだが」（一七）。続いて、遠くから高架鉄道を走る電車の音が聞こえる。

電車が近づくのは、希望の記憶のように心地よい。それから轟音を発し、辺りを揺るがし、ガタゴト近くの角を曲がっていく。その音で記憶が掻き消されてしまうのが心地よい。それから遠くなり、聞こえなくなる。そこには何かメランコリーを誘うものがある。（一九）

しかし、音がしないということは死を連想させるので、彼にあっては、音は憂鬱な物思いに陥らないように騒々しいものでなければならない。音が聞こえなくなることを彼は何よりも怖れている。「警邏中の警官の足音」（二五）は、彼に暴力を夢想させる――「いつか、あの警官が殺し屋と銃を撃ち合ってくれたらなあ。これまで一晩だって、わくわくするようなことは起こったためしがない」（二五）。彼にあっては、このように刺激的な事件と暴力、あるいは死が結び付くのが特徴的である。これは死への憧れの表出にほかならない。六番街を走る救急車のサイレンの音が聞こえるとき、頭の中でこの救急車に乗っている彼が、想像上の医者に「この男は死ぬことになりますか、それとも〔死ねるほど〕幸運ではありませんか」（二八）と尋ねることによっても、死への憧れは明らかである。最後の音は、消防車のむせび泣くようなサイレンの音。これを耳にすると、彼の心は消防車に飛び乗って、消防夫に尋ねている――「火事はどこですか。今回は本当に大火事ですか。……いまいましいこの街を全部炎上させるぐらい大きいですか」（二九）。

流しのタクシーや警官の足音からごみ収集車や救急車、そして消防車のサイレンへと、街の音が次第に大きくなっていくにつれ、フロント係の破壊的な傾向が顕著になっていく。ごみ缶の場合は、街全体を起こしてやることを願ったのだが、今は街全体（自分自身と家族も含めて）を破壊したいと思っている。彼は、生き永らえることを望みながらも、同時に意味のない生に終止符を打つことにも憧れている。だが、そこに運命の急変が起こる。フロント係が街の音にいくら耳を澄ましても、何ひとつ物音が聞こえなくなる瞬間が訪れる。

フロント係の顔は空虚さでこわばる。彼の心は何か夜の物音にすがり付こうとしているのに、都会にはまれな、恐ろしい沈黙の間が垂れ込めてしまっている。……都会は沈黙を続ける。そして、夜は漠然と彼に死を想起させる。（三一―三二）

これをきっかけとして、フロント係は眠れる都会に起きているのは、自分と四九二号室の客くらいだということをいやでも意識させられ、侘しさと漠然たる不安を覚えるようになる。「外では、異常な静けさのひとときが、窒息させるように街路に押し寄せ、閑散として薄汚れたロビーに入り込んでくる」（三三―三四）。フロント係は死の代名詞でもある沈黙から逃れようとするが、恐怖に立ちすくむばかりだ。そこで、ろくでもない客の話し相手になって、沈黙と沈黙が象徴する死から逃れようとするのである。こうして、土壇場になってついにコミュニケーションの橋が架かる。

これまでのところ、観客は、フロント係の死への願望がどんどん強まるのを見てきたが、死がすぐそこに迫ってきている今、彼は死から必死に逃げようとする。結局のところ、彼の死への憧れは、生の不安から逃れるための夢想にすぎなかったのだ。他方、エリーがフロントデスクから離れず、絶え間なくフロント係に話し掛け、接触しようとしてきたのも沈黙と孤独、死への恐れからであった。人間のコミュニケーションとは究極のところ、死とその聴覚的象徴としての沈黙から逃れるためのものなのだ、とオニールは静かに主張している。

R・マリー・シェーファーは田舎のサウンドスケープ（音の風景）から都市のサウンドスケープへの変遷を論じるときに、ハイファイとローファイという用語を用いている（七七）。ハイファイなサウンドスケープとは、環境騒音のレベルが低く、個々の音がはるか遠くの音まではっきり聴き取れるものをいう。すなわち、音があまり重なり合うことがなく、そこには前景と後景の遠近法がある。一般的には、田舎は都市より、夜は昼より、昔は現代よりハイファイである。その点『ヒューイー』が再現するニューヨークのサウンドスケープは、都会でありながら、時間が深夜であり、時代も一九二〇年代後半ということもあって、昼間のローファイなニューヨークとは違って、音の洪水に音が埋もれることも、音の遠近感が失われてしまうこともない。そのような、夜の都会の音の風景をオニールは見事に描き出している。

五　ライスの『街の風景』
——一九二〇年代のニューヨーク下町のサウンドスケープ

オニールの『ヒューイー』と同じ頃のニューヨークを描いた作品に、エルマー・ライスの『街の風景（*Street Scene*）』（一九二九）がある。同じマンハッタンでも、前者がミッドタウンのホテルを舞台にしているのに対して、後者はもっと北のウェストサイドの貧民街を舞台にしている。前者がふたりしか登場しない芝居であるのに対し、後者は人種の坩堝としての貧民街に暮らす、労働者階級の生活をリアルに描く群集劇である。七年後にクリフォード・オデッツの『目覚めて歌え（*Awake and Sing*）』（一九三五）が上演されるまで、都会の生活がこれほどリアルに舞台化されたことはなかった。技法的には、環境の力を重視するナチュラリズムの実験を行った最初のアメリカ演劇のひとつと言ってよい(6)。

北ウェストサイドの安アパートを舞台に描かれるのは、前途にあまり希望を持てない環境に置かれた、さまざまな民族的背景を持ち、職業も教育程度もさまざまな中産階級下層の人びとの生活である。たとえば、イタリア系のヴァイオリン弾きとその妻、ドイツ系のピアノ教師、ロシア系ユダヤ人の社会主義者の老人と公立学校の教師をしている娘、ロースクールで勉強中の息子（サム）、舞台の道具係をしているアイルランド系の男とその妻、不動産屋で事務員をしている娘（ローズ）、スウェーデン系の管理人夫妻など。そのほか、粗野なタクシー運転手の息子とふしだらな娘を自慢するイギリス系の母、家賃が払えず追い出されることになるドイツ系の母子家庭。こうした民族的多様性の縮図としてのニューヨーク市の下町の住宅街を背景にして、ふたつのプロットが展開する。もうひとつは、アイルランド系のローズとユダヤ人のサムという、民族と宗教の垣根を越えた恋愛。もうひとつは、ローズの母と牛乳集金人との密会、そして嫉妬と激情に駆られた夫による、妻とその愛人の殺害事件である。フランク・モーランとアナ夫妻の娘、ローズは職場の上司である、羽振りのいいハリー・イースターと貧しいユダヤ人の苦学生、サム・キャプランのふたりから求愛される。他方、父のフランクは、妻が集金人と浮気をしていることを知ると、ふたりとも撃ち殺す。母を失い、父を逮捕されたローズは、ふたりの男性からの求愛を断って、残された弟をきちんと育てるためにこの街を出て行くことにする。

このようにプロットは陳腐ではあるが、恋愛と姦通、殺人という事件がこの芝居の主要要素ではない。移民としてやって来てから日も浅い、種々雑多な労働者階級の人びとが同居するアパートを舞台にして、彼らの都市生活の全体像を、都市の音を背景に描くことが作者の意図であったし、この意図は十分に達成されている。ライスは、都市生活の細部を捉え、そのそれぞれをできるだけ正確に描写するために、都市の音に細心の注意を払う。都市のさまざまな音がソロで鳴ったり、デュエットしたり、幾つもの音と合奏したり、銃の不協和音が突然鳴り響いたりと、音響効果のリアリティで観客を魅了する。音響効果について、第一幕のト書きにこうある。

第一幕の間、いや、この芝居の間中、絶えず音がする。都市が勃興したり、衰退したり、交じり合ったりする音が。遠くを走る高架電車の轟音。自動車の警笛。川を行き交う船の汽笛。トラックの振動音。何かはわからないが、金属の衝突する音。消防車や救急車、楽器、ラジオ、犬の吠える声、人が呼び交わしたり、口論したり、大声を上げて笑ったりする声。これらの音は、芝居が進行するとともに、弱まり、背景に退くが、決して完全にやむことはない。（五六八）

都市の音がもっとも効果的に使われているのは、第二幕である。時間は早朝。ある部屋からは、リズミカルな鼾の音がするし、遠くでは、高架電車が轟音を立てて走る音やスピードを上げて疾走する車の音がする。そこに、赤ちゃんの泣く声、目覚まし時計が鳴る音、犬が吠える声、カナリアのさえずりが交じる。こうして第二幕が始まる。そこに牛乳配達夫が瓶をカシャカシャ鳴らしながら登場する。お使いに行って戻ってきた少年が、パンの入っている紙袋を膨らませて、ポーンと破裂させる。時間が進行するにつれ、さまざまな物売りの声がする。たとえば、スウィートコーン売り、イチゴ売り、古着を買い集める古着商など。そのほかにも、氷屋が氷を鋸でシャカシャカ切る音がするし、イタリア人の音楽教師の部屋からは、生徒がピアノを練習する音がずっと最後まで聞こえる。

舞台がニューヨークのミッドタウンではなく、アッパー・ウェストサイドの住宅地区であるということもあって、昼間でも街の音が遠近感を持っているハイファイなサウンドスケープを背景に、悲劇が起こる。浮気の現場を押さえた夫が、妻と愛人を射殺する。銃の発射音という、音響的にクライマックスに高まる形で暴力が遂行される。まず妻が撃たれ、ドシンと床に倒れる音がする。続いて、窓を開けて逃げようとする愛人は、窓ガラスをガシャンと壊してしまう。それから、もう一発、銃声がする。男が窓ガラスを開けようとする場面以外は、観客は音だけで想像するようになっている。その後、救急車がサイレンを鳴らしながら到着する。という具合に第二幕では実に多様な音響が効果的に使われている。

第三幕で起こる重要な出来事は、ヒロインのローズが幼い弟を連れて、ニューヨークから田舎に引っ越すことを決めるということ。その決定を承認するかのように、幕が下りる直前の場面で、音楽が使用される。まず音楽教師の部屋から、生徒がドヴォルザークの「ユーモレスク」をヴァイオリンでぎこちなく演奏するのが聞こえる（六一〇）。遠くからは、子供たちの集団が「小さな谷の農夫」という牧歌的な遊び歌を合唱する歌声が聞こえてくる（六一一）。要するに、この都会の群像劇は、音響面からも田園を賛美する形で幕を閉じるのである。

オニールの『ヒューイー』と比較するなら、同じニューヨークのマンハッタンを舞台にした芝居でありながら、またどちらも音響を巧みに使用しながらも、オニールの場合はテーマと音響とがより有機的に結び付いていたのに対して、ライスの場合は、必ずしもそうではない。音響は都市のローカル・カラーにリアリティを与えるための手段か道具にしかすぎないのである。

六　ウィリアムズの『欲望という名の電車』――音響の魔術

テネシー・ウィリアムズの代表作、一九四七年初演の『欲望という名の電車』は、短い挿話的な場面から構成されている点、主人公のブランチの精神が崩壊していく過程で彼女の幻想――ポルカの音楽やピストルの発射音、炎のイメージ、こだまする声――が表現主義的に処理されている点、象徴的な小道具をふんだんに使っている点など、リアリズムを乗り越えようとする姿勢がうかがえる。しかし、もう若くはないブランチという、没落した南部女性の下降線を辿り始めた人生の最終段階をありのままに描こうという点では、リアリズムからそれほど離れているわけではない(7)。

作者としては、表面的なリアリティをなぞるのではなく、存在の核心に迫るような演劇を目指そうとした。そのために取った手法のひとつが表現主義である。表現主義とは、リアリティの内的経験を客観化することだが、この芝居もブランチの内面的な知覚（それは、他の登場人物には見えも聞こえもしない）を舞台に表現しようとするとき、もっとも表現主義的になる。こういうアプローチは、小説における一人称の視点を演劇に応用したものと言える。ともあれ、ウィリアムズは多様な現実の音と幻想の音によって、演劇をより聴覚的なものにしようとしている。たとえば、開幕早々、ニューオーリンズのフレンチ・クォーター地区の生活にいかにもふさわしい音楽、ブルースのピアノ曲が街角のバーから聞こえてくる。

この場にふさわしい雰囲気が、街角を曲がった所にあるバーで演奏する黒人楽師たちの音楽によって醸し出される。ニューオーリンズのこの界隈では、街角をすぐ曲がった所、あるいは通りの数軒先、至る所から、茶色の指によってよどみなく憑かれたように演奏される、安ピアノの音がほぼ切れ目なしに聞こえてくる。このブルースのピアノ曲は、この辺りで営まれている生活の雰囲気を表現している。（二四三）

ここに南部女性のプライドだけは失っていないが、神経がすっかり衰弱してしまったブランチが妹のステラを頼りにやって来る。

ところが、ブランチと妹の夫、スタンレーはすぐさま互いに反りが合わないことがわかる。ブランチは彼を無教養で下品で、野獣のようだと思うし、スタンレーは、ブランチが家屋敷を売った金をごまかしているだけではなく、上品に澄ましているが、何者かわかったものではないと思う。そこで、友人たちに聞き回って、彼女の過去を探ることにする。その結果、ブランチは高校生の教え子に手を出して、教師を首になったこと、男出入りが激しく、スキャンダルになって町を追放同然になったことなどを調べ上げる。観客は、ブランチのこうした芳しくない過去を知らされながらも、彼女が同情すべき人物であることも理解するようになる。そのきっかけになるのが、ポルカの曲である。これは、ブランチの頭の中で鳴っている旋律が、観客にも聞こえるように外部化されたものである。ブランチがちょっと不安になったり、神経が過敏になったり、最初の結婚を思い起こしたりするときに聞こえてくる。こうした音響によって、彼女のトラウマになっている過去が明らかになってゆく。

第六場で、ブランチはスタンレーの友人、ミッチに過去を打ち明ける。まだ少女の頃結婚した相手（やはりまだ少年の夫）が同性愛者であることを知ったこと、一緒にダンスを踊っているときに、彼をなじったところ、衝動的に銃で自殺したことなどを語る。こうして、これまで時々流れていたポルカの曲は、ちょうど夫が自殺する直前に、一緒に踊っていた曲であることがわかる。だが、この音楽も、ミッチと結婚できそうな期待が膨らむとき、聞こえなくなる――「ミッチは、ブランチの額に、つぎに両方の目に、最後に唇にキスする。ポルカの旋律がだんだん聞こえなくなる」（三五六）。ところが、第八場でスタンレーにスキャンダラスな前歴を暴かれ、窮地に陥ったとき、再び響き始める。彼がブランチに、帰れるはずのない町へのバスの片道切符を渡すとき、「ポルカ、ヴァルソヴィエンヌの曲がいつの間にか低く聞こえ始め、いつまでも続く」（三七六）のである。これ以降この曲は、神経衰弱の状態から本物の狂気の段階へ逃れつつあるブランチの頭の中にこびりついて離れなくなる。それが第九場である――「急速で熱狂的なポルカの旋律、ヴァルソヴィエンヌが聞こえてくる。この曲は、実はブランチの心の中で響いているのである」（三七九）。頭の中で鳴り響くこの曲を振り払うために、また恐慌状態に陥らないようにするために、彼女は酒に逃げ道を求める。だが、この旋律とあの時の銃声がまた聞こえてくる。メキシコ人の物売りの声も彼女の不安を高める。葬式用の造花を売り歩く、メキシコ人の低く悲しげな声は、ブランチに死を連想させるからである。

芝居のクライマックス、ブランチがスタンレーに凌辱される第十場。現実の音としては、近くの酒場からピアノのブルース音楽が低く聞こえてくるほか、警官の警笛、電話の受話器のフックをガチャガチャ押すときの音、外れた受話器から漏れる耳障りな電子音、驀進する機関車の轟音、瓶をテーブルに叩きつけて割る音、テーブルのひっくり返る音など、実に多彩な音が舞台に響く。最後にスタンレーがブランチを追い詰め、屈服させたときには、その征服を祝福するかのように、「賑やかなトランペットとドラムが、街角の酒場、フォア・デューンズ〔四人の悪魔〕から大きく響いてくる」（四〇二）。そのほか、ブランチの頭の中の音が外面化したものとしては、「ジャングルの中のような、人間のものとも思えぬ叫び」（三九九）が二度夜の空気を震わせたりする。

最後の第十一場では、近くの教会から心が洗われるような鐘の音が何度も鳴り響く。すっかり精神に異常を来し、これから精神病院に収容されるブランチに送別の辞を奏でるかのように、あるいは狂気になって初めて、罪から浄化されたブランチを祝福するかのように。彼女はそれを耳にして、「あの寺院の鐘の音。フレンチ・クォーターで清浄なものはあれだけだ」（四一〇）と言う。シェーファーは、教会の鐘は人間と神を結び付けただけではなく、共同体をひとつにまとめる求心的な音であったと述べているが（九〇）、すっかり世俗化した二〇世紀においては、鐘の音はもはやそういう役割を果たせない[8]。鐘の音は、この場面に聞こえる他の音響――ポルカの曲やジャングルの中の叫び声、不気味なこだま、ステラのすすり泣き――と同列に位置するにすぎない。

この芝居では、そのほかにも猫の鳴き声、夫婦喧嘩の時に家具がひっくり返り、物が壊れる音、ブランチの口ずさむ流行歌、ラジオからの音楽、電話のベル、クラリネットの演奏（第三場で、妻を殴ったスタンレーが後悔して、妻に戻ってきてくれと外から叫ぶと、慟哭するような低音のクラリネットが伴奏する）、近くの線路を汽車がガタゴト通過する音、メキシコ料理のタマーレ売りの声、浴室の水の音などが使われる。それだけではなく、音楽によって場面転換を行ったり、甘ったるい流行歌と冷酷な台詞を対位法的に並列させたりと、ウィリアムズは、音響の魔術師と形容したくなるくらい、多彩な音響効果を試みている。彼にとって、劇でこうした多様な音楽や音響を使う目的は、真実というものに迫るためであり、現実を深く生き生きと表現するためである。音響効果によって、現象面の背後に隠された、内に潜む要素を掘り起こし、それに光を当て、新たな形のリアリティを創造しようとするのである。音響効果をはじめとする、演劇芸術の持てるあらゆる可能性を引き出しながら、言葉が優先される従来のリアリズム演劇を深化させようとする。

七　ミラーの『セールスマンの死』――フルートの牧歌的音楽

ウィリアムズに続く戦後の代表的な劇作家、アーサー・ミラーも『セールスマンの死』において、リアリスティックな手法とモダニスティックな手法を融合させて、斬新な舞台を作り上げる。(9) 一九四九年初演のこの芝居が描くのは、成功のみを重視する社会で、失敗の人生に終わりそうな予感に怯える老セールスマンの物語である。

自分の浮気のせいで、息子の人生をだめにしてしまったのではないかという罪の意識、自分の人生は失敗だったのではないかという疑念、加えて長年のセールスマン生活の過労のために、精神的に崩壊しつつあるウィリー・ローマンの混乱とそれでも捨て切れない夢を描くことによって、ミラーは、父と息子の対立という家族劇の範疇を超える社会劇的なパースペクティヴで、成功の夢というアメリカの国民的神話の崩壊までも描こうとする。テーマも意欲的であったが、それ以上に形式面の新しさが注目された。演劇のさまざまな要素を見事に融合したこの芝居は、ニューヨークの観客にまったく新しいものと映った。ミールジナー（Joseph "Jo" Mielziner 1901-76）のデザインした枠組みだけの骨格舞台と象徴的な照明が注目されたが、音楽をはじめとする音響効果にも目を向けるべきである。

開幕前からフルートで演奏される音楽は、「草や樹木、地平線」（一三〇）を歌う音楽である。そして幕が上がると、郊外（ニューヨーク市ブルックリン区）にまで押し寄せてきた巨大なアパート群に包囲されるローマン家を目にする。ウィリーは、自然の中で肉体を使って働く仕事の方が向いているのに、セールスという対人関係を重視する、現代的な職業を選び、都会で暮らすことに決めた。だが今は、競争の激化、生活環境の変化に付いていけなくなり、失われた自然を求め、追憶に浸りがちになる。このフルートによる旋律は、都会の生活に疲れた老セールスマンの田園に対する憧憬、過去の牧歌的な生活に寄せる郷愁の念が誘い出す音楽である。と同時に、家族を幌馬車に乗せてボストンから出発し、道すがら作ったフルートを西部の町で売って回った、開拓者魂の持ち主である父親のイメージと結び付き、都市文明に浸食される前のアメリカの大自然を連想させる音楽でもある。ウィリーにとってフルートの音楽は、亡父の思い出と結び付いているだけに、ひそかな死の願望の表出とも解釈される。

このように劇の冒頭から、音楽と照明効果によって、都市と田園の対立というテーマが提示される。劇は牧歌的なイメージを喚起するフルートの音楽が流れるなか、溶暗する舞台にくっきりと浮かび上がる高層アパート群のシルエットで終わるが、劇の最後でフルートの牧歌的な音楽と都市の高層アパート群のシルエットが同居するということは、自然と都会の対立が融和しないまま終わることを暗示する。「だんだん暗くなる舞台にフルートの音楽だけが聞こえるなか、ローマン家の上にそびえる、硬質的な高層アパート群がくっきりと浮かび上がる」（一二二）。

フルートの音楽だけではなく、他の音響も効果を上げている。たとえば、当時のハイテクであったテープ・レコーダーの場面は、劇全体のアクションを要約するようだ。社長室を訪問中のウィリーがスイッチを間違って入れてしまって、止められずに慌てふためくとき、この機械は、彼にはもう手に負えなくなってしまった機械文明の象徴であり、彼の精神的崩壊をも予兆する。あるいは、隣人のチャーリーがマンハッタンに構える事務所の中に侵入してくる車の騒音は、ウィリーが心の奥底では憎悪している都会の音だ。また、息子に浮気を知られる、ボストンのホテルでの場面は、甲高いトランペットの序奏が観客の心の中にいやでも不安を募らせる。息子のビフに保険金を残すために、ウィリーが自殺を決行する場面も、実際の様子は描かれず、車が猛スピードを上げて走り去る音と、車がどこかに激突するときの不協和音の大音響によってのみ暗示される。続いて、一梃のチェロによる静かな演奏が始まり、最後のレクイエムの場面へと移行する。

このように、この作品にあっては、テーマと音響が互いに分かちがたく有機的に結び付き、アメリカの成功の夢の崩壊という、一見して月並みな内容にも深い味わいが与えられている。ただ、『欲望という名の電車』におけるバロック的なウィリアムズとくらべると、多彩な音響の実験によって観客の注意をメインテーマから逸らすようなことは、ミラーはしない。音響効果はほどほどにして、手堅くまとめているところが、いかにも古典主義的なミラーらしい。

以上、オニールからライス、ウィリアムズ、ミラーまで、現代アメリカ演劇の主要作家と音響との関係を検討してきたが、その結果、彼らが台詞と同じくらい、音響効果にも細心の注意を払い、斬新な実験を行うことによって、台詞中心のリアリズム演劇の枠を広げようとしてきたことが了解される。モダニズム演劇をモダンドラマの中でも特に実験的で前衛的な演劇と定義し、その概念については、十九世紀の末以来支配的であった自然主義的リアリズムに対立するものと規定するなら、彼らは皆モダニストであった。

ただ、音響面における斬新な実験といっても、伝統的なアメリカ演劇を特徴づけてきたリアリズムと、ブロードウェイ演劇を支えてきた中産階級の観客からあまり遊離しない程度の実験であり、前衛的で過剰な実験は抑えられている。ここに、商業主義的なアメリカ演劇の特質と限界があると言ってもよい。アメリカ演劇の中産階級的な性格からして、目新しい実験はよしとしても、過剰な実験や難解な内容は歓迎されないし、商業主義的な一応の成功を収めるためには、実験的な作品であっても、リアリズムから遠く離れてはいけないのである。

注

（1）テクストはジョナサン・ケープ版の『カリブ諸島の月（*The Moon of the Caribbees*）』に収められているものを使用し、括弧内に頁数を記す。日本語訳は、井上宗次・石田英二訳を適宜参考にさせていただいた。

（2）テクストはジョナサン・ケープ版を使用。
（3）テクストはジョナサン・ケープ版を使用。
（4）シェーファーも述べているように、産業革命の間に、機械による騒音は、産業資本家と結び付いたという（一二〇－一二三）。すなわち、他を圧倒する音量の騒音を発生させることのできるものが、権力の中枢を占めることができたのである。
（5）テクストはジョナサン・ケープ版を使用。ブロードウェイ初演は一九六四年であるが、スウェーデンにおける世界初演は一九五八年である。
（6）テクストはガスナー編『モダン・アメリカン・シアター　初期の傑作選二十五（*Twenty-Five Best Plays of the Modern American Theatre: Early Series*）』に収められているものを使用。
（7）テクストはニュー・ディレクションズ版の選集を使用。
（8）アラン・コルバンは『音の風景』の中で、鐘の音は、十九世紀においては個人同士を、また生者と死者を結び付ける、共同体を構成する音であったが、世俗化が進み、音ではなく書かれた言葉や視覚的なものに権威の中心が移行するにつれて、十九世紀の後半頃までには、鐘の音に対するかつての感受性が失われてしまう経緯を明らかにしている。
（9）テクストはヴァイキング版の選集を使用。

引用文献

Miller, Arthur. *Death of a Salesman*. 1949. *Arthur Miller's Collected Plays*. New York: Viking, 1957.

O'Neill, Eugene. "Bound East for Cardiff." *The Moon of the Caribbees and Six Other Plays of the Sea*. 1923. London: Cape, 1955.

——. *The Emperor Jones*. 1921. London: Cape, 1968.

——. *The Hairy Ape*. 1922. London: Cape, 1964.

——. *Hughie*. London: Cape, 1962.

Rice, Elmer. *Street Scene*. 1929. *Twenty-Five Best Plays of the Modern American Theatre: Early Series*. Ed. John Gassner. New York: Crown, 1949.

Törnqvist, Egil. *A Drama of Souls: Studies in O'Neill's Super-Naturalistic Technique*. New Haven: Yale UP, 1969.

Williams, Tennessee. *A Streetcar Named Desire*. 1947. *The Theatre of Tennessee Williams*. Vol. 1. New York: New Directions, 1971.

オニール、ユージーン「カーディフさして東へ」『長い帰りの船路』井上宗次・石田英二訳、新潮文庫、一九五六年。

コルバン、アラン『音の風景』小倉孝誠訳、藤原書店、一九九七年。

シェーファー、R・マリー『世界の調律――サウンドスケープとはなにか』鳥越けい子他訳、平凡社、一九八六年。

第十章　モダニズムとアメリカ演劇――ライス、オデッツ、ワイルダー、ウィリアムズ、ミラー、オールビー

はじめに

モダニズム演劇をモダン・ドラマの中でも特に実験的で前衛的な演劇と定義するなら、アメリカにおけるモダニズム演劇はユージーン・オニール（Eugene O'Neill 1888-1953）の一九二〇年初演の『皇帝ジョーンズ（*The Emperor Jones*）』と一九二二年初演の『毛猿（*The Hairy Ape*）』、エルマー・ライス（Elmer Rice 1892-1967）の一九二三年初演の『計算機（*The Adding Machine*）』辺りから始まる。スタイルの面で、表現主義がモダニズム演劇の出発点である。ヨーロッパの場合、新しい演劇運動は、それ以前の充実した歴史を持つリアリズム演劇とナチュラリズム演劇への反動として始まったのに対し、アメリカの場合、より実験的で前衛的な演劇は必ずしもリアリズムもしくはナチュラリズムへの反発として始まったわけではない。むしろ、リアリスティックではあるが、センチメンタルで予定調和的なメロドラマ演劇への反発として始まった。

ヨーロッパに遅れること約三〇年、一九一〇年代の後半から二〇年代にかけて成立したアメリカのモダン・ドラマの場合、この時代的な遅れのために、本格的なリアリズムも、それを徹底させたナチュラリズムも、表現主義や象徴主義などの実験的な技法も、舞台装置の革新的な理念も、ほぼ

同時に一緒くたに吸収しようとした。従って、アメリカのモダン・ドラマにおいては、リアリズムとナチュラリズムの演劇も、反リアリズムのモダニズム演劇もほぼ同時期に発生するのである。そのため、アメリカ演劇ではリアリズムが全面的に否定されたことがないし、前衛的な演劇にしても、リアリズムと完全に袂を分かつようなものではない。むしろリアリズムと融合している場合の方が多い。

それはなぜなのか。アメリカ文化には目の前の現実を何よりも重視する傾向、現実への強い関心、現実に無邪気に驚嘆する態度、要するに現実至上主義的な傾向というか態度がアメリカ文化にはあるからではないのか、とすでに序章において示唆しているので、これ以上は触れない。現代アメリカ演劇の開拓者であるユージーン・オニールについても、オニールがいかにリアリズムと反リアリズムの間を揺れ動いたのか、第七章で論じているので、本章では、オニール以外のモダニズム演劇をエルマー・ライスとクリフォード・オデッツ（Clifford Odets 1906-63）、ソーントン・ワイルダー（Thornton Wilder 1897-1975）、テネシー・ウィリアムズ（Tennessee Williams 1911-83）、アーサー・ミラー（Arthur Miller 1915-2005）、エドワード・オールビー（Edward Albee 1928-2016）までざっと眺め渡してみたい。アカデミックに論ずるというよりは、彼らのモダニズム演劇はどのようなものなのか、その概要を知りたいと思う方々にとって、入門書あるいは教科書となるように論じていきたい。そのため注記も最低限にとどめ、現代演劇についてさらに学びたいと思う方々にとって基本的な参考文献をたくさん紹介するようにしたい。議論が一部、第七章と重なる部分があるが、そちらを読んで本章にまた戻ってくださいというのでは、煩わしすぎるので（本章だけで完結するようにしたいので）、論の重複は了解されたい。

第一節では、時代的にも、国によっても、概念的にも複雑多岐にわたるモダニズム演劇を総合し、巨視的にその特質を捉えてみよう。モダニズムとは、地域的な伝統が崩れ、国際的・無国籍的な傾向が表面化することだから、ヨーロッパであれ、アメリカであれ、モダニズム演劇に共通するモダニティ（モダンらしさ）をいくつかのイズムもしくは方法に分類することは可能なはずだ。そうすることで、複雑な様相を呈するモダニズム演劇から、いくつかのキー概念を抽出することができるだろう。同時に、その背後にある思想も検討してみよう。第二・三・四節では、オニールから後の劇作家による、アメリカのモダニスティックな演劇の代表的作品を取り上げ、そのどこがモダニスティックなのか、ヨーロッパのモダニズムとくらべて、どういう特色があるのか、作家によってどういう個性の違いがあるのか、検討してみよう。最終的には、アメリカのモダニズム演劇の特質はどのようなものなのか、その特質を浮き彫りにしたい。結論としては、アメリカのモダニズム演劇はリアリズム・プラス・アルファーである、すなわちリアリズムが基盤にあり、その上に何かモダニスティックな意匠を付け加えたものである、という予想どおりのものになるかもしれない。

一　モダニズム演劇とその方法論

そもそもモダニズムとは何かを考える際、モダンとモダニズムを区別し、モダニズムはモダンの下位範疇であると押さえておくべきだ。従って、モダンな作品が必ずしもモダニスティックであるということにはならない。なぜなら、内容の刷新だけではなく、表現形式そのものが革新的でなければ、モダニストとは言えないからだ。[1] そこで、モダニズム演劇はモダン・ドラマの中でも特に実験的、前衛的な演劇と定義されるし、その概念は十九世紀の末以来支配的であった近代劇のうち、自然主義的リアリズムに対立する、あるいはそこから離反・離脱しようとする、あるいは、もっと緩やかに捉えるなら、そこに新しい意匠や仕掛け、装置を付け加えたものと規定することができるだろう。エリック・ベントリー（Eric Bentley）が『思索する劇作家（*The Playwright as Thinker*）』の中で指摘した、モダン・ドラマにおけるリアリズムと反リアリズムのふたつの伝統のうち、後者の反リアリズム演劇をモダニズム演劇とほぼ重なるものと考えればよい。[2]

（一）リアリズムとモダニズムの演劇観

モダニズムとはどういうものか押さえておくために、リアリズムの概念規定から始めなければならない。文学におけるリアリズムというのは、主観を排除して人生を客観的に観察し、人生をリアルに、すなわち人生の姿をありのままに示すことが文学の目的であるという信条である。従って、リアリズムは人生を抽象的に、あるいは主観的に捉えるのではなく、人生、それも日常生活の些末なもの、卑俗なもの、ありふれたものを観察や調査、証言など現実に密着した方法によって具体的に、あるいは客観的に捉えようとする。リアリズムが尊ぶものは、日常生活の微細な局面を忠実に切り取る写真的な正確さである。そこには、科学や理性に基づく推論や判断を絶対のものとするラショナリズム、経験的事実のみを真理の尺度とみなす経験主義、真理に至る方法として観察や実験を何よりも重視する実証主義によって、世界を解明することが可能であるという態度がある。

リアリズムの演劇観というのは、簡単に言えば、人生の断片を忠実に舞台に載せたものが演劇であるという立場である。実人生を見ているのだという幻想を観客に抱かせることが、ドラマツルギー（作劇術・戯曲作法）の目標となる。舞台装置をよりリアルにしたり、人物をより生き生きとしたものにしたり、出来事をより自然なものにしたりすることによって、人生を忠実に舞台に再現することができる、という素朴な信念がそこにはある。リアリズム演劇のドラマツルギーを要約すれば、こうなるだろう。(3)

（1）素材は、平凡な人間の卑近な生活の中に起こる事件によって構成される。
（2）テーマは、特定の環境と時間を生きる特定の個人の問題として提示される。
（3）舞台装置をはじめ、衣装や照明なども、日常生活から外れた不自然なものであってはならない。
（4）人物の演技と台詞には、現実生活における言動に近い自然さが求められる。そのため、舞台と観客席の間に第四の壁があるかのように、俳優は観客を意識しないで、自然に演技しなければならない。
（5）プロットには始まりと中、終わりがある。しかも、論理的な結末へと直線的に進んでゆくプロットの中で、登場人物と出来事は互いに関係している。
（6）何よりも、リアリズム劇は散文で書かれる。

リアリズムとナチュラリズムを強いて区別すれば、ナチュラリズムはリアリズムのさらに発展した形式、すなわち、リアリズムに科学的決定論をプラスしたものであり、人間には自由意志はなく、遺伝や環境、運命などの強大な力にもてあそばれる存在であるという人間観の下に、人生のより暗い面を強調するのがナチュラリズム演劇の真骨頂であると押さえておけばよい。

それに対し、反リアリズムのモダニズム演劇は、客観的観点というものに疑義を挟み、世界は科学や実証主義によっては解明できないという立場である。むしろ個人の想像力や直観によって、表面的な事実の奥に潜む真実を掘り起こすことの方が重要だと考える。そこで、モダニズムの演劇観は、演劇は自然に鏡を掲げ、自然を模倣するのではなく、作家が想像力で捉えた世界、心に映った世界を描くことだという、反ミメーシス、脱ミメーシスの立場を取ることになる。外部のリアリティを再現するのではなく、意識の内部や意識下の暗い領域に降りていって、夢や幻想など非合理的な世界をむしろ扱おうとする。そこで、そうした内面世界を劇化するにふさわしいドラマツルギーを発展させることになる。

といっても、モダニストはリアリティという概念には必ずしも反対しない。何をリアルと考えるか、リアリティをどう把握するか、芸術の目的をどう考えるか、認識の仕方や立場が違うだけだ。モダニストは、外面的なリアリティではなく、内なるリアリティを模索するのが現代における芸術の役割だと認識している。そこには、自我の深層へ降りていくことによって、世界の本質に近づくことができるという認識がある。それはまた、舞台という窓を通して現実（の幻想）を見ようとするリアリズムの演劇観の否定であることはもちろんのこと、フィクションとして現実から自立した、もうひとつの現実を言葉や俳優、舞台装置によって作り上げる可能性を追求しようとする立場である。演劇の基本に立ち返って、演劇の基本的要素として認められてきたものを根底から問い直し、演劇そのものの意味を問い掛けようとする。当然「いかに芝居を作るか」という方法論について、きわめて先鋭的な意識が生ずる。しかもその意識が過剰になるから、モダニストたちは次から次へとマニフェストを宣言しては、自分たちの理論をぶち、みずからの旗幟を鮮明にする。新しさを目指すアヴァンギャルドとしての自覚によって、少しの相違でもことさらに言い立てるから、モダニストは多極化する。

(二) モダニズム演劇の源流と方法

二〇世紀のモダニズム演劇の源流は、ドイツを中心とする表現主義とフランスを中心とするシュールレアリスムにある。表現主義は後に叙事演劇へと発展するし、シュールレアリスムはアルトー（Antonin Artaud 1896-1948）の残酷演劇を経て、不条理演劇へと発展する。近代劇は普通の人びとの生活を本当らしく描こうとする。現実の模写、あるいは再現がリアリズム演劇の目標だ。ところが、現代の反（脱）リアリズム演劇は、本当らしさの提示には固執しない。モダニズム演劇の前衛的な方向はむしろ、ブレヒト（Bertolt Brecht 1898-1956）のように舞台上の出来事や人物との距離を保つことによって、いま上演しているのは作り事ですよ、お芝居ですよ、と劇の虚構性を暴露しようとする。あるいは、ピランデルロ（Luigi Pirandello 1868-1936）のように演劇と人生の境界を攪乱することによって、劇中の出来事や登場人物はすべて作者の発明であること、現実世界から取られたのではなく、作者が想像力によって作り上げたものであることを観客に明かそうとする。

モダニズム演劇にも実験性・革新性の小さいものから大きいものまでさまざまあるが、次のように分類されよう。

（1）人生の見掛けの模写ではなく、その精髄をアレゴリーやシンボルによって寓意的、象徴的に表現しようとする象徴主義の方法。

（2）現実を夢か悪夢のようにグロテスクに歪曲したり、誇張したり、抽象化させたりする、主観性の濃い表現主義の方法。

（3）自動記述という潜在意識の連想作用を表現しようとするシュールレアリスムと、その再来とも言われる不条理演劇の方法。

（4）ブレヒトの芝居のように、同化ではなく異化効果によって、観客が舞台上の出来事に感情移入するのを拒否しようとする叙事演劇の方法。

（5）ピランデルロの芝居のように、すでに演劇化されているものとしての人生を扱う演劇、もしくは登場人物自身が演劇的存在であることを自覚しているメタ演劇の方法。

（6）アルトーの唱えたように、芝居を祭儀的、魔術的な空間にすることによって、本当らしさという劇的イルージョンを徹底的に破壊する残酷演劇の方法。これは、音響と色彩、舞踏、アクション、言葉が等価の役割を占める、総合的舞台芸術としての全体演劇の発想でもある。

（7）集団の無意識にまで及ぶ始原的な神話、もしくは民間伝説を上演することによって、共同体意識を発揚し、そこに祝祭的な空間を創造しようとする神話劇や宗教劇、民話劇の方法。

（8）現代劇の流れの中では傍流としてとどまっている詩劇の試みも、演劇を日常的写実の次元から高めようとする点で反写実的であるので、モダニズム演劇の方法に加えてもよい。

（9）ポストモダニズムと呼んでもよい、集団的な即興と観客参加を重視するハプニングの方法。

これらの方法は排除し合うものではなく、相互に関連することは言うまでもない。二〇世紀のモダニズム演劇においては、従来のリアリズム劇のように、緊密な三幕あるいは四幕構成で連続性のある物語を展開させてゆくのではなく、ちょうどシュールレアリスム美術のコラージュの手法のように、断片的な、しかもスタイルのまったく違う挿話を貼り合わせたり、つなぎ合わせたりすることがある。このように多岐に渡るモダニズム演劇の方法からキー概念をいくつか抽出してみると、モダニズム演劇の手法は、「象徴」「抽象」「ファンタジー」「コラージュ」「祭式」「韻文」の七つに凝縮できるだろう。ポストモダニズムの手法は、これに「集団即興」「観客参加」「パロディー」「ジャンルの融合」「パフォーマンス」の五つを加えればよいだろう。[4]

（三）モダニストの基本的姿勢

モダニストたちはなぜ、このような芝居を書くのだろう。マーティン・エスリンが『現代演劇論』所収の論文「演劇における新しい形式」で述べているように、そもそもモダニストにとって、伝統的な演劇の形式や約束事、たとえば、提示部と展開部、解決部というプロットの論理的な構成、登場人物の一貫した性格、筋の通った会話、時と所、筋（事件）の統一、いわゆる三一致の法則などが、なんら意味をなさないからだ（一七―二五）。初めに何か問題を提示し、やがて解決に向かうような、合理的に組み立てられたプロットを持つ芝居は、合理的な世界秩序というもの、あるいは万物の創造主としての神の存在を前提としている。劇中一貫している性格は、個人が不滅の本質、および他の人間とは違うアイデンティティを持っているという見解を前提としている。過去から現在に至る背景を説明したり、話し手の感情や心の動き、思想、意見を伝達したりするなど、台詞は観客に信頼できる情報を提供するという考え方は、言葉は論理性に裏打ちされていて、リアリティを伝達することができるという考え方を前提としている。ところが、モダニストはこうした前提をそもそも信じていないのである。

では、演劇のモダニストたちは従来のプロットの組み立て方に代わって、何を提示しようとしているのであろう。山田恒人の「存在とそのおののく影――二〇世紀における人間の運命」によれば、アリストテレス（Aristotle 384-322 BC）以来の演劇理論が最大の関心を払ってきたものはプロットであるという。劇作家の腕の見せ所は、どこかからストーリーを借りてきて、それを論理的に首尾一貫した独自のプロットとして組み立て直すことにあったし、観客としては、こうした事件のダイナミックな進展に一喜一憂するのが観劇の醍醐味であった。ところが、現代の作家は性格や心理描写とともに、こうしたプロット構成に関心を示さない。それはなぜか。これまでの戯曲の登場人物は、他の人物に働き掛けることによって、つまりその行動によって、プロット全体の進行に明確な役割を果たしてきた。しかも、その行動にはしかるべき動機と目的があった。プロットと性格、行動は有機的な関係にあった。ところが、現代の人物にはそのような合目的な行動が欠けているから、プロットの進行に一定の意味ある働き掛けをしない。人物の行動とプロットは切り離されているのである。そこで、現代の劇作家は、人間を行動ではなく状況において捉えようとする。現代の戯曲はこうして、「行動のミメーシス」ではなく「存在のミメーシス」となる。宇宙における人間の孤独、仮面と素顔の分裂、存在の深淵、そういう存在論的苦悩を二〇世紀の劇作家は直観的に提示しようとする。

ルネサンス以降の近代劇になると、主人公の個性を重視し、性格を筋より上位に置こうとする傾向が出てくる――これはヘーゲル（Georg Wilhelm Friedrich Hegel 1770-1831）以来の近代美学による演劇観によるところが大きい――が、十九世紀近代心理劇においてその頂点に達する。そこで二〇世紀に入ると、反リアリズムの名の下に、個性的な主人公がいない群集劇が書かれたりする。しかし、モダニズム演劇の態度はもっと徹底している。世界は合理的な目的がなく、本質的に不可解なものである、人の性格も絶えず変化し、不変のものではないという。そこには、人間には自分はおろか他の人間を理解することができるのか、悟性によってリアリティを認識することが可能なのか、言葉によってリアリティを捉えることはできるのか、といった先鋭的な問題意識、あるいは認識論的な懐疑がある。こうして、ベケット（Samuel Beckett 1906-89）の『ゴドーを待ちながら（*En attendant Godot*）』（一九五二）のボゾは何の説明もないまま、ある時は自信満々の尊大な男として登場するかと思えば、ある時には盲目の打ちひしがれた男として登場する。イヨネスコ（Eugène Ionesco 1912-94）の『犀（*Rhinocéros*）』（一九五九）では、登場人物はなんの説明もなしに犀に変身する。あるいは、オフ・オフ・ブロードウェイのオープン・シアターが開発した、トランスフォーメーションという実験的な演技術。これは俳優がひとつの芝居の中で、アイデンティティを流動的に変化させてゆく手法であるが、そこには、人間の性格は一貫したものではない——人間は外部に対する反応次第で、時として正反対のものにもなり得る——という認識がある。

(四) モダニズム演劇の内容

内容面から見た、モダニズム演劇の特徴はなんであろう。モダニズム演劇に共通する姿勢は、普遍的な哲学的、社会的関心から逸れて、個人の内面生活の葛藤に関心を寄せる傾向であろう。しかし、昔のように人間を行動によって描くことはできない。以前の演劇では、プロット上の出来事や行動によって、人物の性格や動機は明らかになったが、もはやそうではない。人間観が大きく変わったから、今までのように首尾一貫した人物は造形できない。現代の心理学によれば、ノーマルな人間もそれほど合理的ではないし、アブノーマルな人間は逆にそれほど非合理的でもない。正気と狂気の境目はぼやけてしまった。人間の行動は、表すように見えるものを表さないから、その人の行動を見れば、その人の本質がわかるというものではない。

そこで現代劇の傾向は、人間のアクションではなく、人間の内面生活を説明するだけのことがしばしばである。個人の実存的な孤独を劇化するだけ、アクションではなく、シチュエーションを描くだけだ。マリアンネ・ケスティングの『現代演劇の展望』によれば、筋の展開に代わって、省察と瞑想が大きな位置を占めるようになり、劇的行動が失われてゆくという（九一一五）。劇的な事件が起こったとしても、たいていは主人公の積極的な関与なしに、それも因果律の法則に従わずに発生するから、主人公は外界の出来事に呪縛されてしまったかのように何もせずに、あるいは空洞化した無意味な言葉を交わしながら、死の到来を、あるいは決して来ることのない神を待ち続けるだけだ。現代の前衛劇において、筋の展開は省察や瞑想の下位に置かれる（筋の意味が弱体化する）ので、最初に提示された問題や危機が解決されることはまれである。一切は不確定状態のまま、開かれた状態のまま一応は終わる。そもそも、アリストテレス的な意味でのアクションを信じていないし、人生には中心的なアクションがあるはずもないと思い込んでいる。モダニストの信条によれば、人生の意味は不条理であり、個性なるものも幻想であり、人間は一貫した行動を取るものではなく、人の操る言語も曖昧なものである。

従って、現代劇においてはアクションが成立しないだけではなく、コミュニケーションも成立しない。対話のやり取りが少しもかみ合わないという会話の齟齬、食い違いという問題が前景化する。『ゴドーを待ちながら』やイヨネスコの『禿の女歌手（*La Contatrice Chauve*）』（一九五〇）、エドワード・オールビーの『動物園物語（*The Zoo Story*）』（一九六〇）などがそのいい例である。たとえば、『ゴドーを待ちながら』の場合、ウラディミールとエストラゴンは何百と言葉を交わし、ポゾも立て続けに言葉を発し、ラッキーも神について話すが、そのほとんどはナンセンスである。言語が人間相互のコミュニケーションの媒体でなくなった結果、登場人物たちは沈黙するか、独白を語り出す。意味機能を喪失し、伝達力を失った言葉はふたつの方向を取る、とケスティングは言う。第一に、日常語、それも内容が空疎な紋切型のものになる。その結果、語られたことが無意味であることを明るみに出し、日常語の空しさを暴露する不条理な言葉の残骸となる。第二に、独白調の美的陶酔を誘う言語にもなる。言語は抒情化され、目的そのものとなる。ドラマは表面的なアクションを描くものではないから、劇作家は言語そのものに創作上の全精力を注ぐことになる。オールビーの『箱と毛沢東語録（*Box and Quotations from Chairman Mao Tse-Tung*）』（1968）の場合におけるように、もともと意味を持っているはずの言葉が論理的な脈絡を失って、無意味な断片となり、宙に浮かんでいるように見える。だが奇妙なことに、言葉はリアリティに裏付けられたものとしてではなく、なんの対応物も持たない、純粋に自立的なものとして存在しているから、丹念に彫琢された言葉は限りなく純粋な音楽に近づくことがある。

なぜ演劇はこのように変容してしまったのか、ケスティングは、これは現代の急速な工業技術社会化に対する反応なのであろうと述べて、現代の高度管理社会にその原因を求めようとする。人間が高度な管理下に置かれるような状況では、個人の行動は無意味なものとなり、人間の自由意志と行動への意志が麻痺してゆく。そこで、現代劇は、人間相互の関係の断絶を描いたり、非人間的な世界に生きる現代人の孤独を描き出したりするしかない、と言うのである。それだけではなく、合理主義やヒューマニズム、民主主義、科学的思考など西洋近代を支えた価値への懐疑と問い直し、パラダイムの転換といったことを考慮に入れて、ヨーロッパ近代の終焉という、より大きな文脈の中で捉えなければならないことは言うまでもない。

二　エルマー・ライスとクリフォード・オデッツ

以上の議論を踏まえた上で、続く五節では、オニールから後のアメリカの劇作家による代表的な作品を取り上げ、どこがどうモダニスティックなのか検討したい。その際、取り上げる作品はある程度成功を収めたもの、なるべくならブロードウェイで上演されたものを主たる選定条件とする。どんなに実験的な作品であっても、上演を想定していないもの、あまりに限定された観客を対象としているもの、観客の動員数の極端に少ないものは原則として扱わない。というのも、アメリカ演劇の主流をなすのは、あくまでもブロードウェイ演劇だからだ。

一九二〇年代は芸術革新運動の時代にふさわしく、オニールをはじめ、ジョージ・コーフマン（George S. Kaufman 1889-1961）とマーク・コナリー（Marc Connelly 1890-1981）の合作による『馬上のこじき（*Beggar on Horseback*）』（一九二四）やジョン・ハワード・ローソン（John Howard Lawson 1894-1977）の『行進歌（*Processional*）』（一九二五）、ソフィー・トレッドウェル（Sophie Treadwell 1885-1977）の『マシナル（*Machinal*）』（一九二八）など表現主義演劇が流行するが、オニールの『毛猿』と並ぶ表現主義の代表作は、ライスの『計算機』であろう。ライスは一九一四年の『公判中（*On Trial*）』において、フラッシュバックという当時としては斬新な手法を使って注目されたが、彼の名を広く知らしめるのは、一九二三年にシアター・ギルドが上演した『計算機』の成功による。

（一）ライス『計算機』

この作品は、ゼロ氏という機械時代の犠牲者の悲喜劇を、主人公の心に映るままに、表現主義的な歪曲と誇張によって描こうとする。たとえば第一場のゼロの寝室の壁には、何桁もの数字が何行、何列もの模様になっている計算紙が貼られ、一言も台詞が発せられないうちから、百貨店の簿記係として二十五年間黙々と働いてきた主人公の精神状態が、歪曲された視覚的イメージによって伝えられる。こうした視覚的な歪曲は第四場の法廷の場面でも使われ、歪んでいる手すりや柵、柱などは、主人公の精神状態のメタファーになっている。音響上の歪曲も徹底している。視覚的、聴覚的歪曲が最高潮に達するのは第二場、計算機の導入によって首を宣告されたゼロが、上司を殺害する場面である。解雇を申し渡されたゼロの動揺は、回転木馬の音楽と床の回転によって示される。上司の言葉さえ、ライスは歪める。「すまない、ほかに方法なし、まことに遺憾、長期勤務の社員、効率、経済、ビジネス、ビジネス」と断片的な電報体の言語へと分解している。殺害の場面は、パントマイムと聴覚的・視覚的手段によって暗示されるだけだ。ふたりが口をパクパク開けて、ぐるぐる回転している間、音楽は高まり、劇場のあらゆる音響効果がそれに加わって、床の回転も激しくなり、雷が轟き、稲妻が光った後、舞台は闇の中に投げ込まれる。

言語的にもリアリズムから離れようとしている。登場人物たちの言語は、観客が日常生活で使うような言葉や言い回しからなっているように聞こえる。最初はそう思わせながら、ライスは日常言語を抽象化し、様式化してゆく。リアリズム演劇が追放した傍白や独白、コーラスを復活させるのはそのためだ。たとえば、第一場のゼロ夫人の独白。ベッドに横になっている夫に、擦り切れたレコードのように、映画スターのスキャンダルや知人のゴシップ、夫の無能さについて延々と語るが、その言葉は決まり文句や日常的な言葉の反復でありながら、詩のように丹念に様式化されたものである。あるいは、第四場のゼロの独白。陪審員の前の長いモノローグで、自己を弁護するうちに数字を口にすると、条件反射でつい数字が機関銃のような早さで次々と口を衝いて出てしまう。あるいは、第二場におけるゼロと同僚のデージー嬢との傍白による対話。ふたりは世間話をしながら、同時に心の底にある欲望や願望を傍白の形で表しもする。この不気味なダイアローグの実験は、ピンター（Harold Pinter 1930-2008）の不条理演劇を先取りしているようだ。この実験は第三場でも試みられる。ゼロ夫妻の家に一から六までの数字を与えられただけの、ロボットのような六組の夫婦が来訪する。音楽の対位法のように、さしたる内容のない会話が交わされるが、陳腐な、決まり文句からなる会話は関連性の欠如のため崩壊寸前であり、イヨネスコの『禿の女歌手』の先駆けともなっている。外国人やカトリック教徒、ユダヤ人、黒人を一斉に罵った後、「わが祖国よ、汝のために、自由の美しい土地」とアメリカの準国歌を愛国心むき出しに斉唱する場面には、不気味さと衝撃性が漂う。

後半になると、表現主義の手法は影を潜め、喜劇性と幻想性、寓意性がそれに代わり、言語は説明的で論理的、リアリスティックになってゆく。第六場は、ゼロの墓の口が開いて、ゼロの死体が他の死体と会話を交わすという悪夢的な場面であるが、ふたつの死体間の会話には論理性が流れている。エリュシオンという楽園が舞台になっている、第七場でのダイアローグも筋が通っている。天国と地獄の中間、リンボを舞台にした最終場、第八場で、死後二十五年間巨大な計算機を機械のような正確さで扱ってきたゼロは、リンボで働く役人の神から地上に戻って、もう一度赤ちゃんから人生を繰り返し、大人になったら最新式の計算機を操作しなくてはならないと言われる。抗議するゼロに、役人の神は「希望」という娘を同行させてやる。この場面は寓意劇のようであり、言語も説明的すぎて、説教を聞いているようだ。説教をしてしまう、メッセージをあからさまに伝えたがる傾向がライスにはある。機械化が進む時代を何も疑わずに生きるうちに、自分がこしらえた怪物の奴隷になってしまった人間の象徴としてゼロを描くことによって、ライスは、観客に自分たちが置かれている文明の本質といったものを問い直すよう求める。まだアメリカ的な資本主義を真っ向から批判してはいないが、『計算機』はオニールの『毛猿』と同様、三〇年代の社会批判劇に接近している。

全体として見れば、抽象的になりやすい表現主義の手法に、写実的な場面や会話、性格描写、どたばた喜劇のおかしさ、風刺性、適度の社会批判を織り込むことによって、親しみやすい作品になっている。シアター・ギルドのフィリップ・モーラー（Philip Moeller 1880-1958）の演出、リー・サイモンソン（Lee Simonson 1888-1967）の舞台装置によるこの芝居は、ギャリック劇場での一九二三年の初演時、七二回の上演記録しか残さなかったが、今でもアメリカの最上の表現主義演劇であり、その後も大学やアマチュアの劇団で長い間人気を保ち続けた。それは、観客を戸惑わせたり、観客にそっぽを向かせたりするほどには実験性が過剰ではなかったからであろう。アイロニーと風刺によって、観客と主人公の間に適度な距離が保たれているから、観客は主人公と全面的に同一化することはないが、少なくとも自分の姿の一面を見出すことができる。しかも、この距離は叙事演劇の異化効果による距離ではなく、喜劇の距離である。

（二）オデッツ『レフティを待ちながら』

一九三〇年代は一九二九年十月の株式大暴落に始まる世界的な不況の時代であり、アメリカ国内では深刻な社会不安が、国際的には共産主義国の出現とファシズムへの脅威が、文学にも大きな影を落とす時代であった。慢性化した不況と共産主義の流行によって、劇作家たちは強い社会意識を持つあまり、芸術性よりも社会変革や社会抗議を前面に押し出す傾向があった。それでも、三〇年代の左翼演劇の中でも優れたものは、技法的には紛れもなくモダニズムの影響下にあった。そのいい例が、ニューヨークのタクシー争議を題材にした、クリフォード・オデッツの『レフティを待ちながら（*Waiting for Lefty*）』である。この芝居は、簡単な小道具しかない裸舞台に組合の役員を半円状に並べ、労働組合員に扮した俳優や経営者側のスパイを観客席に散らすという意表を突く設定においても、表現主義的なフラッシュバックの手法で何人かの組合員の人生の断片を展開し、それをつなぎ合わせてひとつの作品にしているという斬新な構成においても、社会主義的リアリズム演劇の枠を超えようとしている。

俳優が直接観客に語り掛けたり、観客に扮した俳優が舞台上の人物に応答したり、時には舞台に駆け上がってきたりする手法は、観客参加を狙ったものだし、大きな枠に挿入された組合員の人生の断片は、劇中劇そのものだ。椅子に座っていた組合の幹部が、入れ代わり立ち代わり舞台の前面に出てきて、それぞれの人生の断片を演ずるという趣向は、芸人がそれぞれ得意な出し物を披露するスペシャルティ・メンというミンストレル・ショーの手法を応用したものだ、と作者は述べているが、そうだとすれば、舞台の中央で両端の芸人（エンド・メン）と掛け合いをするミンストレル・ショーの司会者（インターロキュター）に相当するであろう。フラッシュバックのシーンの間、他の役員は舞台上の照明の当たっている円の外でそれを聞きながら、コメントを挟むというのも、いま演じられている芸に他の芸人が適当に茶々を入れるミンストレル・ショーの影響もあるだろうし、ギリシャ劇のコーラスの復活を狙ったものでもあるだろう。

過去をフラッシュバックさせることによって、現在の時間と過去の時間、ふたつの時間が舞台に流れる。現在の時間のレベルでは、もっとも戦闘的な組合員のレフティが不在のまま、ストライキを決行するか否かで議論している間、経営者側のスパイが入り込んでいることがわかって騒然となり、最後には待ち望んでいたレフティが暗殺されたことが伝えられた後、全員ストライキ決行を叫ぶという出来事が直線状に展開する。後に出版されたものでは、スパイが告発される出来事を中間点にして、その前に三つの過去のエピソードが演じられ、その後にひとつの過去のエピソードが演じられる。その結果、プロットの進行において線状を描かないから、反リアリスティックである。回想場面は、薄給のため家族を満足に養えない夫、同じ理由で結婚できない若者、毒ガスの研究をするよりもタクシーの運転手を選んだ化学者、ユダヤ人であるが故に病院を解雇されたインターンの回想というように、それぞれ独立していて、エピソード間には時間的な連続性はない。しかしながら、それぞれの内部では始めと中、終わりというように完結しており、伝統的である。しかも、こうした生活状況であるから、ストライキを打つことは正しいのだということを証明する一連の論証となっており、その点ではまとまりがある。しかも、これらのエピソードが積み重なって、最後のクライマックスへと盛り上がってゆくという構成は、ウェル・メイド・プレイ（上手く作られた劇）のそれである。使われる言語も、ニューヨーク市民の日常言語をリアリスティックに再現したものであり、性格描写も、特にプロレタリアートに敵対する者たちの描写において、ステレオタイプかカリカチュアである。

さらに、この芝居には強力なメッセージがある。三〇年代前半に流行したアジプロ演劇（アジテーションとプロパガンダ、すなわち扇動と宣伝を旨とする社会主義演劇）と同じく、すべての踏みにじられた労働者は立ち上がって、アメリカにおける不公平・不正と戦わなければならないというのだ。『ニュー・シアター』誌と『ニュー・マッシズ』誌共催の革命的演劇コンクールの最優秀作に選ばれ、結成されたばかりのニュー・シアター・リーグという左翼劇団によって上演された後、シアター・ギルドの分派であるグループ・シアターによって一九三五年ブロードウェイに進出し、一六八回の上演記録を残す。『ニュー・シアター』誌によれば、雑誌発表後八カ月間でアメリカの百余りの都市でも上演されたという。当時、これほど観客を熱狂させ、熱い反応を引き出した芝居はなかった。しかし、今ではその赤裸々なイデオロギー性の故に、アメリカではほとんど上演されない。

三　ソーントン・ワイルダー

(一)『わが町』

一九三〇年代における芸術の傾向は、モダニズムの影響下にあるとはいえ、様式上のスタイルの主流はあくまでもリアリズムであった。だが、時流に逆らって大胆な実験を行った劇作家にソーントン・ワイルダーがいる。彼にとってモデルとなったのは、アメリカ産の社会主義的リアリズムではなく、ヨーロッパのモダニスティックな演劇、たとえばアンドレ・オベイ(André Obey 1892-1975)やピランデルロ、ドイツの表現主義以降の叙事演劇であり、二〇世紀の作家の中でも最大のモダニスト、ジェームズ・ジョイス(James Joyce 1882-1941)の実験であった。第二次世界大戦前夜の一九三八年に上演された『わが町(*Our Town*)』は一見したところ、アメリカの小さな町を舞台に、第一次世界大戦前の古き良きアメリカを地方色豊かに再現しようとする作品に見えるかもしれない。しかしそれだけにとどまらず、ワイルダーは日常的なものを抽象化して、一地方における家族生活や宗教、愛と結婚、死といった日常的、個人的な経験に時間的にも空間的にも普遍的な広がりを与えようとする。そのためにワイルダーがとった戦略は、モダニズムの抽象性でリアリズムを乗り越えることであった。その結果、日常的なものと崇高なもの、神秘的なもの、永遠なるものとが見事に融合された芝居が生まれた。

『わが町』は次の点で、リアリズムを乗り越えた芝居と呼ぶことができる。第一に、幕も大掛かりな舞台装置もない、ほとんど裸の舞台の上で挿話風に、人生の誕生から結婚、死に至る物語を永遠なる時の流れ、あるいは宇宙（あるいは神の御心）との対比において綴っている点。第二に、登場人物には固有名詞が与えられていても、ほとんど個性はなく、いわば抽象的な人間として行動している点。第三に、第四の壁を破って観客に直接話しかけたり、舞台上の出来事にアイロニカルなコメントを加えたりする人物を登場させ（ギリシャ劇のコーラスの復活）、身近で平凡な個々の人生を普遍的なものとして語っている点。第四に、役者を観客席に配置して、そこから発言させ、舞台と観客の融合を図った点、以上の四点である。

裸舞台にしても、全知の視点を持つ解説者を登場させるという趣向にしても、舞台の行動の中断にしても、パントマイムの導入にしても、平凡な人生という見慣れたものを見慣れないものにする、というブレヒトの異化効果の理論の影響がうかがえる。現実そっくりに再現された舞台装置は、観客の注意をアクションから逸らすとワイルダーは考える。椅子や梯子、板など最低限の小道具しかないし、幕も書き割りもない裸舞台は、ピランデルロの『作者を探す六人の登場人物（*Sei Personaggi in Cerca D'autore*）』という先例はあるが、アメリカの観客にとっては予想外のことだったろう。一九二〇年代以降、舞台装置の革新が進んだとはいえ、何かの間違いか、最初から幕が上がっていて、しかも舞台上にはまったく何もないのを目にして、観客は当惑したに違いない。

性格描写にしても、リアリズムではない。個々の人物はそれほど個性化されておらず、典型である。登場人物は運命と争うわけでも、歴史と争うわけでも、人間の掟を犯すわけでもない。そもそもワイルダーは、オニールのように登場人物の隠れた動機や欲望などを分析することに関心はない。もし登場人物の心理を分析しようとしたら、この作品のシンプルなデザインは損なわれたであろう。

しかも、俳優はあくまでも役柄を演じているだけ、という振りをすることを期待されている。こうして、いま演じられているものは現実そのままの人生ではなく、作り事であることを観客に忘れさせないようにする。この芝居において、俳優たちがコスチュームというほどのこともない普段着姿であったり、パントマイムや独白、傍白といった伝統演劇の約束事が復活したりするのもそのためだ。ワイルダーは、舞台装置や役者の衣装、行動を本当らしくすることによって、逆に真実味が失われてしまうと考える。彼にとって、演劇は作り事をとおして、特殊なものから普遍的なものへと越境するものでなければならない。こうしてリアリズムの演劇、すなわちイルージョンの演劇を打破しようとする。

劇のプロットの展開の仕方においても、伝統的なリアリズム演劇とは違う。劇の中で大した出来事や事件が起こるわけではない。起こることと言えば、人が生まれ、大人になり、恋をし、結婚し、子供を作り、そして死ぬという世俗的なことだけだ。そうした出来事にしても相互に関連しつつ生起するのではなく、ただ並列されるだけで、伝統的な演劇におけるように、山場へと盛り上がらない。取るに足らない（しかもちゃんとした始めも終わりもない）出来事を羅列しただけであり、葛藤らしい葛藤のない破格の芝居になっている。各挿話は日常的な言語で語られ、リアリスティックに演じられるが、対話は無駄のない、透徹した詩の領域に達している。

こうしたおよそ劇的でない芝居にまとまりと普遍的なパースペクティヴを与えるために、ワイルダーは、解説役と進行役を兼ねる舞台監督を登場させる。彼は劇の紹介や解説をしたり、瞑想に耽ったり、劇を進行させたり、司会者として登場人物の紹介を行ったりする。それだけではなく、登場人物の今後の運命を観客に教えたり、役を演じ終わった俳優に謝辞を述べたり、演技を中断させたりするし、必要に応じて端役を演じたりもする。こういう舞台監督を導入することによって、芝居に客観的な観点がもたらされるし、冗長なダイアローグを不要にし、芝居をよりコンパクトにできる。観客に直接話し掛けることで、舞台と観客の間の溝を埋めることもできる。小説で作者あるいは語り手が読者と自由におしゃべりするように、全知全能の舞台監督は観客と親しそうにおしゃべりする。観客に話し掛けるのは彼だけではなく、この町の歴史について解説するウィラード教授もそうだし、同じく政治的、社会的側面について解説するウェッブ編集長もそうだ。また観客席に散らばっている俳優が舞台上の人物に質問をしたり、やじを飛ばしたりするというのも、舞台と観客との間の垣根を取り払おうとする仕掛けである。

こうした斬新な仕掛けとリアリスティックな言語と細部を組み合わせることによって、アメリカの小さな田舎町における、人生のささやかな営みが広大な時空と対比され、彼らの人生に普遍性と詩情が付与される。また逆に、抽象的な主題にリアリティが与えられる。アメリカ演劇の中でもこの芝居ほど上演回数の多いものはないが、一九三八年の初演時はそのモダニスティックな方法のために、すべての人に気に入られたわけではなかった。ストーリーの展開の上でも、芝居が終わる頃までには、ほとんどすべての人が死んでいるし、テーマの上でも、時の流れの無情なまでの速さとか、一瞬一瞬を真摯に生きることの困難さとか、死の不可避性であるとか、見る者を憂鬱にするところがある。肩の凝らない娯楽を求める観客には抵抗があったことだろう。それでも、ジェッド・ハリス（Jed Harris 1900-79）の演出によりヘンリー・ミラー劇場で三三六回の上演記録を残し、ピューリツァー賞を受けた。それから八〇年近くも経過する間に、アメリカ的生活様式やワスプ的な価値観が懐疑にさらされたり、性革命とフェミニズムによって結婚観と家庭観が大きく揺さぶられたりするだけではなく、ますます多人種多民族化が強まる昨今、この芝居はクラシックとして生き残れるか否か岐路に立たされている。

(二)『危機一髪』

第二次世界大戦が勃発して四年目、アメリカが参戦してほぼ一年になる一九四二年に上演された『危機一髪(*The Skin of Our Teeth*)』はタイトルが示すとおり、人類が氷河期や大洪水、世界大戦に象徴される一大危機をすんでのところで乗り越えてゆく様子を、ファンタジーやパロディー、どたばた喜劇、叙事演劇、さらには表現主義の手法も混ぜ合わせて、歪曲され、誇張されたシュールな舞台に描いた奇想天外な作品である。

この芝居は『わが町』以上に、リアリスティックな要素と寓意的、象徴的な要素が破天荒なまでに混在している。ニュージャージー州エクセルシア市シーダー(ヒマラヤスギ)通り二一六番地に住む、中産階級の典型的な家庭を舞台にしながら、同時にこの家族は人類の代表でもあり、このローカルな場所は宇宙の中心でもある。エクセルシア(Excelsior)には「より高く」および「向上」という意味があり、危機を生き延びる人類のしたたかさを扱った、この芝居の舞台にふさわしい名前である。一家は、郊外に住む典型的なアメリカ人中産階級の生活をリアルに演じると同時に、人類全体の歴史をアレゴリカルに演じなければならない。主人公のアントロバス(Antrobus)氏はニューヨーク市のビジネスマンであると同時に、その名前が人間という意味のギリシャ語 anthropos に通じるように、人類の代表でもある。現に第二幕で彼は、第六〇万回哺乳類ヒト科会議において議長に選ばれる。さらに、最初の人間であるアダムとも、イスラエル民族の始祖であるアブラハムとも、大洪水を生き延びたノアとも重なる。彼はまた、梃子の原理や車輪、アルファベット、ビール、火薬、九九表の発明者でもある。このように、ひとりの人物にさまざまなアイデンティティが重層的に存在するというのは、ワイルダーも認めているように、ジョイスの『フィネガンス・ウェイク（*Finnegans Wake*）』（一九三九）の影響である。ダブリンの居酒屋の親父、イアウィッカーがナポレオンやアダム、トム・ソーヤー、トリスタン、スウィフトという具合に変容し、これらのアイデンティティの総体によって普遍的な男性を象徴するように、アントロバス氏も重層的なアイデンティティによって普遍的な男性を象徴する。

『フィネガンス・ウェイク』のヒロイン、プルーラベルが、イゾルデやイヴへと変容し、普遍的な女性を象徴するように、『危機一髪』におけるアントロバス夫人のマギーも普遍的な母親を象徴する。彼女はイヴであり、生命を保ち続ける火の番人でもある。邪悪な息子でも限りなく慈しむという母性的な愛の象徴でもある。エプロンなどを発明しただけではなく、食べ物を油で揚げるという料理法とトマトが食用になることを発見した人物でもある。彼女と対照的なサビーナは、イヴのもうひとつの側面、誘惑する女を象徴する。サビーナはその名前が示すように、ローマ人の男たちによって無理矢理妻にさせられたサビーニ人の女を連想させる。彼女は最初リリー・サビーナとして登場するが、ユダヤ律法の集大成であるタルムードで、アダムがイヴの前に結婚したとされるリリスを連想させる。第二幕では、サビーナはフェアウェザー嬢として登場し、美人コンテストで一九四二年度ミス・アトランティックシティーに選ばれる。アントロバス氏の息子、ヘンリーはどこでも見られる反抗的な息子であると同様、最初の殺人を犯したカインを連想させるし、人間の邪悪さや破壊衝動、利己主義やアナーキーな傾向を象徴する。彼が名前をカインからヘンリーに変えられたのは、兄を殺した後のことである。劇は、光と理性、進歩を象徴するアントロバス氏と、悪の象徴である息子のヘンリーとの闘争を主題とする寓意劇となる。そのほか第一幕ではモーゼやホメロス、ミューズの女神を連想させる人物が登場するなど、おびただしい、かつ突飛なアナロジーは、ワイルダーがアメリカ文学という狭い国民文学を超えて、世界文学に踏み入ろうという野心の現れである。

ジョイスがその前衛的な作品によって、ヨーロッパ数千年の歴史を二〇世紀のダブリンにおける一夜に圧縮したように、ワイルダーも、舞台上の時間と空間の制約を乗り越えて、氷河期からノアの洪水、世界大戦という大惨事を危機一髪で生き延びてきた、四千年から五千年に及ぶ人類の歴史をアントロバス一家に凝縮させて表現しようとする。従って、現代と太古が同居する壮大なるアナクロニズムが展開する。第一幕は、氷河期が到来する太古の昔と大恐慌を乗り越えたばかりのアメリカの現代が並列される（一家のペットとして恐竜とマンモスの子供さえ登場する）し、第二幕は、各種コンヴェンションや美人コンテストなどが開催されるアトランティックシティーにノアの大洪水が起こるという設定になっている。第三幕は、世界大戦後の現代を舞台にしているように見えるが、サビーナはナポレオン軍に随行した民間人の赤と青の服装で登場するというように、架空の世界大戦とナポレオン戦争が混同させられている。こうした痛快なアナクロニズムによって登場人物の年齢も、常識をひっくり返すことになる。第一幕のヘンリーはまだ四千歳だし、第二幕でアントロバス氏は百万年生きてきたというが、別の場面では四十五歳だといわれる。同じく、第二幕で夫人は今年五千年目の結婚記念日を迎えるという。このように、この芝居にはまったく異なる時間が流れている。第一幕では現代のアメリカ郊外に住むアントロバス一家を描き、第二幕はアトランティックシティーに遊びにやってきた一家を描き、第三幕は世界大戦後の一家の生活を描く。一家のこの数年間の時間の中に、人類百万年の時間が流れ込むのである。

構成上の新機軸として、ここでも伝統的な三幕構成を取りながら、ストーリーは挿話の積み重ねによってエピソディックに展開している。ピスカトール（Erwin Piscator 1893-1966）やブレヒトの叙事演劇の影響なのか、スライドの映写とアナウンサーを使って、芝居の背景を説明するという方法が最初の二幕で採用される。『わが町』では舞台監督が劇の解説役であり進行役であったが、『危機一髪』において、その舞台監督と同じくらい重要な役柄を演じるのが、女中役のサビーナである。彼女は観客に自由に話し掛けるだけではなく、演じるべき役柄から脱け出して、芝居を批判したり、自分の演劇観を披露したりする。たとえば、開幕早々の場面では、自分の台詞をほぼ語り終えた後、出て来るはずの役者が出て来ないので怒った顔を見せるし、場を取り繕うために、すでに述べた台詞を繰り返したり、アドリブでしどろもどろに語ろうとしたりするが、最後には役から脱け出して、素顔に戻り、芝居について勝手な感想を述べる。それもこの芝居は大嫌いだとか、バカな作者が何を意図しているのかちっともわからないとか、これにくらべれば昔の芝居の方がずっと面白くて、健全なメッセージも含まれていたとか、この芝居にそれでも出演することにしたのは金のためであるとか、さまざまな感想を漏らす。それを見かねて、舞台監督が舞台の袖からサビーナを演じている役者の名前を呼んで注意する。彼女はそれでも、この少し後では、こんな芝居早く終わればよいと観客に語ったりする。その後、こんなのいやだと泣き出して、アントロバス氏を演ずる役者からたしなめられると、では深く考えないで機械的に演じることにしようと述べた後に、観客にこの芝居をまじめに受け取らないように忠告して退場する。

こうして、この芝居には演劇の演劇というメタ演劇性が生まれる。第三幕では、幕がすでに上がって、アクションが進行しているのに、舞台監督が突然登場して劇を中断させる。劇団員全員も舞台の両袖に立つなか、舞台監督に代わって、アントロバス氏を演じている俳優が観客に中断の理由を説明する。それによると、これから登場予定の俳優のうち七名が食中毒で急遽入院したので、代役が必要になったこと、しかし、その代役はプロの俳優ではなく、劇団の衣装係や劇場の案内係にお願いしなければならないので、これからリハーサルを行いたいと言うのだ。こうして、観客は、リハーサルを見ることになる。ワイルダーもピランデルロ同様、演劇を作る過程そのものを劇化したいと思った。

氷河期と大洪水の到来、世界大戦の勃発というように、世界的な破局のたびに再出発する人類の営みを描いたこの芝居のプロット展開は、人間は永劫回帰という循環の中に囚われている、という悲観的なヴィジョンを示しそうだが、決してそうではない。何よりも人を導いてくれる偉大な思想家の残した書物があるのだから、人はいくら危機に見舞われても乗り越えられるし、これからも生き延びなければならないというヴィジョンが、アントロバス氏の書物（聖書やプラトン、アリストテレス、シェイクスピア、スピノザ）への愛によって伝えられる。これらの偉大な書物がある限り、人類は生き延びることができる、と少々楽観的にアントロバス氏もワイルダーも考えている。

一九四二年、エリア・カザン（Elia Kazan 1909-2003）の演出、アルバート・ジョンソン（Albert Johnson 1910-67）の舞台装置によってプリマス劇場で初演、三五九回の上演記録を残し、ピューリツァー賞を受ける。戦後のヨーロッパ、特にドイツでも大変な人気を博す。ただ、アメリカ人の家族、それも郊外に住む中産階級の、人種的にはアングロ・サクソン系で宗教はプロテスタントの一家に全人類を代表させることは、近年の多文化主義のアメリカにおいて少々難しくなってきているし、偉大な書物をいわゆる西洋の古典に限定するというのも、近年のアメリカでは反発を招く。しかしそれでも、芝居は実人生を映し出したものではなく、あくまでも作り事なのだから、演劇の持つあらゆる可能性を駆使しなければならないという、シアトリカリズムがいかんなく発揮されたこの芝居は今もなお、優れた演出家と舞台装置家による上演を待ち望んでいる。

四　テネシー・ウィリアムズ

（一）『ガラスの動物園』

ウィリアムズの『ガラスの動物園（*The Glass Menagerie*）』（一九四四）もまた、ワイルダーの『わが町』におけるように、第四の壁を破る語り手を登場させる。夢の中での出来事であるかのように、短い場面の断片を積み重ね、照明と音楽によってシーンが移行する手法は、フェード・イン（溶明）、フェード・アウト（溶暗）など映画の手法の応用である。当初のアイディアとして、ウィリアムズは舞台装置の一部をスクリーン代わりにして、そこに映像や説明文を映すという仕掛けを考えた。筋の進行を中断して皮肉な注釈を加える、この仕掛けにしても、ピスカトールやブレヒトの叙事演劇の異化効果の理念に通じるものがあり、きっちり構成された三幕仕立てのリアリズム演劇を乗り越えようとするものであった。

劇は、いま船員となっているトムが都会の安アパートの息苦しい生活から逃れようと思っていた、昔の日々を思い起こすという回想形式で進行する。脱出の夢を実現し、自由を獲得したにもかかわらず、母と姉を見捨てたという罪の意識からついに逃れられないでいることをトムは悟る、というのがストーリーである。語り手のトムが船員の制服を着て、観客に語り掛ける第二次世界大戦の現在と、セントルイスで母と姉の三人で暮らしていた三〇年代の大恐慌時代の過去が舞台に共存する。現在と過去が自由に入れ替わるから、ウィリアムズは流動的なフォームを導入することにする。

幕が上がると、安アパートの薄汚れた外壁が描かれた透明な第一の幕が現れる。この透明な幕は、語り手がナレーションを終える頃、ゆっくりと上がっていく。次に、居間と食堂の間の透明な紗の第二の幕の向こうに柔らかい照明がともり、ウィングフィールド一家の食事の場面が、食べ物も食器すらも使われずに、身振りだけで示される。舞台の中に舞台があるという入れ子構造は、メタ演劇性を暗示するだけではなく、現在の時間の中に過去という別の時間がある、というこの芝居の時間構造と関係している。そこに「こぞの雪いまいずこ」と、フランス中世の詩人ヴィヨン

(Francois Villon 1431-63?)の詩の一節がスライドで舞台に映し出される。このように風変わりな始まり方をするし、最後の場面も、アマンダとローラのアクションは、第二の幕の向こうで、まるでサイレント映画の一シーンのようにパントマイムで演じられる。

この芝居の新しさは、リアリスティックな芝居のコンヴェンションから離脱しようという点にある。まず、アリストテレス的な意味でのアクションはほとんどない。最初から最後まで、舞台で起こることは因果関係の結果しかるべく発生するようなものではない。エピソディックな構成を取るから、ブロットにしても直線的に進行しないし、プロットはリリシズムほどには重視されていない。そこで作者は語り手を導入し、特定の人物の視点からストーリーを語ることにする。音楽や照明など言語以外の要素を重視し、スクリーンにスライドで映像やタイトル、説明文を映写するという仕掛けを使う。小説と映画の手法を演劇に積極的に取り込もうとする。

スライドの使用は叙事演劇の影響であることはもちろん、ウィリアムズが子供の頃、何百、何千本も見たサイレント映画(字幕付きの、しかもピアノやミニ・オーケストラの生演奏付きのサイレント)の影響もあるだろう。正面の部屋と食堂を仕切る壁に映し出される映像とタイトルは、合計四十四枚。それらは、台詞ですべてを語らせる場合よりも簡潔に、しかも軽妙な調子で要点を伝えることもできる。あるいは、ちょっと距離を置いて舞台を眺めることをも可能にする。この仕掛けは芝居の抒情性やペーソスを損なうものであり、アメリカの平均的な観客に反発を生むだけだろうという理由で、最初の上演時もそれ以降も使われなかったが、一九八三年のリヴァイヴァル上演で初めて、しかも効果的に使用されたという。

サイレント映画同様、この芝居でも音楽と照明が重要な働きをする。音楽と照明は、場面の転換を円滑にするだけではなく、テーマと有機的に結び付いているからこそ、芝居の抒情性を高めることにもなる。舞台に流れる音楽は、トムの追憶が引き出す音楽である。たとえば、どこからともなく流れてきては、いつの間にか消えているテーマ音楽は、ローラに芝居の焦点が当たっているときに流れる音楽であり、彼女の繊細な美しさの伴奏をする。このもの悲しいサーカスの音楽は、表面的な明るさの下に隠れている、人生の永遠の悲しみを漂わせている。ヴィクトローラ（旧式の蓄音機）で演奏される一昔前のワルツは、アマンダの娘時代の明るい雰囲気を醸し出す。「世界は日の出を待っている」をはじめ、近くのパラダイス・ダンス・ホールから流れてくる騒々しいスウィング・ジャズの音楽は、不況の時代に生きる人びとの享楽的な傾向を暗示するだけではなく、第二次世界大戦前夜の時代精神をも象徴している。

照明にしても単なる雰囲気作りのためというよりは、出来事により深い意味を与えるように工夫されている。室内が全体的にほの暗いのは、観客の注意が散漫になるのを避けて、舞台の出来事に集中してもらうためである。そこに差し込む一筋の光、あるいは小さな水たまりのような照明は、まるでエル・グレコ（El Greco 1541-1614）の絵のようである。第三場の母と息子の親子喧嘩の場面でも、照明が当たっているのは、激しく言い争っているふたりにではなく、舞台の前方で怯えているローラにである。ト書きや上演ノートを読んでも、音楽から照明に至るまで細心の注意が払われており、演劇を構成する要素として、音楽や照明の重要性をウィリアムズが意識していたことがわかる。

語り手が時代背景や社会背景を解説することによって、ささやかな家庭悲劇に大きなパースペクティヴが与えられ、周縁が中心に、個が普遍になる。その結果、一九三〇年代という不況の時代、迫りくる戦争の影の下に生きていた家族の日々の苦闘や不安、動揺、家庭崩壊を描くことによって、この時代の状況がくっきりと浮かび上がる。このように個を描いて普遍であるという点に、この芝居の意義がある。しかも、ウィリアムズは演劇を詩に接近させることによって、社会的リアリズムで疲弊していた演劇を復活させたのである（アーサー・ミラーはこの作品を評して、リリシズムをアメリカ演劇史上最高のレベルにまで高めたと述べている）。アメリカ演劇においても、詩劇を復活させようという試みが、たとえばマクスウェル・アンダーソン（Maxwell Anderson 1888-1959）によってなされたが、ウィリアムズのこの散文劇の方が、アンダーソンのどんな韻文劇よりもリリシズムが豊かであるというのは皮肉なことだ。

一九四四年の暮れにシカゴで開幕し、翌年、エディー・ダウリング（Eddie Dowling 1894-1976）とマーゴ・ジョーンズ（Margo Jones 1913-55）による演出、ポール・ボウルズ（Paul Bowles 1910-99）による音楽、ジョー・ミールジナー（Jo Mielziner 1901-76）による舞台装置と照明によって、ブロードウェイのプレイハウス劇場で五六一回の上演記録を残し、ニューヨーク劇作家賞を受ける。その後もアマチュア、プロを問わず再三上演され、その価値は今も揺るぎない。

（二）『欲望という名の電車』

『欲望という名の電車（*A Streetcar Named Desire*）』（一九四七）の場合も、十一の短いエピソディックな場面から構成されている点、ヒロインのブランチの精神が崩壊してゆく過程で、彼女の主観的な幻想——ポルカの音楽や銃の発射音、炎の映像、こだまする声など——が表現主義的に処理されている点、紙のランタンや葬式用の造花など象徴をふんだんに使っている点など、リアリズムを乗り越えようとする姿勢がうかがえる。しかし、もう若くはないブランチという、没落した南部女性の下降線を辿り始めた人生の最終段階をありのままに描こうとする点では、リアリズムを完全に否定しているわけではない。

ストーリーは、スタンレーとブランチという対照的な人間の対立と葛藤を描きながら、ブランチの代表する洗練された田園的な南部文化が、スタンレーの代表する実利的で都市的な文化に敗退するという点で、それほどの新しさはない。自然主義リアリズムから社会主義リアリズムまで、リアリズム劇の姿勢は、人生や社会の醜悪で愚劣な、矛盾を孕んだ不合理な要素をありのままに克明に描くことにあった。とすれば、『欲望という名の電車』はリアリズムの範疇に入ることになるかもしれない。言語と性格、プロットの展開においてリアリズム演劇を断ち切ったわけではないからだ。登場人物はごく普通の、やや可愛げのない人たちであり、振る舞いもごく普通の人間のものであり、それぞれがその環境と性格にふさわしい言語を話す。しかし、現実をありのままに克明に描き出すリアリズム劇とは一味違うものがある。作者の主観による選択、潤色、誇張、歪曲といった操作が大幅に行われているからだ。

作者としては、リアリティの表面を正確に再現するのではなく、存在の核心に迫るような演劇を目指したい。そのためにとる手法のひとつが表現主義である。表現主義とはリアリティの内的経験を客観化することだが、この芝居も、ブランチの内面的な知覚（それは他の登場人物には見えも聞こえもしない）を舞台に表現しようとするとき、もっとも表現主義的になる。このアプローチは、小説における第一人称の視点を演劇に応用したものである。だから、観客はブランチとともに、猫の鳴き声や驀進する機関車の轟音とヘッドライトの光、ポルカの音楽、銃声、赤々と燃える炎の反射、壁に映る恐ろしい物の影、ジャングルの叫びや騒がしい物音、こだまを知覚する。

ウィリアムズは演劇と小説の融合だけではなく、演劇をより音楽的、絵画的、映画的にしようとする。たとえば、幕が上がると、ニューオーリンズのこの地区の生活にいかにもふさわしい音楽（ブルースのピアノ曲）が街角のバーから聞こえ、雰囲気作りに貢献する。ステラを殴ったスタンレーが後悔して、妻に戻ってきてくれと叫ぶと、慟哭するような低音のクラリネットが伴奏する。ブランチを追い詰めて、ついに屈服させたスタンレーの勝利を祝うかのように、トランペットとドラムの賑やかなジャズの音楽が流れる。近くの教会からは、心を洗うような鐘の音が響く。第七場ではブランチが風呂の中で歌う流行歌「ペーパー・ムーン」のセンチメンタルな歌詞とブランチの過去を妻に向かって暴くスタンレーの攻撃的な言葉は、対位法的な効果を上げている。絵画的と言えば、第三場の「ポーカーの夜」はヴァン・ゴッホ（Vincent van Gogh 1853-90）の『夜のカフェ』（一八八八）のような光景を呈する。黄色いテーブルクロスをかけた台所の食卓の上には、目の覚めるような色をした西瓜が何切れか載っているし、その上方には鮮やかな緑色の笠を付けた電灯が吊り下がっている。ポーカーに興じている男たちは、青、紫、紅白の格子縞、薄い緑と派手なカラー・シャツを着ている。

この芝居も象徴に満たされている。紙のランタンからはじまって、水やポーカーにまで至る、丹念に織り上げられた象徴の織物をすべて解きほぐすことはできないので、特に目につく象徴として、中国風のランタンについて触れておかなければならない。ブランチは寝室の裸電球に中国風のランタンをかぶせる。そうすることで荒々しい現実をイルージョンでくるみ、美の衰えを隠そうとする。ブランチがむき出しの荒々しい現実に耐えられないことを象徴すると同時に、残酷な現実を変容させようとする魔術の象徴でもある。つかの間とはいえ、現実の荒々しさと冷酷さから身を守ろうとする創造的な行為でもある。色彩のシンボリズムも効果的である。緑色のボーリング用のジャケットや赤い絹のパジャマなど、スタンレーの世界は大胆な原色で彩られており、彼の動物的な生命力を誇示する。それに対し、ブランチは白や青を好む。初めて登場するとき、ブランチは白いスーツに白い帽子、白い手袋と白ずくめの服装をしている。この白は、彼女が取り戻したいと思っている無垢と純潔を象徴する。退場するときの青の上着は、聖母マリアの着衣の青であると同時に、死んでその中へ沈んでいきたいと願っている海の青でもあり、初恋の人の目の青でもあるというように、重層的な象徴性を帯びている。ブランチはまた真っ赤なサテンの化粧着が象徴するように、積極的に誘惑する者でもある。

台詞自体が幾重もの象徴性を帯びている。たとえば、「『欲望』線の電車に乗って、『墓場』という路線に乗り換え、『極楽』という停留所に下車して……」というブランチの開口一番の台詞。これは旅あるいはキリスト教徒の巡礼のイメージを喚起するのはもちろん、ベル・リーヴの極楽と地獄からローレルの欲望へ、そして精神病院の墓場へというように、無垢から欲望、そして滅びへというブランチの人生を要約している。晩春から夏を経て初秋へという劇の時間の進行は、蘇りと再生から実りへという収穫のイメージを暗示するが故に、ブランチの人生の進展とアイロニカルな対照をなしている。と同時に、季節の移ろいという旅のイメージによって、よそよそしくなった世界で孤立する放浪者・巡礼者としてのブランチのイメージも強化する。

ウィリアムズにとって、劇中に表現主義や象徴主義などリアリズム以外の技法を使う目的は、真実というものに迫るためであり、現実をより深く、生き生きと表現するためである。だから象徴を用い、照明や音楽の助けを借りて、現象面の背後に隠された内なる要素を掘り起こして、光を当て、新たな形のリアリティを創造しようとするのである。だから、外面的にはリアリスティックに見える場面も、実は内面世界のイメージ化であり、象徴的な価値を持っている。こうして、醜悪な現実を背景にして、なお驚くほど甘美な情感をたたえた、新しい演劇のジャンルを切り拓こうとする。彼のアメリカ演劇に対する貢献は、詩的感受性によって抒情的な演劇を生み出したことにある。舞台芸術が持つ、あらゆる可能性を引き出しながら、従来の言葉に縛られたリアリスティックな演劇を乗り越えようとする。アーウィン・ショー（Irwin Shaw 1913-84）はそれを別の言葉で「高められたナチュラリズム（heightened naturalism）」と呼んだという。

一九四七年、カザンの演出、ミールジナーの舞台装置と照明によってバリモア劇場で初演。二年間で八五五回のロングランを記録。ピューリッツァー賞と二度目のニューヨーク劇評家賞を受け、三十六歳の劇作家は世界的にも知られるようになった。初演以来七〇年経過したが、今でもミラーの『セールスマンの死』と並ぶ戦後演劇の代表作である。

五　アーサー・ミラー

(一)『セールスマンの死』

アーサー・ミラーも、リアリスティックな手法とモダニスティックな手法を融合させて、斬新な舞台を作り上げようとする。『セールスマンの死』は、成功をことさらに重視する社会で、失敗の人生に終わりそうな予感に怯える老セールスマンの物語である。過労と罪の意識のために精神的に崩壊しつつあるウィリー・ローマンの混乱と夢を描くことによって、父と息子の対立という家族劇の範疇を超えて、成功の夢というアメリカの国民的神話の崩壊までも描こうとする。ウィリーと同じく、間違った夢を抱いてきたアメリカという国に捧げるレクイエムとなる。精神的な成就の代わりに物質的成功という幻想を追い求めるウィリーは、アメリカのエヴリマンである。と同時に、詳細に観察された言語や振る舞い、心理によってリアルに描き出された個人でもある。

この芝居はテーマも意欲的であったが、それ以上に形式面の新しさが注目された。ミラーの出世作である『みんな我が子（*All My Sons*）』（一九四七年）のリアリスティックで、古風なウェル・メイド劇の後、彼は今まで手を染めたことのない抒情的な作品を書こうとする。その結果生まれた、演劇のさまざまな要素を融合させたこの芝居は、観客にまったく新しいものと映った。特にミールジナーによる、枠組みだけの骨格舞台の装置によって、観客席からは、家の内部の三つの演技空間と家の前の空間と、四つの空間を同時に見ることができる。家の内部の三つの空間では、リアリスティックな家族劇が展開する。家の前の何もない空間では、回想場面やその他のシーンが、必要に応じて小道具を俳優自身が持ち込んだりして演じられる。家の背後は照明の変化によって、現在の威圧的な高層アパート群にも、過去の自然豊かな森にもなる。こういう骨格舞台と象徴的な照明によって、現在と過去の場面の素早い転換が可能になり、リアリズムと表現主義が融合した、かつ詩情が漂う舞台が生まれる。

この芝居で特に画期的な実験は、現在に過去が侵入したり、現在と過去が併存したりする、時間の処理の仕方である。映画のフラッシュバックの手法だと、過去が現在に置き換えられるが、舞台では過去と現在が共存できるから、舞台空間はより濃密になる。写真の二重露出の手法に近いものがある。その結果、表面上のプロットは、日曜の夜遅くに突然、出張を切り上げて帰ってきたウィリーが、翌日の夜に自殺するまでの最後の二十四時間を扱うものだが、内面的なプロットは幼児期の思い出から、長男のビフの高校落第の夏までの何十年にも及ぶ過去を扱うことができる。

「彼の頭の内部」と構想段階で呼ばれていたことからもわかるとおり、この芝居はウィリーの脳裏に去来する、過去の数々の思い出が現在の中へ人物ともども流入するような仕組みになっている。その点では、一種の回想劇である。それほど意識的ではないが、現在のウィリーは、父親としてもセールスマンとしても成功しなかったのはなぜなのか、いつ事態がおかしくなり始めたのか、自分の選んだ人生はこれでよかったのかと考え始めている。成功したセールスマンであり、父親として成功している、という理想化された自己像を作り上げ、それが現実の自分の姿だと思い込んできたのだが、その自己像が今や崩壊寸前の危機にさらされている。そこでウィリーの心は、現在の不幸を作り出した原因を探るために、あるいは現在の悲惨さを忘れ、栄光の時代を思い出すために絶えず過去へスリップすることになる。

劇の舞台装置が壁のない骨格舞台で作られているのは、過去――それもウィリーの主観によって美化されたり、悪夢のように歪曲されたりする過去――が、時には幻覚のように現在の中に流れ込んでくる、劇の構造上の要求である。観客が目にする過去は、精神に変調を来し始めたウィリー・ローマンの心に思い浮かぶままの過去であり、幻覚である。いわば観念連合によって、現在の出来事や事物と関連した記憶が次々と呼び覚まされるから、因果関係や時系列の連続性は無視される。ミラーの独創性は、表現主義的な手法によって、ウィリーの心に浮かぶ主観的な映像を劇化することにある。ウィリーが過去を回想するときはいつでも、威圧するような高層アパート群の不気味なオレンジ色のシルエットが消え、舞台は照明効果によって緑色の木の葉の模様に埋め尽くされる。この樹木は、ウィリーの強い郷愁の対象である、田園的な生活様式を象徴する。こういう照明効果は、登場人物の主観に映ずるままに表現しようという試みであるから、表現主義の手法そのものと言ってよい。その他、息子のビフとハッピーが父親をレストランに置き去りにするときには、舞台はどぎつい赤に覆われる。最後にウィリーが裏庭に種を蒔くとき、舞台は青色に包まれるが、この青は月明かりの青でもあり、彼の憂鬱な気分の青でもある。

成功の一因は、ミラーがリアリズムを否定しなかった点にもある。リアリズム演劇として、中期のイプセン（Henrik Ibsen 1828-1906）の影響は明らかである。過去の事件を次第に明らかにすることによって現在を説明するという、イプセンの回顧的手法をミラーはここでも用いている。現在の不幸のそもそもの原因である、ボストンでの事件を明らかにしてゆく間も、彼は現代の中産階級の都会生活の細部を描くことを忘れない。足が疲れないように土踏まずを押し上げる靴の下敷き（セールスマンの必需品）であるとか、アスピリン、老眼鏡、時間給、広告、大衆車のシボレー、月賦払いの故障しがちな冷蔵庫、二週間の有給休暇、生命保険、抵当や家のローンなどなど、アメリカの中産階級の生活がリアルに描かれている。言語も普通のアメリカ人の言語だ。アメリカ人の観客は、自分たちの生活が描かれていると実感できる。しかも、こうした細部が象徴的な意味の層を帯びてゆく。たとえば、ウィリーは仕事を首になり、息子たちにも見捨てられたもっとも絶望的なとき、日の射さない裏庭に野菜の種を蒔く。この行為は、都会で成功するために諦めるしかなかった、自然と密着した田園的な生活に回帰しようという行為であり、同時に実らないであろう種は、彼の不毛な人生を要約するようで象徴的である。

開幕早々、いや幕が上がる前から照明と音楽が象徴的な意味を担うように工夫されている。開幕前からフルートで演奏される音楽は、「草や樹木、地平線」を歌った音楽である。幕が上がると観客は、郊外にまで押し寄せてきた巨大なアパート群に包囲されているローマン家を目にする。「ぎらぎらと猛々しく光るオレンジ色」に照らされた高層アパート群は、都会のまがまがしいイメージを発散させている。それに対し「夜空の青い光」に包まれて、どこか憂愁を帯びたウィリーの家は、彼の夢のはかなさを象徴しているようでもある。ちょうど彼の家が巨大なアパート群に脅かされているように、彼の「大きな夢」も激動するアメリカ社会に脅かされている。時代の変遷から置き去りにされたようなこの家は、時代に取り残された老セールスマンの現在の不幸な境遇を暗示している。

ウィリーは自然の中で肉体を使って働く仕事の方が向いているのに、セールスという対人関係を重視する都会的な職業を選び、都会で成功することを願った。だが、今は競争の激化や生活環境の変化に付いていけなくなり、失われた自然を求めて追憶に耽りがちになる。開幕前から演奏されるフルートによるメロディーは、都会の生活に疲れたセールスマンの田園に対する憧れ、過去の牧歌的な生活に寄せる郷愁の念が誘い出す音楽である。と同時に、家族を幌馬車に乗せてボストンから出発し、道すがら作ったフルートを中西部の町で売って回った、開拓者魂の持ち主であるウィリーの父親のイメージと結び付き、都市文明に浸食される前のアメリカの大自然を連想させる。このように劇の冒頭から、音楽と照明効果によって、都市と田園の対立というテーマが力強く提示される。劇は牧歌的なイメージを喚起するフルートの音楽が流れるなか、溶暗する舞台にくっきりと浮かび上がる高層アパート群のシルエットで終わる。こうして、自然と都会の対立が融和しないままであることを暗示する。

一九四九年、モロスコ劇場で七四二回のロングランを記録し、ニューヨーク劇評家賞とピューリツァー賞をダブル受賞し、ミラー最大の成功作となった。初演以来、多くの国々でも成功を収めてきたことを考えれば、この芝居の生命力には驚くほかない。

(二)『転落の後に』

オーヴァー・ラップやダブル・エクスポージャーなど映画的な手法も導入した『転落の後に(*After the Fall*)』(一九六四)は、技法的にはミラーの中でもっとも実験的なものになっている。幕はないし、大道具と言えば、高くそびえるユダヤ人の強制収容所の石造りの古い塔の下に、中央階段で結ばれる三層の床があるくらいで、小道具はほとんど使われない。「事件はクエンティンの意識と思考、記憶の中で起こる」とト書きにあるように、小説における意識の流れの手法を演劇に応用しようとする。こうして彼の意識に浮かび上がる事件や人物が、時間や空間の制約を超えて舞台上で起こったり、舞台に登場したりする。しかし、それではまとまりがないので、観客席に座っているる聞き手（精神分析医とも神とも、クエンティンの超自我とも解釈される）に向かって告白する、そのモノローグによって劇に統一感を与え、劇のアクションを進行させるようにする。作品のテーマ自体は、個人的な苦悩と結婚生活の破綻による罪の意識とナチのユダヤ人大量虐殺とを結び付けることによって、「自分が決して他者に対してイノセントではあり得ない」ことを悟るというものである。このテーマを肉付けするためにも、心理的リアリズムに支えられなければならない。

ストーリーは、正義や理性的な行動、道徳が意味を失った世界に住んでいることに突然気付いた男、クエンティンの物語である。彼は最高裁判所で弁護したこともある弁護士だが、その社会的成功の陰で人間として失敗したのではないかという疑念に駆られている。劇は、二度の結婚に失敗し、非米活動委員会の喚問をめぐる友情の崩壊に悩む彼が、三度目の結婚を契機に自分自身の中にも罪と悪を発見するという、新しい認識に至るまでの自己省察と自己分析の過程を描く。と同時に、過去の出来事を回想し、その意味を分析することによって、人間の原罪性を再認識するというストーリーは、アウシュビッツ以後のすべての人間に突き付けられている問題に通じるものがあり、ある程度、観客の共感を呼ぶ。こうして、クエンティンの物語は個を超えるし、クエンティン自身も個を超えた存在になる。その結果、クエンティンは、これまでの人生を苦悩のうちに回顧している作者自身の分身でもあるし、現代世界において威厳を持って生きようとする道を模索している冒険者として、オデュッセウス的人物の系譜に連なるであろうし、その罪の深さにより、エデンを追放されたアダムの息子、カイン的な人物の系譜にも連なるであろう。クエンティンの回想に浮かぶ人物たちも、個性的であると同時に神話的でもある。たとえばルイーズとマギーは、ミラーの最初のふたりの妻に似ているが、同時に西洋のユダヤ・ヘレニズム的伝統に遡る、ふたつの代表的女性像を具現してもいる。こうして、この作品はエデンからの追放とか、精神の荒野をさまよう現代のカインなど、神話的な意味の層を帯びることにもなる。

通常の額縁舞台も装置らしい装置もない舞台に、ミールジナーは三層の床とその奥にそびえる高い塔らしきものだけからなる、非写実的な装置を考案する。この装置は、第一次世界大戦を契機にロシアに起こった構成主義舞台の運動の影響を汲むものである。構成主義舞台は現実の模写を否定し、主観的すなわち内面的なものを幾何学的あるいは立体的な舞台装置によって表現しようとするところに特徴があったが、この装置もその流れにある。クエンティンが動き回る三層の平面は、彼の意識のレベルを暗示して象徴的である。無知から悪の発見へという劇のアクションは、低い層から高い層への移動によって象徴的に表現される。また、高い層の上に立つ不気味な搭は、クエンティンが罪の意識を抱くとき光るように、彼の中にもある罪と悪を暗示するし、六百万人のユダヤ人を殺戮したナチズムの悪にとどまらず、共犯者であるすべての者たちの罪を告発するものでもあり、人類の原罪の象徴でもある。劇の最後で自分の中にも悪が存在することを発見したクエンティンは、ナチスの強制収容所を象徴する塔へと進む。ユダヤ人大虐殺以後、あるいはアダムとイヴの堕落の後、誰も無垢ではあり得ないのだ。

『セールスマンの死』における回想手法から発展した彼の実験は、意識の流れを演劇にも取り入れようとする実験として、オニールが『奇妙な幕間狂言（*Strange Interlude*）』（一九二八）で試みた以上に徹底している。主人公の頭の中に入り込み、そこに去来するものをそのまま舞台に表現しようとする、その意図は意欲的なものである。しかし、舞台に表現されるものはあまりに断片的であり、構成に締まりがなく、人物描写や多様な素材、野心的なテーマが十分に肉付けされているとは言えない。そこで、ミラーは小説ほどには微妙ではあり得ない演劇の可能領域を超えて、人間心理の細部にこだわりすぎているとか、あるいは、劇を推進させる強力なナラティヴを疎かにして、演劇の魂であるプロットを脆弱なものにしていると批判される。舞台で何が起こっているのか、またなぜ起こるのかわかりづらいという非難はあながち的外れではない。

確かに、ミラーの試みた回想形式は舞台で処理するには難しく、演じる側にも見る側にも過大な負担を強いる。クエンティンの経験だけを提示するので、観客は彼と適度な距離を取ることができず、演劇を見るというよりは告白を、しかも自己正当化に傾きがちな告白を一方的に聞かされているという印象を受けることになる。さらに、告白調の内容によって劇的行動はダイナミックスさを失ってしまう。形而上学的な意義を探求しようとする意図は明らかではあるが、道徳的説教を聞かされているという印象は否めない。多くの者がこの芝居に落ち着きの悪さを感じたのはそのためであろう。

また、連想によって思い起こされた過去は、人物ともども即座に舞台で表現されなければならないし、追憶の中の人物の入退場は迅速なものでなければならないのに、初演の時のように実際の舞台ではうまく処理できない。いかに人物をスムーズに登場させ、そして退場させるかという点で、困難さがいつでも付きまとう。ほかにも欠点は挙げられる。たとえば、第一幕と第二幕のバランスが悪いとか、クライマックスを構成するはずのホルガの重要な台詞が早く出てきてしまって、その結果テンションが高まらないとか、モノローグで暗示されたことが、次の劇的行動においても繰り返されるなど反復が多いとか、舞台がひとりの人物に占有されすぎるとか、劇の結末は最初からほとんど決まっているとか、言語的にも持って回った表現や無理な比喩が散見されるとか、いくらでも難点を指摘することはできる。

一九六四年、リンカーン・センター・レパートリー劇団の旗揚げ興行として、カザンの演出によってANTAワシントン・スクエア劇場で初演。二〇八回の記録しか残せなかったが、アメリカの劇作家にとってあまり得意ではない「観念劇」の試みとしても注目すべき芝居であった。ミラーが観客に妥協して、もう少しセンチメンタルに処理していたら、批評家からあれほど悪意に満ちた批判を受けなかっただろうし、上演記録も伸びただろう。初演以来、半世紀以上経過し、モデル問題の生々しさも薄れた今こそリヴァイヴァル上演が待たれる。

六　エドワード・オールビー

アメリカの劇作家がユージーン・オニール以来、リアリズムと反リアリズムの間で揺れ動いてきたように、オールビーにもリアリズムと前衛演劇の間の緊張を見ることができる。エスリン（Martin Esslin）は『不条理の演劇（*The Theatre of the Absurd*）』において、彼の初期の一幕劇を不条理演劇の系譜に入れたが、ベケットやイヨネスコ、ピンターとくらべるとオールビー劇の不条理性はそれほど顕著ではない。オールビーには、人が不条理な宇宙に住んでいるという認識はそれほど強くないし、彼は伝統的な演劇の枠組をすべて否定するわけでもない。『動物園物語』と『アメリカの夢（*The American Dream*）』（一九六一）は不条理演劇の手法を借用して、アメリカ的生活様式を茶化す風刺劇であるが、完全にリアリズムから脱却したわけではない。彼の名前を広く知らしめた『ヴァージニア・ウルフなんかこわくない（*Who's Afraid of Virginia Woolf?*）』（一九六二）にしても、ポストモダニズムのしるしが刻印されているが、この芝居は演出家がひとつ間違えれば、心理的な写実劇になってしまう。すなわち、ジョージとマーサの中年夫妻は、もう一組の若い夫婦の凡庸さに辟易し、その間に言いたい放題のことを言って欲求不満を解消した後、再び互いに好感を覚えるようになる、という月並みな和解で終わる芝居になってしまう危険がある。だが、皮肉なことに、ブロードウェイではそのように受けとめられたからヒットした。

(一)『動物園物語』

主題の多義性において、また進展のないアクションや解決にならない唐突な結末において、とりわけかみ合わない不条理な対話において、『動物園物語』はリアリズムを否定しているように見える。ストーリーは、ピーターという四〇代の成功したブルジョワとジェリーという三〇代の貧しい青年が、日曜の午後のセントラルパークで出会い会話を交わすというものだが、表面上はたわいない会話が続くものの、発せられた言葉は直ちに適当な反応を引き起こさないというように、次第にずれてゆく。日常会話をそのまま写したような台詞はその結果、不条理性を帯びてゆく。しかし、素材と人物描写においては、依然としてリアリズムを踏まえている。

この芝居は、アメリカの現状を社会的、政治的に分析したものであるとか、あるいは現代の都市社会に住む個人の疎外感と孤独感を描いたものであるとか、救済をテーマとする現代のキリスト教的寓話であるとか、死との出会いによって新たな成熟へと進む儀式である、などと解釈されてきた。手法的には『アメリカの夢』とくらべると、象徴主義や不条理演劇の手法は前面に出てこず、まだリアリスティックである。舞台は公園のベンチであり、登場人物も観客が日常生活に見出せる人たちだし、見知らぬふたりが公園で出会っておしゃべりするという状況も不自然ではない。言語は普通の挨拶から始まって、決まり文句や平凡な言葉からなる。その反面、中産階級的な生き方の欺瞞性を暴きながら、予測できない、暴力的なクライマックスへと高まってゆくので、衝撃性は強い。観客の心を掻き乱す、この意外性と暴力性がこの芝居の最大の特色である。ノーマルに見えた者が次第に病的な者、狂気じみた者になってゆくから、余計に衝撃的になる。この芝居は対話を中心とするもので、通常の意味でのアクションらしきものは最後にあるだけだから、アクションの不在という点ではベケットの『ゴドーを待ちながら』と似ていなくもない。

日曜の午後、中年の紳士風の男（ピーター）がいつものようにセントラルパークのベンチに座って本を読んでいると、そこに浮浪者風の若い男（ジェリー）が登場し、ピーターに「動物園に行ってきたところなんだが、そこで何が起こったか話してやろう」と声を掛ける。作者によれば、成功したビジネスマンであるピーターは「人生や社会、環境にあまりに順応しすぎた」人物であり、他方ジェリーは「生きることすべての苦悶や喜びをピーターに伝えようとする」人物だという。誰にも邪魔されずに放っておいてもらいたい態度が明らかなピーターから、ジェリーはさしたる反応を引き出せないので、さまざまな手段を講じて、挑発することにする。最後には暴力的な行為にまっしぐらに突き進む。ベンチの争奪戦を始めるうちに、ジェリーはナイフをピーターの足元に投げ出す。それをピーターが拾い上げると、ジェリーはそのナイフめがけて突進し、自分の体を突き刺す。ピーターに感謝の言葉を述べて、息絶える。

ジェリーの自殺行為はコミュニケーションを求める行為、孤独に苦悩するあまり必死に外界との接触を求める行為だったのである。とすれば、この芝居は不条理演劇の一例というよりは、人は死を賭しても、孤立状態から脱け出さなければならないことを伝えようとする寓意劇となる。ジェリーは、安アパートで暮らすうちに、自分も含めてアパートの住人たちが皆、動物園の檻の中の動物のように、他の住人から隔絶されて、それぞれの部屋でひとり（あるいは身内同士で）暮らしていることを悟った。そのメッセージを「ジェリーと犬の物語」という寓話の形で、公園で最初に会ったピーターに伝えようとする（ここには物語の中に物語があるという、枠物語のメタ・フィクション性がある）。しかし相手はそのメッセージをなかなか受け入れようとしないので、みずから殉教者となって伝えようとする。こうして宗教的なテーマが濃くなる。ジェリー（Jerry）という名前は、ジーザス（Jesus）を、ナイフで体を突き刺す行為は、十字架上のイエスの磔刑を連想させる。とすれば、ピーターは三度イエスを拒否したペテロである。これからのピーターは聖ペテロのように、現代のイエス、ジェリーの福音を広めなければならない。ピーターは"Oh my God"という言葉を三度繰り返すし、息絶える寸前のジェリーも「ああ、わが神よ」と言うように、聖書へのアルージョンは明らかである。とすれば、自己犠牲による孤立状態からの解放というテーマを扱った、現代の道徳的寓意劇であると解釈したくなる。

このようにキリスト教のシンボリズムが濃厚であることを認めつつも、同時にあくまでもジェリーはニューヨークの北ウェストサイド、コロンバス街とセントラルパークの間の安アパートの最上階に住む住人である。そこには、いつもドアを開けておく黒人の同性愛者や貧しいプエルトリコ系の一家、いつも泣いている女性などが住んでいる。ジェリーの持ち物と言えば、わずかな洗面具と食器、数冊の本、写真の入っていない二枚の額（両親の喪失を暗示する）、裏が女性のヌード写真のトランプ、子供時代に海岸から持ち帰った小石、何通かの手紙でしかない。このように、ジェリーの孤独な侘しい生活が具体的に描かれているから、ジェリーはひとつのプロトタイプに還元されない、リアルな人物でもある（彼が一種の自殺を図るのは、第一に自分自身の問題から逃れるためであって、ピーターに教訓を与えるというのは二の次である）。これはピーターの場合も同様だ。

彼は出版社に勤める、年収一万八千ドルの幹部社員であり、セントラル・パーク・イーストの高級住宅に妻とふたりの娘と住み、オウムをペットに飼い、現状に満足している男だ。

社会的なテーマに注目すると、成功のみを重視し、人との触れ合いを軽視し、人びとに疎外感を与えてきたアメリカ的価値に異議を申し立てる作品と解釈できる。オールビーには、道徳によって社会を再建しなければならないと考えるモラリスト的なところがある。また、五〇年代のビート世代とも共通するセンチメンタルなところ、六〇年代に盛んになるカウンター・カルチャー運動とも共通する知的な甘さも否めない。

アメリカ初演は一九六〇年、グレニッチ・ヴィレッジの、オニールゆかりのプロヴィンスタウン劇場においてであった。これは期せずして、沈黙を続けるミラー、個人的な世界にのめり込み始めるウィリアムズの後、オニールの後継者と目されることになる劇作家のデビューにふさわしいお膳立てである。五八二回の記録を残し、オフ・ブロードウェイの作家としては異例の注目を浴びた。

(二)『アメリカの夢』

幕が上がると、夫婦が居間でとりとめのない会話を交わしている。ふたりは誰かを待っているらしい。そこにグランマが、包装され、紐で結ばれた大小の箱を幾つも抱えてやって来ては、床に積み重ねる。ドアの呼び鈴が鳴ると、ベイカー夫人が現れるが、マミーとダディーは、なぜベイカー夫人を呼んだのか、彼らの待っていた客が果たして彼女であったのかどうかもわからない。当の夫人自身、なぜここに来たのかわからない。

この最初のシーンにおけるマミーとダディー、そしてベイカー夫人を交えての会話たるや、『禿の女歌手』におけるスミス夫妻の会話のように、決まり文句の羅列からなる、意味を剥奪されてしまった虚しい言語からなる。これは、アメリカ的生活様式の空虚さを暴こうとするオールビーの戦略だ。イヨネスコにおいては、『犀』や『椅子（*Les Chaises*）』（一九五二）などに物の増殖というモチーフが見られるが、それと同じ手法が、この芝居でもグランマが次々と運んでくる箱によって示される。また、最初のシーンにおける「待つ」という主題は、ベケットの『ゴドーを待ちながら』のパロディーであろう。それほど顕著ではないが、マミーとダディーの会話には、ふたりは儀式か遊戯に耽っている、しかもその儀式あるいは遊戯自体がリアリティと化しているという、リアリティと儀式あるいは遊戯の不即不離の関係が暗示され、ここにはジャン・ジュネ（Jean Genet 1910-86）的なメタ・シアターの影響があるかもしれない（このテーマは『ヴァージニア・ウルフなんかこわくない』においてさらに発展することになる）。

このように、劇はある夫婦の空虚な、しかし冷酷な人生の物語を語りながら、アメリカ的制度の土台としてのアメリカン・ファミリーの金銭至上主義や物質主義、ご都合主義、偽善性、非人間性をえぐり出そうとする。マミーとダディーは社会によって期待される虚構を演ずる結果、ステレオタイプと化した存在である。決まり文句や婉曲語法など、ふたりの言語は意味を剥奪されてしまうほど因習化した月並みなものになっている。彼らの振る舞いも表面上は非の打ち所がないが、情感を伴わない機械的なものになっている。だから、良心の呵責を覚えることなく、どんな残酷な行為にも及ぶことができる。ダディーとマミーはかつて、養子が少しでも自分たちの意に添わないとみると、目をくり抜いたり、鼻を削いだり、性器や手を切り落としたり、舌を抜き取ったりしたことがあった。ふたり目の養子として登場する若者は、「アメリカの夢」と呼ばれるほど理想的な青年ではあるが、その立派な体と魅力的な物腰にもかかわらず、人間らしさが枯渇している。彼は、金のためならなんでもすると言ってはばからない、おぞましい人物だ。希望は、アメリカの古い価値観を体現するグランマにしかない。

『アメリカの夢』はイヨネスコの不条理劇を手本にし、グロテスクな誇張と歪曲によって、アメリカの平均的な市民とアメリカ的生活様式の愚劣さを嘲笑する。手法的には、イヨネスコに顕著な「言語の価値の切り下げ」という手法を借用しており、リアリズムから逸れているが、不条理演劇の場合におけるように、人生の不条理性を伝えるためではない。もっぱら風刺のためである。オールビーの道徳的立場は明らかだ。彼が是認する立場は、グランマに体現されている価値観、すなわちアメリカがかつて抱いていた革命期以来のリベラルな価値観であり、開拓者的独立独行の精神である。オールビーは序文で、この芝居は「アメリカ的シーンを検討すること、真の価値を人工的な価値によって置き換えようとする、われわれの社会を攻撃すること、自己満足と冷酷さ、無気力、愚かさを非難すること」であると述べているが、こういう社会批判的な立場は、不条理の劇作家とは本来無縁のものである。

一九六一年、オフ・ブロードウェイのヨーク劇場で初演された『アメリカの夢』は『動物園物語』と同様、人気を博し、雑誌や新聞に取り上げられただけではなく、ブルックス・アトキンソン（Brooks Atkinson 1894-1984）やハロルド・クラーマン（Harold Clurman 1901-80）、ロバート・ブルースティーン（Robert Brustein 1927-　）など著名な劇評家の称賛を浴びるところとなり、上演記録も三七〇回を数えた。オニールは例外として、ブロードウェイ以外の小さな芝居小屋で上演された一幕劇だけで、これほど注目を集めた劇作家はいない。時代もオフ・ブロードウェイの演劇活動が盛況を呈し始める頃であった。

(三)『ヴァージニア・ウルフなんかこわくない』

二組の夫婦が登場する家庭劇でありながら、尋常のものではないことがすぐわかる。しかも、幾重もの意味の層に覆われていることもわかる。中年の夫婦は痛烈な機知の応酬で罵り合い、客の若い夫婦を驚かせる。しかし、いかにおぞましい夫婦を描きながらも、この結婚はうまくいっていることが示される。逆に健康で若い夫婦の結婚生活の方が、欺瞞に満ちていて臆病であることが暴露される。表層的なレベルではそう解釈される。第二のレベルでは、現実を幻想と置き換えることがいかに危険なことか警告していると解釈される。中年夫婦のジョージとマーサは、子供に恵まれなかったので、想像によって架空の子供を作り上げ、空虚な人生を埋めてきたのだが、今のマーサは現実と空想の見分けがつかないほど、ふたつを混同し始めている。そのことに気付いたジョージは、妻がこれ以上人生を歪めないように、荒療治によって、幻想は幻想でしかないことに気付かせようとする。幻想という悪魔を追い払うことが夫の課題となり、それに成功する。こう読めば、フィクション化された人生がいかに楽しいものであっても、そこに戻るのではなく、やっかいで煩わしくても現実に向き合うことが重要なのだ、というメッセージを含んだ芝居となる。その下にさらに幾重もの意味の層がある。二組の夫婦に子供がいないことが現代のアメリカ社会の不毛性の象徴と見なされるとすれば、この芝居は、現代アメリカ社会の寓話、すなわち現代のアメリカ社会の空疎さと不毛性を直観的に提示した芝居だとも、あるいは、この芝居の遊戯性もしくは儀式性に注目すれば、遊戯や儀式によって精神的な危機を乗り越えようとする、精神医学療法の過程を劇化したものだとも解釈できる。

こうした多様な解釈が可能なのは、オールビーが伝統と前衛を巧妙に融合したところにある。たとえば、初演時の舞台装置――作者の意図を実現すべく、演出家のアラン・シュナイダー（Alan Schneider 1917-84）と舞台装置家のウィリアム・リットマン（William Ritman 1928-84）が協力して作った装置――である。この舞台は一見すると、知識人の中流家庭の居間を再現した、リアリスティックな装置であることから、ニューイングランドの小さな大学町というリアルな場所を舞台に、そこで教えている助教授夫婦の関係を扱ったリアルな芝居であり、現実に近い時間の中でアクションが展開することを予想させる。ところが、よく注意すると、この装置は少し歪んでいることがわかる。シュナイダーによれば、オールビーは登場人物たちが子宮か洞穴に閉じ込められていることを暗示するような装置を希望したという。

こうして、劇が進行するにつれ、悪夢のような超現実的な雰囲気が漂ってくる。閉所恐怖症を引き起こすような、息苦しい世界に変容してゆく。一応はリアリスティックな装置の中で起こる出来事はありふれたものであり、言語も日常的なものであり、プロットも伝統的な展開の仕方をするように見えるのだが、その下に破壊的なダイナミズムが働いている。リアリスティックな装置のおかげで、衝撃性が募る。観客の期待を次々と裏切ることが作者の戦略である。「ちくしょう……くそ……なんたるあばら家」と開口一番発する、学長の娘マーサの言葉が、中産階級的なブロードウェイの観客にとって衝撃的なら、夫婦の罵倒合戦もそうだ。オールビーも残酷演劇を唱えたアルトーと同じく、観客にショックを与え、抑圧されている無意識を解放することによって、観客を単なる傍観者から、参加者として舞台上のアクションに巻き込むことを目指す。

学問の府である大学町で演じられる物語が、愛の喪失と人間関係の崩壊の物語であるというのもショッキングであり、アイロニカルである。この大学町の名前がニューカルタゴであり、夫婦の名前が、初代大統領夫妻と同じジョージとマーサだということがわかるにつれて、寓意的な倍音も帯びるようになる。カルタゴ（フェニキア語で「新しい都市」の意）は現在の北アフリカにあった古代都市国家であり、有名なアイネイアス（アフロディテの息子で、ローマの始祖）とカルタゴの女王ディドの恋愛の舞台となった都市であり、中年夫婦の激しい憎悪を扱った、この芝居の舞台としてアイロニカルである。さらに、ジョージの言う「歴史的必然性」によって滅びた都市国家として、西洋文明の凋落を扱ったとも言える、この芝居の終末論的、黙示的舞台にふさわしい。ジョージはシュペングラー（Oswald Spengler 1880-1936）の『西洋の没落』からの一節を朗読するだけでなく、この町を聖書に登場するソドムとともに、悪徳の故に神によって滅ぼされたゴモラになぞらえたりもする。その他、シェイクスピアの『十二夜（*Twelfth Night*）』の舞台となったイリュリアやアナトール・フランス（Anatole France 1844-1924）の同名の小説の舞台となったペンギンの島、ジョージが近くを航海したことがあるというマヨルカ島への言及など、芝居に歴史的、神話的、聖書的な意味の倍音を響かせようと作者はもくろんでいる。

こうして、登場人物はリアルでありながら、寓意的性格も帯びる。リベラルなヒューマニズムを信じている歴史家のジョージと、試験管で画一的なクローン人間を培養し、未来を支配しようとする生物学者のニックには、ヒューマニストとテクノクラート、芸術と科学技術、独創と順応の対照が示唆される。また、ジョージがワシントン大統領の名前と同じであり、ニックが時のソ連首相ニキタ・フルシチョフを連想させることから、アメリカの自由とソ連の全体主義の対比すら暗示される。初代大統領夫妻と同じ名前であるジョージとマーサは、アメリカ人の代表となる。とすれば、この芝居は、アメリカ革命期の理念が現代において骨抜きにされてしまったこと、アメリカの夢が悪夢と化したことの寓話となる。錬鉄性の白頭鷲の置物と逆さまの星条旗、アーリー・アメリカンのアンティーク家具が装置の一部として置かれているのは偶然ではない。

リアリズムは儀式的要素によっても乗り越えられる。童謡の「悪いオオカミなんかこわくない」をもじった芝居のタイトルもさること、構成全体がゲームか儀式からなる。第一幕が「お楽しみとゲーム」、第二幕が「ワルプルギスの夜祭」（年に一度のこの夜、悪魔と魔女たちが魔の山に集まって大宴会を開くという）、第三幕が「悪魔祓い」と名付けられているように、劇は一連のゲームとその合間の休憩からなっている。登場人物たちが舞台で行うのは、人生の再現ではなくゲームである。ジョージとマーサの悪口の応酬でさえ、遊戯化している。ふたりは、ニックとハニーという観客を意識してパフォーマンスを行う。観客は、ニック夫妻として舞台の上にいるような気になる。ふたりの言語遊戯は演劇性を帯び、そこにハプニング的な要素も加わる。ジョージは「ホストに恥をかかせろ」とか「ホステスをやってやれ」「客をやっつけろ」「子供を持ち出せ」などというゲームの参加者であるだけではなく、これらのゲームのルールを作り上げる作者でも、参加者に指示を与える演出家でも、それを見物するプロデューサーでも、観客でもある。こうしてジョージはメタ演劇的な人物の特性を、芝居はピランデルロ的なメタ演劇性を帯びることになる。こうした仕掛けによって、この芝居は人生そのものではなく、作られたものにすぎないことが暗示される。

台詞も日常言語を再現したもののように見えながら、その実、かなり人工的に作られている。オールビーの台詞の音楽性は定評のあるところだが、ここでもモノローグやデュオなど多彩な台詞の実験を行っている。台詞の交響楽とも言えるオールビーの音楽的な言語は、たとえばウィリアムズの抒情性とは違って、もっと乾いた、無機質的な現代音楽のヴォキャブラリーに近い。こうした実験によって、オールビーはモダニズムというよりはポストモダニズムの運動に組み込まれるかもしれない。しかし、彼の本質はむしろロマンチックな反逆者である。芸術がより良い社会、より良い人間を作ってくれる、と彼は信じている。非人間化された社会において、今なお人間の威厳を信じているから、宇宙の不条理性を自明とする不条理の作家たちと一線を画する。オールビーのアメリカ演劇に対する貢献は、オニール以来のアメリカ現代劇の伝統に前衛演劇の手法を融合した点にある。

一九六二年、ビリー・ローズ劇場で初演。六六四回のロングランを収め、オフ・ブロードウェイからブロードウェイに乗り出した最初の新進気鋭の劇作家となる。その衝撃性の故にピューリツァー賞は逃したものの、劇評家賞は受けた。初演以来、半世紀以上経過した今も、アメリカ演劇の代表作のひとつとして揺るぎない地位を占めている。

おわりに

一九五〇年代の後半からアメリカ演劇は、ヨーロッパの不条理演劇とブレヒトの叙事演劇、アルトーの残酷演劇の影響を強く受け始める。この新しい流れに呼応して、オフやオフ・オフの前衛劇団は、意識的に既成演劇のコンヴェンションを拒否して、革新的な手法を取り入れようとする。オフやオフ・オフの小劇場では上演スペースの制約など外的な要因からも、額縁舞台の枠を取り払って、観客と舞台とがいや応なく接近したり、融合したり、あるいは演劇と舞踏、詩、音楽、美術など異なるジャンル間のコラボレーションを行ったり、多様で新鮮な上演スタイルが試みられる。

その後さまざまに展開するアメリカの前衛劇の方向は、次のように四つの流れに分類できるだろう。明確な主題の展開、写実的表現、起承転結による筋の発展を重視しない点では共通しているが、ひとつの流れは、人間の置かれている不条理な状況を幻想的に描いたり、戯画化と笑劇化を狙ったりする方向。こうした作品には超現実的な観念性と抽象性、幻想性が顕著である。第二の流れは、叙事演劇の形式を借りて、現実認識の変革を狙う方向である。第三の流れは、祭儀化を狙う方向である。第四の流れはパフォーマンス、あるいはハプニングに進む方向である。こうして時代はポストモダニズムへと入るのであるが、これ以降の演劇動向を論ずることは、本章のテーマを越えるので、今後の課題としたい。

ライスからオデッツ、ワイルダー、ウィリアムズ、ミラー、オールビーまでモダニスティックな代表作をスケッチしてきたが、そこから導き出される結論は、現代のアメリカ演劇はモダニスティックな作品においても、リアリズムが基盤にあるということである。アメリカ演劇のモダニストたちを、ピランデルロやブレヒト、ベケット、イヨネスコ、ピンターなどヨーロッパのモダニストたちとくらべるなら、アメリカの場合、その折衷主義の故に、知的な厳しさと形而上学的な堅牢さ、方法論的な先鋭さに欠けるところがあると言わざるを得ない。アメリカにおいて、演劇はすぐれて中産階級的な娯楽であったことを考えるなら、アメリカ演劇が知性に訴えるというよりは、ハートに訴えるように作られているとしても当然なのである。そもそも商業主義的なブロードウェイの劇場は、できるだけ大勢の観客を動員しなければならないのだから、ごく少数の模範的な観客を想定した実験的な演劇ではなく、誰にでも理解できる伝統的な演劇を上演しなければならない。普通の平凡な人びとの日常生活における問題を扱ったリアリスティックな演劇の方が、中産階級が主体の観客にとって歓迎されやすいものになるし、前衛的な実験を行うにしても、観客にそっぽを向かせるほどに前衛的であってはならないのだ。

また、アメリカ演劇が小説や詩とくらべて、モダニスティックな実験において劣っているように見えるとして、それも当然である。演劇は小説や詩とは違って、よりパブリック（公的）であり、守るべき約束事が多い、不自由なジャンルであるからだ。新しい感性の表現において、どうしても遅れを取る傾向がある。こうした、アメリカ演劇の商業主義性、観客の中産階級的嗜好、演劇というジャンルの公的な性格などといった制約にもかかわらず、あるいは、こうした制約の範囲内で、オニールに続く他のアメリカ演劇の改革者たちも、モダニスティックな実験を次々と試み、文学としての深みと価値をも備えた作品を生み出したのである。

注

（1）文学におけるモダニズムの定義と概念規定については、アンダーソン（Quentin Anderson）、エイステンソン（Astradur Eysteinsson）、ナップ（James F. Knapp）、レヴェンソン（Michael Levenson）、シンガル（Daniel Joseph Singal）、ラングボームなど参照。

（2）演劇におけるモダニズムの定義と概念規定については、エーベル（Lionel Abel）、ベントリー、ベントリー編、ブルースティーン（Brustein）、エスリン（Esslin）、クルーチ（Krutch）、スタイアン（Styan）など参照。

（3）演劇におけるリアリズムの定義と概念規定については、ギャスケル（Ronald Gaskel）、スタイアン、ウィリアムズ（Raymond Williams）など参照。

（4）ポストモダニズムの定義と概念規定については、ガッジ（Silvio Gaggi）、ハッサン（Ihab Hassan）、シム（Stuart Sim）編など参照。

引用・参考文献

〔モダニズム演劇〕

Abel, Lionel. *Metatheatre: A New View of Dramatic Form*. New York: Hill, 1967.

Anderson, Quentin. "The Emergence of Modernism." *Columbia Literary History of the United States*. Ed. Emory Elliot. New York: Columbia UP, 1988. 695-714.

Bentley, Eric. *The Playwright as Thinker: A Study of Drama in Modern Times*. 1946. New York: Harcourt, 1967.

——, ed. The *Theory of the Modern Stage: An Introduction to Modern Theatre and Drama*. Harmondsworth: Penguin, 1968.

Brustein, Robert. *The Theatre of Revolt: An Approach to the Modern Drama*. London: Methuen, 1965.

Esslin, Martin. *The Theatre of the Absurd*. 1965. Rev. ed. Garden City, NY: Anchor, 1969.

——. *Brief Chronicles: Essays on Modern Theatre*. London: Temple, 1970.

Eysteinsson, Astradur. *The Concept of Modernism*. Ithaca: Cornell UP, 1990.

Gaggi, Silvio. *Modern/Postmodern: A Study in Twentieth-Century Arts and Idea*s. Philadelphia: U of Pennsylvania P, 1989.

Gaskel, Ronald. *Drama and Reality: The European Theatre since Ibsen*. London: Routledge, 1972.

Hassan, Ihab. *The Postmodern Turn: Essays in Postmodern Theory and Culture*. Columbus: Ohio State UP, 1987.

Huyssen, Andreas. *After the Great Divide: Modernism, Mass Culture, Postmodernism*. Bloomington: Indiana UP, 1986.

Knapp, James F. *Literary Modernism and the Transformation of Work*. Evanson, IL: Northwestern UP, 1988.

Krutch, Joseph Wood. *"Modernism" in Modern Drama: A Definition and an Estimate*. Ithaca: Cornell UP, 1953.

Levenson, Michael, ed. *The Cambridge Companion to Modernism*. Cambridge: Cambridge UP, 1999.

Sim, Stuart, ed. *The Icon Critical Dictionary of Postmodern Thought*. London: Icon, 1998.

Singal, Daniel Joseph. "Towards a Definition of American Modernism." *American Quarterly* 39 (1987): 7-26.

Styan, J. L. *Realism and Natualism*. Cambridge: Cambridge UP, 1981.

——. *Symbolism, Surrealism and the Absurd*. Cambridge: Cambridge UP, 1981.

——. *Expressionism and Epic Theatre*. Cambridge: Cambridge UP, 1981.

Williams, Raymond. *Drama from Ibsen to Brecht*. 1968. 2nd ed. Harmondsworth: Penguin, 1973.

エスリン、マーティン『現代演劇論』小田島雄志訳、白水社、一九七二年。

ケスティング、マリアンネ『現代演劇の展望』大島勤他訳、朝日出版社、一九七五年。

シム、スチュアート、編『ポストモダニズムとは何か』杉野健太郎他訳、松柏社、二〇〇二年。

山田恒人「存在とそのおののく影——二〇世紀戯曲における人間の運命」『現代演劇』八号（一九六九年）四一—三六。

ラングボーム、ロバート「モダン　モダニズム　ポストモダニズムの文学をめぐって」田中幸二郎訳、『トレンズ』（一九八八年十月号）六二—六七。

〔現代アメリカ演劇〕

Bigsby, C. W. E. *A Critcial Introduction to Twentieth-Century American Drama*. 3 vols. Cambridge: Cambridge UP, 1982-1985.

——. *Modern American Drama: 1945-1990*. Cambridge: Cambridge UP, 1992.

Geis, Deborah R. *Postmodern Theatric(k)s: Monologue in Contemporary American Drama*. Ann Arbor: U of Michigan P, 1995.

Walker, Julia A. *Expressionism and Modernism in the American Theatre: Bodies, Voices, Words*. Cambridge: Cambridge UP, 2005.

Wilmeth, Don B., and Christopher Bigsby, eds. *The Cambridge History of American Theatre, 1870-1945*. Vol. 2.

Cambridge: Cambridge UP, 1999.

——. *The Cambridge History of American Theatre, 1945 to the Present*. Vol. 3. Cambridge: Cambridge UP, 2000.

長田光展『アメリカ演劇と「再生」』中央大学出版部、二〇〇四年。

佐多真徳『悲劇の宿命——現代アメリカ演劇』研究社、一九七二年。

鈴木周二『現代アメリカ演劇』評論社、一九七七年。

高島邦子『アメリカ演劇研究——アメリカン・リアリズムのレトリック』国書刊行会、一九九六年。

田川弘雄・鈴木周二編著『アメリカ演劇の世界』研究社、一九九一年。

中村英一『アメリカ演劇研究』英宝社、一九九四年。

〔エルマー・ライス〕

Durham, Frank. *Elmer Rice*. Woodbridge, CT: Twayne, 1970.
Heuvel, Michael Vanden. *Elmer Rice: A Research and Production Sourcebook*. Westport, CT: Greenwood, 1996.
Hogan, Robert. *The Independence of Elmer Rice*. Carbondale: Southern Illinois UP, 1965.
Palmieri, Anthony F. R. *Elmer Rice: A Playwright's Vision of America*. Cranbury, NJ: Associated UP, 1980.
Rice, Elmer. *The Adding Machine: A Play in Seven Acts*. 1923. New York: French, 2011.
全国アメリカ演劇研究者会議『アメリカ演劇　エルマー・ライス特集』九号、法政大学出版局、一九九七年。

〔クリフォード・オデッツ〕

Brenman-Gibson, Margaret. *Clifford Odets: The American Playwright, the Year from 1906-1940*. 1981. New York: Applause, 2002.

Demastes, William W. *Clifford Odets: A Research and Production Sourcebook*. Westport, CT: Greenwood, 1991.
Herr, Christopher J. *Clifford Odets and American Political Theatre*. Westport, CT: Praeger, 2003.
Miller, Gabriel, ed. *Critical Essays on Clifford Odets*. Boston: Hall, 1991.
Murray, Edward. *Clifford Odets: The Thirties and After*. New York: Ungar, 1968.
Odets, Clifford. *Waiting for Lefty*. 1935. New York: New York: Dramatists, 1998.
Shuman, R. Baird. *Clifford Odets*. Woodbridge, CT: Twayne, 1962.

〔ソーントン・ワイルダー〕
Bloom, Harold, ed. *Thornton Wilder*. New York: Chelsea, 2002.
Bryer, Jackson R., ed. *Conversations with Thornton Wilder*. Jackson: UP of Mississippi. 1992.
Burbank, Rex. *Thornton Wilder*. Woodbridge, CT: Twayne, 1989.
Grebanier, Bernard. *Thornton Wilder*. Minneapolis: U of Minnesota P, 1964.
Niven, Penelope. *Thornton Wilder: A Life*. New York: Harper, 2012.
Wilder, Thornton. *Collected Plays and Writings on Theater*. New York: Library of America, 2007.
全国アメリカ演劇研究者会議『アメリカ演劇　ソーントン・ワイルダー特集』三号、法政大学出版局、一九八九年。
——『アメリカ演劇　ソーントン・ワイルダー特集二』二一号、法政大学出版局、二〇一〇年。

〔テネシー・ウィリアムズ〕
Bloom, Harold, ed. *Tennessee Williams*. 1987. New York: Chelsea, 2007.

——, ed. *Tennessee Williams's* A Streetcar Named Desire. New York: Chelsea, 1988.

——, ed. *Tennessee Williams's* The Glass Menagerie. New York: Chelsea, 1988.

Boxill, Roger. *Tennessee Williams*. London: Macmillan, 1987.

Crandell, George W., ed. *The Critical Response to Tennessee Williams*. Westport, CT: Greenwood, 1996.

Devlin, Albert J., ed. *Conversations with Tennessee Williams*. Jackson: UP of Mississippi, 1986.

Griffin, Alice. *Understanding Tennessee Williams*. Columbia: U of South Carolina P, 1994.

Heintzelman, Greta, and Alycia Smith-Howard, eds. *Critical Companion to Tennessee Williams*. New York: Facts on File, 2005.

Hooper, Michael S. D. *Sexual Politics in the Works of Tennessee Williams: Desire over Protest*. Cambridge: Cambridge UP, 2012.

Kolin, Philip C., ed. *The Tennessee Williams Encyclopedia*. Westport, CT: Greenwood, 2004.

Lahr, John. *Tennessee Williams: Mad Pilgrimage of the Flesh*. New York: Norton, 2014.

Roudané, Matthew C., ed. *The Cambridge Companion to Tennessee Williams*. Cambridge: Cambridge UP, 1997.

Presley, Delma E. The Glass Menagerie: *An American Memory*. Woodbridge, CT: Twayne, 1990.

Tharpe, Jac, ed. *Tennessee Williams: A Tribute*. Jackson: UP of Mississippi. 1977.

Tischler, Nancy M, ed. *Student Companion to Tennessee Williams*. Westport, CT: Greenwood, 2000.

Williams, Tennessee. *Plays. 1937-1955*. New York: Library of America, 2000.

——. *Plays, 1957-1980*. New York: Library of America, 2000.

石塚浩司『テネシー・ウィリアムズ——暗がりの詩人』冬樹社、一九八六年。

全国アメリカ演劇研究者会議『アメリカ演劇　テネシー・ウィリアムズ特集』二号、法政大学出版局、一九八七年。
日本アメリカ演劇学会『アメリカ演劇　テネシー・ウィリアムズ特集二』二四号、法政大学出版局、二〇一三年。

〔アーサー・ミラー〕

Abbotson, Susan C. W. *Student Companion to Arthur Miller*. Westport, CT: Greenwood, 2000.
Bigsby, Christopher. *Arthur Miller: A Critical Study*. Cambridge: Cambridge UP, 2004.
——, ed. *The Cambridge Companion to Arthur Miller*. 2nd ed. Cambridge: Cambridge UP, 2010.
——, ed. *Remembering Arthur Miller*. London: Methuen, 2006.
Bloom, Harold, ed. *Arthur Miller*. 1987. New York: Chelsea, 2007.
——, ed. *Arthur Miller's* Death of a Salesman. 1988. New York: Chelsea, 1996.
Brater, Enoch, ed. *Arthur Miller's America: Theater and Culture in a Time of Change*. Ann Arbor: U of Michigan P, 2005.
Carson, Neil. *Arthur Miller*. London: Macmillan, 1982.
Griffin, Alice. *Understanding Arthur Miller*. Columbia: U of South Carolina P, 1996.
Langteau, Paula T., ed. *Miller and Middle America: Essays on Arthur Miller and the American Experience*. Lanham, MD: UP of America, 2007.
Miller, Arthur. *Collected Plays, 1944-1961*. New York: Library of America, 2006.
——. *Collected Plays, 1964-1982*. New York: Library of America, 2006.
Murphy, Brenda, ed. *Arthur Miller: Critical Insights*. Ispwich, MA: Salem, 2010.
Roudané, Matthew C., ed. *Conversations with Arthur Miller*. Jackson: UP of Mississippi, 1987.

Zinman, Toby, et al., eds. *A Student Handbook to the Plays of Arthur Miller*. London: Bloomsbury, 2013.

有泉学宙『アーサー・ミラー―― Arthur Miller 1915-2005』勉誠出版、二〇〇五年。

佐多真徳『アーサー・ミラー――劇作家への道』研究社、一九八四年。

全国アメリカ演劇研究者会議『アメリカ演劇　アーサー・ミラー特集』六号、法政大学出版局、一九九二年。

――『アメリカ演劇　アーサー・ミラー特集二』一七号、法政大学出版局、二〇〇五年。

〔エドワード・オールビー〕

Albee, Edward. *The American Dream and Zoo Story*. New York: Plume, 1997.
——. *Who's Afraid of Virginia Woolf ?* New York: NAL, 2006.
Bloom, Harold, ed. *Edward Albee*. 1987. New York: Chelsea, 2000.
Bottoms, Stephen, ed. *The Cambridge Companion to Edward Albee*. Cambridge: Cambridge UP, 2005.
Dircks, Phyllis T. *Edward Albee: A Literary Companion*. Jefferson, NC: McFarland, 2010.
Gussow, Mel. *Edward Albee: A Singular Journey*. London: Oberon, 1999.
Hayman, Ronald. *Edward Albee*. New York: Ungar, 1973.
Horn, Barbara Lee. *Edward Albee: A Research and Production Sourcebook*. Westport, CT: Praeger, 2003.
Kolin, Philip C., ed. *Conversations with Edward Albee*. Jackson: UP of Mississippi, 1988.
——, and J. Madison Davis, eds. *Critical Essays on Edward Albee*. Boston: Hall, 1986.
Mann, Bruce. *Edward Albee: A Casebook*. London: Routledge, 2001.
McCarthy, Gerry. *Edward Albee*. London: Macmillan, 1987.
Roudané, Matthew C. Who's Afraid of Virginia Woolfe?*: Necessary Fictions, Terrifying Realities*. Woodbridge, CT:

Twayne, 1990.

——. *Understanding Edward Albee*. Columbia: U of South Carolina P, 1987.

Zinman, Toby. *Edward Albee*. Ann Arbor: U of Michigan P, 2008.

全国アメリカ演劇研究者会議『アメリカ演劇　エドワード・オールビー特集』一号、法政大学出版局、一九八七年。

——『アメリカ演劇　エドワード・オールビー特集二』一九号、法政大学出版局、二〇〇七年。

高島邦子『エドワード・オールビーの演劇——モダン・アメリカン・ゴシック』あぽろん社、一九九一年。

あとがき

　五年前に『エトノスとトポスで読むアメリカ文学』という単著を初めて出したとき、大井浩二先生から「二冊目はどうなるの」と問われた。研究者の端くれであれば、一冊くらい誰でも書けるのだから、二冊目（以降）を出さなければなりませんよ、という励ましの言葉として胸に刻み付けた。北大時代の元同僚、宮下雅年氏からは、「アメリカ演劇のものは出さないの」と言われた。オニール以降の現代演劇を研究することからスタートしたはずなのに、その頃は、日本ではあまり取り上げられたことのない初期と中期のアメリカ演劇に関する論文を次々と発表していたことを知って（多少は評価もしてくれて）のことであったのだろう。そこで、今まで書き溜めたアメリカ演劇関係の二〇本ほどの論文に目を通し、何かまとまりのあるものが作れないかと考えた。「アメリカ演劇とその伝統」というテーマでなら行けそうな気がしたので、半分を捨て、残りの半分に大幅な加筆修正を行うことにした。あわせて、前世紀の末から今世紀の初頭にかけてケンブリッジ大学出版局などから矢継ぎ早に出版された、初期と中期のアメリカ演劇に関する多数の文献に目を通したり、テクストを読み直したりした。こちらとしては、若い英米の研究者が注目するずっと前（三十五年も前）から面白いと思って取り組み始めた分野なのだから、遅ればせながらこうして披露するのも意味があるだろうと自分に言い聞かせながら出版に漕ぎつけたのが本書である。

思い立ってから五年間も経過したが、その分、旧稿をヴァージョン・アップさせることができたし、各部、各章の間につながりを持たせ、全体に統一感を与えることもできたように思う。さらには、推敲作業に十分な時間をかけながら、文章を鍛え上げることもできたようにも思う。研究書であるから、常用漢字表にない漢字もたくさん使ったが（なんといっても漢字にはパワーがあります）、仮名と漢字の配分に気を付けたし、耳で聞いてもわかりやすい日本語になるよう心を砕いたつもりである。山本夏彦と丸谷才一、向田邦子、三人の希代の文章家を師として文章修行をしてきたにもかかわらず（いや、ひたすら味わってきただけかもしれません）、この程度なのかと内心忸怩たるものはあるが……。さて、序と各章のもとになった論文の初出情報は次のとおり。

序　「アメリカ現代劇とリアリズム――アメリカ文化と現実至上主義」*The Northern Review*（北海道大学英語英米文学研究会）二三号（一九九五年）

第一章　「初期のアメリカ演劇（一）」『北海道大学言語文化部紀要』一号（一九八二年）

第二章　「初期のアメリカ演劇（二）」『北海道大学言語文化部紀要』三号（一九八三年）

第三章　「初期のアメリカ演劇（三）」『北海道大学言語文化部紀要』五号（一九八四年）

第四章　「象徴と神話のフロンティア――一八七〇年代のフロンティア劇」『北海道大学言語文化部紀要』八号（一九八五年）

第五章　「文学研究と伝記的資料――Eugene O'Neill の場合」『アメリカ文学研究』二五号（一九八九年）
第六章　「エドマンドの成熟と喪失――*Long Day's Journey into Night* 論」『北海道大学言語文化部紀要』一七号（一九八九年）
第七章　「ユージーン・オニール――リアリズムと反リアリズムの間の揺らぎ」『主題と方法――イギリスとアメリカの文学を読む』平善介編（北海道大学図書刊行会、一九九四年）
第八章　「『ヴァージニア・ウルフなんかこわくない』と『埋められた子供』にみるアメリカン・ファミリー」『北海道大学言語文化部紀要』五〇号（二〇〇六年）＊前年に開催された第三九回アメリカ学会年次大会部会B「家族幻想とアメリカ」における報告をもとにしている
第九章　「『カーディフ指して東へ』における汽笛」『音への意識の変化（平成九年度文部省科学研究費補助金基盤研究中間報告書）』筑和正格編（一九九八年）、「現代アメリカ演劇と音響効果――オニールからライス、ウィリアムズ、ミラーまで」『乖離する音（平成九・一〇年度文部省科学研究費補助金基盤研究研究報告書）』筑和正格編（一九九九年）
第十章　「モダニズムとアメリカ演劇」『北海道大学言語文化部紀要』四五号（二〇〇三年）

このように、すべての論文が現在の職場に移る前、北大言語文化部時代に書かれている。大学院の新設構想やカリキュラム改革、大学の行政法人化とそれに伴う六年ごとの中期目標・中期計画の策定など多忙であったはずなのに、よく書いたと思う。それもひとえに、多士済々の同僚たちに揉まれていたからであろう。その意味でも、言語文化部の元同僚たちに感謝の意を表したい。とりわけ、英語教育系は六十三歳の定年を迎える前に息絶えてしまう、いわゆる在職死亡率が高かったところだから、人生の秋を迎えることなく夏の盛りに散ってしまった北市陽一、福浦徳孝、下元輝明、高橋宣勝、小川泰寛、横田睦子、六人の故人の遺徳を偲び、本書を霊前に捧げたい。あわせて、初期のアメリカ演劇に関心を抱くようになったのは、フルブライト奨学生としてオハイオ大学大学院演劇研究科で学んでいたときであるから、アメリカ演劇史の授業で、オニール以前の演劇の面白さに目を開かせてくれたアルヴィン・カウフマン教授、演劇研究の授業で、メロドラマを軽蔑してはいけないよ、メロドラマ的ということはすなわち演劇的ということなのだから、ただし、クラシックと呼ぶべき作品にはプラス・アルファがあるのだけど、と力説していたシーベリー・クィン・ジュニア教授、二人の今は亡き恩師にも本書を捧げたい。

もうすぐ古希を迎えようとしている、いささかくたびれた研究者による二冊目の単著ではあるが、このようにつたない本でもできあがるまでには、たくさんの先達や同僚、アメリカ文学研究の仲間たち、教え子たちの支えがあってのことでもあるから、謝辞を申し述べたい。もとになった論文のなかには日本アメリカ文学会での研究発表やシンポジウムでの口頭発表、学会誌に掲載されたものもあるので、まずは、良き同好の士が集う北海道支部の面々をはじめ、アメリカ文学会の関係者の皆さんに、つぎに快適な教育と研究環境を提供してくれている北星学園大学と英文学科の同僚の皆さんに（その一員であることを誇らしく思っております）、素直でのびのびしている北星の学生たちに（ちょっとのんびりしすぎですよ）、そして今から四〇年前、北大教養部で最初のクラス担任となった一年二十八組の学生諸君にも（クラス会で集まるたびに、みんなわたしの仲間になりつつあるなあと思わざるを得ません）感謝したい。この時代の学生は難しい英語でも読めたし、味わう力もあったことに、今更のように感心することがある。ホーソーンやメルヴィルなど、今なら文学研究科の大学院で読むくらいの英語のものがちゃんと読めたのだから。しっかり受験勉強をして入学したから、文法力も構文力も語彙力もあったということだ。卒業後、海外で英語を使って活躍する者も多かったが、基礎力が身に付いているからたいして苦労はしなかっただろう。何年も前から学校の英語教育は、コミュニカティヴな英語力の養成に力を入れているものの、たいした成果を上げていないことを考えると、しっかりした読解力を鍛えたほうがよいのではないか（その方が考える力も身に付く）と思ったりする。つい余計なことを述べたが、結婚して以来ずっと、さりげなく支えてくれた（だが生来の粗忽者ゆえに、急性腰痛や庭木から落下しての圧迫骨折、スキー事故による骨盤のヒビなど幾度も腰を痛めてしまったときばかりは、献身的に看病してくれた）妻にも感謝したい。明美さん、いつもありがとう。

最後に、出版を快諾していただいた英宝社の佐々木元社長と実に丁寧な仕事をしていただいた編集部の下村幸一氏にお礼を申し上げたい。学術出版補助を賜った北星学園大学後援会の深澤秀則会長をはじめとする関係者の皆々様には最大の謝意を表します。お陰様でライフ・ワークを上梓することができたのですから、来年の三月、思い残すことなく北星を後にすることができるでしょう。ありがとうございました。

二〇一七年九月　札幌にて

伊藤　章

〈ヤ〉

〈ラ〉

〈ワ〉

〈タ〉

〈サ〉

索　引

【著者紹介】

伊藤　章（いとう　あきら）

1948年福島県生まれ。北海道大学大学院文学研究科博士課程満期退学。

北海道大学言語文化部を経て（北海道大学名誉教授）、北星学園大学文学部教授。

著書に『エトノスとトポスで読むアメリカ文学』（英宝社、2012年）、編著に『ポストモダン都市ニューヨーク——グローバリゼーション・情報化・世界都市』（松柏社、2001年）、共著に『モダン都市と文学』（筑和正格編、洋泉社、1994年）、『アメリカ文学ミレニアム』（國重純二編、南雲堂、2001年）、『概説アメリカ文化史』（笹田直人他編、ミネルヴァ書房、2002年）、『木と水と空と——エスニックの地平から』（松本昇他編、金星堂、2007年）など。

E-mail: akirato@hokusei.ac.jp

アメリカ演劇とその伝統

2017年10月20日　印　刷　　　2017年10月30日　発　行

著　者 © 伊　藤　　章

発行者　佐々木　　元

制作・発行所　株式会社　英　宝　社

〒 101-0032 東京都千代田区岩本町 2-7-7
☎［03］（5833）5870　Fax［03］（5833）5872

ISBN 978-4-269-74038-9 C3098
［印刷・製本：モリモト印刷株式会社］

★★★★★英　宝　社　既　刊★★★★★

エトノスとトポスで読むアメリカ文学

伊藤　章

序　エトノスとトポスで読むアメリカ文学

第1部　アジア系作家を読む
——日系・中国系・フィリピン系・韓国系・インド系

第1章　ブロサンの『心のなかのアメリカ』とオカダの『ノー・ノー・ボーイ』
チンの「鶏小屋のチャイナマン」にみるアイデンティティの探求

第2章　ジョイ・コガワの『おばさん』(1)
——記憶を歴史にするために

第3章　ジョイ・コガワの「おばさん」(2)
——海と森と大平原と、あるいは『おばさん』にみる原型的想像力

第4章　チャンネ・リーの『ネイティヴ・スピーカー』(1)
——『ネイティヴ・スピーカー』における英語イデオロギー

第5章　路上には魔力が潜んでいる
——シンシア・カドハタの『浮世』

第6章　みんな移動している、すべて動いている
——バーラティ・ムーカジの『ジャスミン』

第2部　トポスから読むアメリカ
——ハワイ・カリフォルニア・ロサンゼルス・ニューヨーク

第7章　ハワイ・ローカル文学と植民地時代の記憶
——マリー・ハラとロイス・アン・ヤマナカ、メイヴィス・ハラの短編を読む

第8章　カリフォルニアをホームとすること
——ブロサンの『心のなかのアメリカ』とウォンの『ホームベース』

第9章　ウェストの『いなごの日』とファンテの『塵に訊け』にみる
ロサンゼルス——夢の墓場、砂漠の悲しい花

第10章　トム・ウルフの『虚栄の篝火』
——1980年代のニューヨーク都市小説

第11章　チャンネ・リーの『ネイティヴ・スピーカー』(2)
——ジョン・クワンの栄光と挫折

ISBN978-4-269-74025-9 C3098　3000円＋税